中小企业激励体系
设计实务系列

中小企业
营销提成设计实务

ZHONGXIAO QIYE
YINGXIAO TICHENG SHEJI SHIWU

弗布克管理咨询中心 ———— 编著

化学工业出版社
·北京·

《中小企业营销提成设计实务》从"关键问题＋关键点＋提成方法＋管理制度＋管理方案"这五大维度，精细化地设计出中小企业的营销提成方案设计体系。本书首先根据中小企业的特色，设计出其营销提成的管控机制、提成指标，并精细、务实地设计出主辅营销提成管理的 23 份制度范例、16 份方案范例。在此基础上，针对企业层面、业务层面、部门层面、人员层面、项目层面、渠道层面的营销提成，围绕关键问题、关键点、提成方法逐一设计，以方便读者能全方位地掌握营销提成方案设计要点。

本书适合中小企业高层经营管理人员、人力资源管理、市场营销管理等部门管理人员使用，还可作为管理咨询人员、高校相关专业师生和培训机构的参考书。

图书在版编目（CIP）数据

中小企业营销提成设计实务/弗布克管理咨询中心编著．—北京：化学工业出版社，2019.6
（中小企业激励体系设计实务系列）
ISBN 978-7-122-34186-0

Ⅰ.①中… Ⅱ.①弗… Ⅲ.①中小企业-市场营销学 Ⅳ.①F276.3

中国版本图书馆 CIP 数据核字（2019）第 054980 号

责任编辑：王淑燕　王丽丽　　　　　　　　　　　　装帧设计：史利平
责任校对：宋　玮

出版发行：化学工业出版社（北京市东城区青年湖南街 13 号　邮政编码 100011）
印　　装：大厂聚鑫印刷有限责任公司
787mm×1092mm　1/16　印张 13　字数 293 千字　2019 年 7 月北京第 1 版第 1 次印刷

购书咨询：010-64518888　　　　售后服务：010-64518899
网　　址：http://www.cip.com.cn
凡购买本书，如有缺损质量问题，本社销售中心负责调换。

定　　价：55.00 元　　　　　　　　　　　　　　　　　　　　　版权所有　违者必究

编写说明

中小企业的管理从来就不缺少理论。对中小企业的管理者来说，最重要的是绩效、薪酬福利、营销方面的系统设计。

中小企业的管理者缺少的是工作标准、规范、方案、表单、关键点等落实管理目标的设计实务、实例、实案。

"中小企业激励体系设计实务系列"图书紧紧围绕中小企业管理的3大关键业务，旨在为其管理的各项工作提供科学的方法、实用的工具和规范的工作标准。

本系列书包括《中小企业绩效量化考核设计实务》《中小企业薪酬福利设计实务》《中小企业营销提成设计实务》，共3册，具备以下特色。

这是一套"一竿子插到底"的管理实务经典。帮助广大中小企业摆脱用工成本上升、原材料成本上涨、订单量减少以及资金链紧张等困扰，走出"温水煮蛙"的艰难处境。

这是一种"逢山开路、过河搭桥"的实战能力演练。引导成百上千的年轻人在"梦工厂"实现创业梦想。崇尚创业、鼓励冒险、宽容失败、创造条件，让年轻人的激情、热情、想象力、创新能力得到充分的释放和发挥。

这是一贯"更加快捷、更加高效"的模式模板分享。操干曲而后晓声，观干剑而后识器。既梳理中小企业的管理系统，又构建各业务管理体系，进行风险识别，同时，还给出业务工作的流程、标准、制度、方案、计划、说明书、方法、工具等的模式、模板和范例。

这是细化"言之有物、言之有术"的分类分层分级。涉及中小企业的绩效考核、薪酬福利、营销提成3大管理业务，生产、采购、品管、营销、仓储、物流、客服、财务、人力资源和行政后勤等十几个部门，高、中、基等各层管理者，实习生、兼职人员、特聘专家、企业顾问、伤残人员等多类人员。

综上所述，"中小企业激励体系设计实务系列"图书本着促进中小企业管理人员知识体系化、管理规范化、操作模板化、范例分享化的设计理念，通过对中小企业的绩效考核、薪酬福利、营销提成业务模块的务实阐释，为读者提供了全方位的中小企业管理方法和执行工具，推进管理工作的高效执行，是中小企业管理人员在工作中必不可少的工具书。

编著者

2019 年 4 月

前言

营销提成是中小企业市场营销精细化管理的重心。完善的营销提成体系不仅能保证企业所定提成机制的激励性、竞争性，还能保证企业利润目标的顺利实现，从而大大提升组织的运营效率。因此，中小企业管理人员应当做好本企业营销提成体系的设计、完善工作。

《中小企业营销提成设计实务》从营销提成管控机制、提成指标设计入手，围绕提成关键问题、提成关键点、提成方法、管理制度、管理方案这五大维度展开，能够有效地指引企业管理人员构建本企业营销提成管理体系，方便读者"拿来即用""稍改即用"。

本书主要有如下五大特点。

1. 主辅搭配，全面覆盖企业营销提成事项

本书涉及职能事项全面、细致。本书不仅全面地梳理了包括销售部人员、直销部人员、网销部人员、推广人员、策划人员、促销人员、公关人员等在内的所有与营销业务相关的主辅人员的营销提成事项，还从高层、中层、基层三个职级设计了营销提成管理的全部工作要点。

2. 五大维度，立体构建企业营销提成体系

本书从上述五大维度展开，从 31 类提成问题中提炼出 35 幅提成关键点图，并针对性地给出 35 种提成方法、38 份提成管理制度范例、36 份提成管理方案范例，为中小企业构建营销提成体系提供立体化、系统性的解决方案。

3. 六层架构，层层解析营销提成方案关键

本书从中小企业的企业层面、业务层面、部门层面、人员层面、渠道层面、项目管理这六大层面，解析营销提成方案的关键问题，指出需要注意的关键点事项，并给出相应的提成方法，为企业管理人员设计营销提成工作穿针引线。

4. 五大渠道，纵向解析渠道成员提成办法

本书不仅针对企业内部设计营销提成，还为企业的外部资源——渠道成员的营销绩效设计了相应的提成激励体系，以促进中小企业创建具有竞争力的提成机制，用机制激励渠道成员为本企业产品开拓市场。

5. 八大行业，横向分析各行各业提成特色

本书针对房地产、餐饮、汽车、服装、商场、文化、酒店、快递这 8 大典型行业，为其营销提成体系设计工作提供了关键点、提成方法的指引，并贴心地给出了相应的制度范例、方案范例，以方便企业或"拿来即用"或"稍改即用"。

再经典、再完善的营销提成方案，也需要结合企业实际情况进行制定才能有效，也需要随着企业的发展进行不断完善和更新才能"与时俱进"。因此，广大的中小企业管理人员在设计本企业营销提成体系时，必须对本企业的实际情况进行深入的调查、研究，以本书为参考，构建

出切实可行、能为企业营销管理打开一种新局面的营销提成体系。

本书适合中小企业高层经营管理人员、人力资源部薪酬从业人员、市场营销部管理人员使用，还可供管理咨询人员、高校相关专业师生和培训机构使用。

在本书编写的过程中，刘井学、刘伟负责资料的收集和整理，孙立宏、程富建负责图表编排，程淑丽参与编写了本书的第1章、第2章，张丽萍参与编写了本书的第3章，李艳参与编写了本书的第4章、第5章，周辉参与编写了本书的第6章、第7章，王楠参与编写了本书的第8章、第9章，刘瑞江参与编写了本书的第10章、第11章，袁艳烈参与编写了本书的第12章、第13章，全书由弗布克管理咨询中心统稿。

本书在编写过程中难免有不妥之处，望广大读者批评指正。

编著者
2019年4月

目录 CONTENTS

第 1 章　营销提成管控机制　1

1.1　营销提成控制方式 ……………………………………………… 2
　　1.1.1　营销提成预算控制 ……………………………………… 2
　　1.1.2　营销提成审核管理 ……………………………………… 4
　　1.1.3　营销提成风险控制 ……………………………………… 4
1.2　营销提成兑现控制 ……………………………………………… 5
　　1.2.1　营销提成核算控制 ……………………………………… 5
　　1.2.2　提成兑现时间控制 ……………………………………… 6
　　1.2.3　营销提成问题控制 ……………………………………… 6
　　1.2.4　营销提成纠纷处理 ……………………………………… 7

第 2 章　营销提成指标设计　9

2.1　销售业绩量化指标 ……………………………………………… 10
　　2.1.1　销售任务指标设计 ……………………………………… 10
　　2.1.2　销售折扣指标设计 ……………………………………… 11
　　2.1.3　销售价格指标设计 ……………………………………… 11
　　2.1.4　销售回款指标设计 ……………………………………… 11
　　2.1.5　销售费用指标设计 ……………………………………… 12
2.2　营销提成比例设计 ……………………………………………… 13
　　2.2.1　销售任务提成比例设计 ………………………………… 13
　　2.2.2　销售回款提成比例设计 ………………………………… 15
　　2.2.3　销售价格提成比例设计 ………………………………… 15
　　2.2.4　销售费用提成比例设计 ………………………………… 17
　　2.2.5　赊销业务提成比例设计 ………………………………… 17
　　2.2.6　退货业务提成比例设计 ………………………………… 17
2.3　营销提成调整设计 ……………………………………………… 18
　　2.3.1　根据企业经营目标进行调整 …………………………… 18
　　2.3.2　根据各类经营指标进行调整 …………………………… 18

2.3.3 根据产品类别进行提成调整 ································· 18
2.3.4 根据销售季节进行提成调整 ································· 19
2.3.5 根据地域不同进行提成调整 ································· 19

第3章 营销提成常用管理制度 20

3.1 营销各部门提成管理制度 ·· 21
    3.1.1 销售部营销提成制度 ·· 21
    3.1.2 直销部营销提成制度 ·· 22
    3.1.3 网销部营销提成制度 ·· 23
3.2 营销人员提成管理制度 ·· 24
    3.2.1 营销管理人员提成制度 ····································· 24
    3.2.2 业务人员营销提成制度 ····································· 26
    3.2.3 宣传人员营销提成制度 ····································· 27
    3.2.4 渠道人员营销提成制度 ····································· 28
    3.2.5 促销人员营销提成制度 ····································· 30
3.3 不同产品的提成管理制度 ·· 31
    3.3.1 首轮产品营销提成制度 ····································· 31
    3.3.2 品牌产品营销提成制度 ····································· 33
    3.3.3 促销产品营销提成制度 ····································· 34
    3.3.4 滞销产品营销提成制度 ····································· 35
    3.3.5 淡旺季产品销售提成制度 ·································· 37

第4章 营销提成常用管理方案 39

4.1 各部门营销提成方案 ··· 40
    4.1.1 销售部营销提成方案 ·· 40
    4.1.2 直销部营销提成方案 ·· 41
    4.1.3 网销部营销提成方案 ·· 42
4.2 各级销售人员提成方案 ·· 43
    4.2.1 营销总监提成方案 ··· 43
    4.2.2 营销经理提成方案 ··· 45
    4.2.3 区域经理提成方案 ··· 46
    4.2.4 业务代表提成方案 ··· 47
    4.2.5 网销人员提成方案 ··· 48
    4.2.6 促销人员提成方案 ··· 49
4.3 各类产品销售提成方案 ·· 50
    4.3.1 新品上市销售提成方案 ····································· 50

4.3.2　产品促销销售提成方案 …………………………………………… 52
　　4.3.3　过季产品销售提成方案 …………………………………………… 53
　　4.3.4　库存处理销售提成方案 …………………………………………… 54

第 5 章　辅助营销的提成管理　57

5.1　营销辅助事项提成 ……………………………………………………… 58
　　5.1.1　公关营销提成方案 …………………………………………………… 58
　　5.1.2　合作营销提成方案 …………………………………………………… 59
　　5.1.3　服务营销提成方案 …………………………………………………… 60
5.2　营销辅助部门提成 ……………………………………………………… 61
　　5.2.1　营销策划部提成方案 ………………………………………………… 61
　　5.2.2　企划宣传部提成方案 ………………………………………………… 63
　　5.2.3　产品设计部提成方案 ………………………………………………… 64
5.3　营销辅助人员提成 ……………………………………………………… 65
　　5.3.1　营销广告人员提成办法 ……………………………………………… 65
　　5.3.2　营销推广人员提成办法 ……………………………………………… 67
　　5.3.3　营销导购人员提成办法 ……………………………………………… 68
　　5.3.4　市场信息人员提成办法 ……………………………………………… 70
　　5.3.5　营销培训人员提成办法 ……………………………………………… 71
　　5.3.6　营销后勤人员提成办法 ……………………………………………… 73
5.4　营销辅助策划提成 ……………………………………………………… 74
　　5.4.1　营销网络策划提成办法 ……………………………………………… 74
　　5.4.2　营销渠道策划提成办法 ……………………………………………… 75
　　5.4.3　营销广告策划提成办法 ……………………………………………… 77
　　5.4.4　营销宣传策划提成办法 ……………………………………………… 78

第 6 章　企业层面营销提成方案设计　80

6.1　企业营销提成关键问题 ………………………………………………… 81
　　6.1.1　企业营销提成制度问题 ……………………………………………… 81
　　6.1.2　企业营销提成模式问题 ……………………………………………… 81
　　6.1.3　企业营销提成考核问题 ……………………………………………… 82
　　6.1.4　企业营销提成核算问题 ……………………………………………… 82
6.2　企业营销提成的关键点 ………………………………………………… 83
　　6.2.1　企业营销提成任务设计 ……………………………………………… 83
　　6.2.2　企业营销提成比例设计 ……………………………………………… 83
　　6.2.3　企业营销提成标准设计 ……………………………………………… 83

　　　　6.2.4　企业营销提成核算设计 ·· 84
　6.3　企业营销提成主要方法 ·· 84
　　　　6.3.1　绩效考核提成法 ··· 84
　　　　6.3.2　计件计量提成法 ··· 86
　　　　6.3.3　任务约定提成法 ··· 86
　　　　6.3.4　谈判约定提成法 ··· 87
　6.4　企业营销提成主要误区 ·· 88
　　　　6.4.1　企业营销提成递增误区 ·· 88
　　　　6.4.2　企业营销提成递减误区 ·· 89
　　　　6.4.3　营销提成不能兑现误区 ·· 89
　　　　6.4.4　营销提成偏重回款误区 ·· 90

第 7 章　业务层面提成方案设计　　　　　　　　　　　　　91

　7.1　业务提成关键问题 ·· 92
　　　　7.1.1　推广业务提成关键问题 ·· 92
　　　　7.1.2　促销业务提成关键问题 ·· 92
　　　　7.1.3　直销业务提成关键问题 ·· 92
　　　　7.1.4　投标业务提成关键问题 ·· 93
　　　　7.1.5　网销业务提成关键问题 ·· 93
　7.2　业务提成的关键点 ·· 94
　　　　7.2.1　推广业务提成关键点 ·· 94
　　　　7.2.2　促销业务提成关键点 ·· 95
　　　　7.2.3　直销业务提成关键点 ·· 95
　　　　7.2.4　投标业务提成关键点 ·· 96
　　　　7.2.5　网销业务提成关键点 ·· 96
　7.3　业务提成主要方法 ·· 96
　　　　7.3.1　推广业务提成方法 ·· 97
　　　　7.3.2　促销业务提成方法 ·· 97
　　　　7.3.3　直销业务提成方法 ·· 98
　　　　7.3.4　投标业务提成方法 ·· 99
　　　　7.3.5　网销业务提成方法 ·· 100

第 8 章　部门层面提成方案设计　　　　　　　　　　　　　102

　8.1　部门提成关键问题 ·· 103
　　　　8.1.1　市场部提成关键问题 ·· 103
　　　　8.1.2　渠道部提成关键问题 ·· 103

	8.1.3	销售部提成关键问题	103
	8.1.4	促销部提成关键问题	104
	8.1.5	网销部提成关键问题	104
8.2	部门提成的关键点		105
	8.2.1	市场部提成关键点	105
	8.2.2	渠道部提成关键点	105
	8.2.3	销售部提成关键点	105
	8.2.4	促销部提成关键点	106
	8.2.5	网销部提成关键点	107
8.3	部门提成主要方法		107
	8.3.1	市场部提成主要方法	107
	8.3.2	渠道部提成主要方法	107
	8.3.3	销售部提成主要方法	107
	8.3.4	促销部提成主要方法	108
	8.3.5	网销部提成主要方法	109

第9章 人员层面提成方案设计　　110

9.1	人员提成关键问题		111
	9.1.1	营销总监提成关键问题	111
	9.1.2	营销经理提成关键问题	111
	9.1.3	区域经理提成关键问题	111
	9.1.4	销售代表提成关键问题	111
9.2	人员提成的关键点		112
	9.2.1	营销总监提成关键点	112
	9.2.2	营销经理提成关键点	112
	9.2.3	区域经理提成关键点	113
	9.2.4	销售代表提成关键点	113
9.3	人员提成关键方法		114
	9.3.1	营销总监提成关键方法	114
	9.3.2	营销经理提成关键方法	114
	9.3.3	区域经理提成关键方法	115
	9.3.4	销售代表提成关键方法	115

第10章 不同行业的提成方案设计　　117

10.1	行业提成方案设计关键		118
	10.1.1	行业营销提成制度设计	118

10.1.2　行业营销提成方案设计 …………………………………… 118
　　　10.1.3　行业营销提成方法设计 …………………………………… 119
10.2　房地产营销提成方案设计 …………………………………………… 120
　　　10.2.1　房地产营销提成方法 ……………………………………… 120
　　　10.2.2　房地产营销提成关键点 …………………………………… 120
　　　10.2.3　房地产企业营销提成制度范例 …………………………… 121
　　　10.2.4　房地产营销提成方案范例 ………………………………… 123
10.3　餐饮营销提成方案设计 ……………………………………………… 124
　　　10.3.1　餐饮营销提成方法 ………………………………………… 124
　　　10.3.2　餐饮营销提成关键点 ……………………………………… 124
　　　10.3.3　餐饮营销提成制度范例 …………………………………… 125
　　　10.3.4　餐饮营销提成方案范例 …………………………………… 126
10.4　汽车营销提成方案设计 ……………………………………………… 127
　　　10.4.1　汽车营销提成方法 ………………………………………… 127
　　　10.4.2　汽车营销提成关键点 ……………………………………… 127
　　　10.4.3　汽车营销提成制度范例 …………………………………… 128
　　　10.4.4　汽车营销提成方案范例 …………………………………… 129
10.5　服装营销提成方案设计 ……………………………………………… 130
　　　10.5.1　服装营销提成方法 ………………………………………… 130
　　　10.5.2　服装营销提成关键点 ……………………………………… 131
　　　10.5.3　服装营销提成制度范例 …………………………………… 131
　　　10.5.4　服装营销提成方案范例 …………………………………… 132
10.6　商场营销提成方案设计 ……………………………………………… 134
　　　10.6.1　商场营销提成方法 ………………………………………… 134
　　　10.6.2　商场营销提成关键点 ……………………………………… 134
　　　10.6.3　商场营销提成制度范例 …………………………………… 135
　　　10.6.4　商场营销提成方案范例 …………………………………… 135
10.7　文化行业营销提成方案设计 ………………………………………… 136
　　　10.7.1　文化行业营销提成方法 …………………………………… 136
　　　10.7.2　文化行业营销提成关键点 ………………………………… 137
　　　10.7.3　文化行业营销提成制度范例 ……………………………… 137
　　　10.7.4　文化行业营销提成方案范例 ……………………………… 139
10.8　酒店营销提成方案设计 ……………………………………………… 140
　　　10.8.1　酒店营销提成方法 ………………………………………… 140
　　　10.8.2　酒店营销提成关键点 ……………………………………… 140
　　　10.8.3　酒店营销提成制度范例 …………………………………… 140
　　　10.8.4　酒店营销提成方案范例 …………………………………… 142
10.9　快递营销提成方案设计 ……………………………………………… 144
　　　10.9.1　快递营销提成方法 ………………………………………… 144

10.9.2　快递营销提成关键点 ……………………………………………………… 144
　　10.9.3　快递营销提成制度范例 …………………………………………………… 145
　　10.9.4　快递营销提成方案范例 …………………………………………………… 146

第 11 章　渠道成员提成方案设计　　　　　　　　　　　　　　　　　148

11.1　渠道成员提成关键问题 ………………………………………………………………… 149
　　11.1.1　代理商提成关键问题 ……………………………………………………… 149
　　11.1.2　经销商提成关键问题 ……………………………………………………… 149
　　11.1.3　批发商提成关键问题 ……………………………………………………… 150
　　11.1.4　直营店提成关键问题 ……………………………………………………… 150
　　11.1.5　加盟店提成关键问题 ……………………………………………………… 150
11.2　渠道成员提成的关键点 ………………………………………………………………… 151
　　11.2.1　代理商提成关键点 ………………………………………………………… 151
　　11.2.2　经销商提成关键点 ………………………………………………………… 151
　　11.2.3　批发商提成关键点 ………………………………………………………… 151
　　11.2.4　直营店提成关键点 ………………………………………………………… 153
　　11.2.5　加盟店提成关键点 ………………………………………………………… 153
11.3　渠道成员提成主要方法 ………………………………………………………………… 154
　　11.3.1　代理商提成主要方法 ……………………………………………………… 154
　　11.3.2　经销商提成主要方法 ……………………………………………………… 154
　　11.3.3　批发商提成主要方法 ……………………………………………………… 154
　　11.3.4　直营店提成主要方法 ……………………………………………………… 155
　　11.3.5　加盟店提成主要方法 ……………………………………………………… 155
11.4　渠道成员提成管理制度 ………………………………………………………………… 156
　　11.4.1　代理商营销提成制度 ……………………………………………………… 156
　　11.4.2　经销商销售返利制度 ……………………………………………………… 157
　　11.4.3　直营店营销提成制度 ……………………………………………………… 159
　　11.4.4　零售商营销提成制度范例 ………………………………………………… 161
11.5　渠道成员提成管理方案 ………………………………………………………………… 162
　　11.5.1　代理商营销提成方案 ……………………………………………………… 162
　　11.5.2　经销商销售返利方案 ……………………………………………………… 163
　　11.5.3　批发商销售奖励方案 ……………………………………………………… 164
　　11.5.4　连锁店营销提成方案 ……………………………………………………… 166
　　11.5.5　网络商城推广提成方案 …………………………………………………… 167

第 12 章　项目提成方案设计　　　　　　　　　　　　　　　　　　　170

12.1　项目提成关键问题 ……………………………………………………………………… 171

12.1.1 项目团队营销提成关键问题 ……………………………………… 171
12.1.2 项目总监营销提成关键问题 ……………………………………… 171
12.1.3 项目经理营销提成关键问题 ……………………………………… 172
12.1.4 项目销售专员提成关键问题 ……………………………………… 173
12.2 项目提成的关键点 …………………………………………………………… 173
12.2.1 项目团队营销提成关键点 ………………………………………… 173
12.2.2 项目总监营销提成关键点 ………………………………………… 173
12.2.3 项目经理营销提成关键点 ………………………………………… 175
12.2.4 项目销售专员提成关键点 ………………………………………… 175
12.3 项目提成主要方法 …………………………………………………………… 176
12.3.1 项目团队营销提成方法 …………………………………………… 176
12.3.2 项目总监营销提成方法 …………………………………………… 176
12.3.3 项目经理营销提成方法 …………………………………………… 177
12.3.4 项目销售专员提成方法 …………………………………………… 177
12.4 项目营销提成实务设计 ……………………………………………………… 178
12.4.1 项目营销提成管理制度 …………………………………………… 178
12.4.2 产品项目总监提成方案 …………………………………………… 179
12.4.3 工程项目经理提成方案 …………………………………………… 180
12.4.4 房地产项目专员提成方案 ………………………………………… 181

第13章 营销提成发放管理 182

13.1 提成发放关键问题 …………………………………………………………… 183
13.1.1 营销部门提成发放问题 …………………………………………… 183
13.1.2 营销团队提成发放问题 …………………………………………… 183
13.1.3 营销业务提成发放问题 …………………………………………… 183
13.1.4 营销渠道提成发放问题 …………………………………………… 183
13.2 提成发放的关键点 …………………………………………………………… 185
13.2.1 营销部门提成发放关键点 ………………………………………… 185
13.2.2 营销团队提成发放关键点 ………………………………………… 185
13.2.3 营销业务提成发放关键点 ………………………………………… 185
13.2.4 营销渠道提成方法关键点 ………………………………………… 187
13.3 提成发放主要方法 …………………………………………………………… 188
13.3.1 营销部门提成发放制度 …………………………………………… 188
13.3.2 营销团队提成发放制度 …………………………………………… 189
13.3.3 营销业务提成发放方案 …………………………………………… 190
13.3.4 营销渠道提成发放方案 …………………………………………… 192

Chapter 1

第 1 章

营销提成管控机制

1.1 营销提成控制方式

1.1.1 营销提成预算控制

营销提成预算是指企业对未来较长一段时间（通常为一年）内提成支出的总体计划。具体来说，营销提成预算是企业根据本年度销售量、销售价格、销售额、销售利润等战略性指标，根据既定的提成标准，计算、预测下一年度企业营销提成总金额等一系列活动。

1.1.1.1 企业营销提成预算流程

一般来说，企业营销提成预算流程如图 1-1 所示。

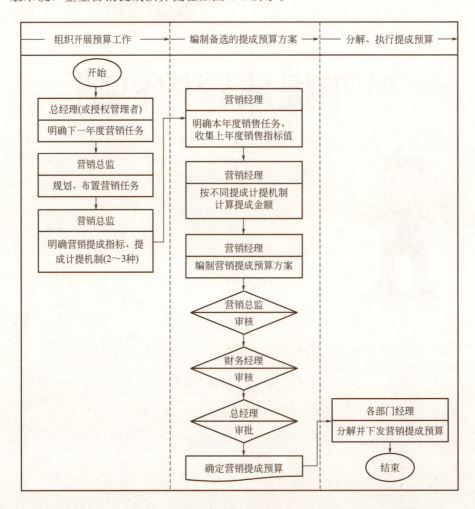

图 1-1 营销提成预算流程示意图

1.1.1.2 企业营销提成计提模式

通过图 1-1 可以看出，决定营销提成预算结果的最重要因素是营销提成计提机制。对中小企业而言，最常见、最适合的营销提成计提模式主要包括直线提成制、阶梯提成制、累进提成制、瓜分提成制。

（1）直线提成制

执行直线提成制时，员工实得提成与实际完成的销售业绩成正相关的线性关系。销售业绩可以用销售量、销售额、销售回款额、销售利润等单项指标，也可以是这些指标的合成指标。实行该模式时，提成的计算公式如下：

$$实得提成 = 业绩指标完成情况 \times 提成比例$$

（2）阶梯提成制

实行阶梯提成制时，员工实得提成与实际完成的销售业绩成正相关的分段函数关系。同一区间内不同业绩达成情况发放一样的提成；当员工业绩由一个区间进入另一较高区间时，其提成金额才会跳跃式地增加。实行该模式时，提成的计算公式如下：

$$实得提成 = 提成\ i，当实际业绩完成率 \in 业绩区间时$$

业绩区间与提成 i 的关系如表 1-1 所示。

表 1-1 业绩区间与提成 i 的关系示例表

业绩区间	低于 60%（不含）	60%(含)~70%(不含)	70%(含)~80%(不含)	80%(含)~90%(不含)	90%(含)~100%(不含)	100%(含)~120%(不含)	120%(含)以上
提成 i（元）	0	500	1 000	1 500	2 000	2 500	3 000

备注：此业绩区间以实际销售业绩与计划完成率为依据计算。

（3）累进提成制

累进提成制是在直线提成制的基础上进行改进后得到的提成激励模型，具有三大特点。

① 总体上看，员工实际提成与实际完成的业绩呈正相关的分段函数关系。
② 在同一个业绩区间内，销售业绩与提成之间保持正相关的线性关系。
③ 在不同的业绩区间，销售业绩与提成的直线斜率不同，一般呈递增趋势。

实行该模式时，提成的计算公式如下：

$$实得提成 = 业绩指标完成率 \times 奖金基数 \times 调节系数\ i，当实际业绩完成率 \in 业绩区间$$

（4）瓜分提成制

瓜分提成制是根据员工实际业绩占团队总业绩的比例来计提其提成的激励模型。实行该模式的操作要点如下：

① 事先确定所有销售人员组成的销售团体总收入之和。
② 在周期考核工作结束后，核算每位员工个人完成业绩占总业绩的比例。
③ 按上述比例计算团队中每位员工的提成金额，实现提成总额的瓜分。

实行该模式时，提成的计算公式如下：

$$员工个人当期实得提成 = 销售团体总工资 \times \frac{销售人员个人当期业绩}{销售团体当期业绩总和} \times 100\%$$

其中，销售团体总工资 = 人均绩效工资基数 × 销售团体的人数，人均绩效工资基数是企业事先确定的一个固定数字。

（5）四种提成计提模式的比较

上述四种提成计提模式各有优劣势，在提成总额控制力度、激励力度、适用对象等方面均有所不同，具体比较如表 1-2 所示。

表 1-2 四种提成计提模式的比较与选择

提成计提模式	提成总额控制力度	激励力度	适用对象
直线提成制	较差	较大	适用于成熟产品
阶梯提成制	一般	一般	适用于大额订单业务，如大型设备、项目等
累进提成制	较差	大	适用于市场成熟、需实现销售突破的业务或产品
瓜分提成制	好	较小	适用于销售业绩可量化评价，但工作目标不可预估、难以定额的情况，如新产品、新市场的开拓

1.1.2 营销提成审核管理

营销提成审核管理的环节主要体现在提成预算的审核、提成核算依据的审核、提成核算结果的审核、提成发放的审核。每个环节的审核要点如图 1-2 所示。

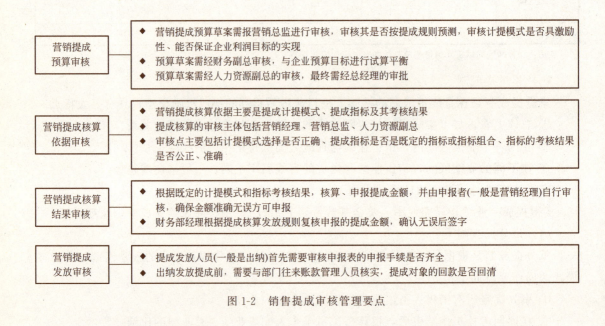

图 1-2 销售提成审核管理要点

1.1.3 营销提成风险控制

中小企业面临的市场竞争日趋激烈，日常经营管理工作中无时无刻不存着各种各样的风险。营销提成管理工作也不例外。对于前面提到的营销提成计提模式，无论企业采用哪一种模式或哪几种模式的组合，企业在业绩实现、提成兑现的过程中面临各种风险。

(1) 提成业绩实现过程中的经营风险

在提成业绩实现的过程中，会存在回款问题、费用超支、恶性竞争、人员流失等方面的经营风险。这些风险客观地存在于企业日常管理工作中。对中小企业管理人员而言，这些风险只能采取预防措施尽可能规避，不可能完全消除。这些风险的预防应对措施如表 1-3 所示。

表 1-3　营销提成业绩实现过程中需要防范的风险及应对措施

风险内容	预防与应对措施
①销售合同不能有效回款，造成呆账 ②销售人员只关注能否签订销售合同而不关心客户回款问题，导致恶性竞争 ③销售费用过高，导致利润大幅减少 ④销售人员付出的劳动与投入不成正比，导致高绩效销售人员流失	①将有效回款额作为计算提成的依据，其计算公式如下： 　　有效回款额 = 回款额 − 直接成本 ②设置部门保本销售额，部门保本销售额的计算公式如下： 　　部门保本销售额 = 产品成本 + 部门费用 + 分摊管理费用 ③设置销售提成比例时，需考虑部门保本额以及部门费用 ④将销售人员划分为若干销售团队或销售小组进行集中管理 ⑤定期修正销售提成设计方案
说明	不同的企业可以根据自身的情况采取相应的措施，对于客户信誉好的企业也可以直接用合同额作为计算提成的依据

(2) 营销提成的核算与兑现风险

营销提成计提依据不同，核算、兑现过程也会存在不同的风险。为确保企业战略目标的实现、营销任务的顺利完成，中小企业管理人员尤其需要注意这些风险，并采取有效的防范措施，具体如表 1-4 所示。

表 1-4　营销提成核算与兑现风险防范

风险分类	可能产生的风险	防范措施
按销售额核算、兑现提成的风险	◆ 导致较高的销售费用 ◆ 为提高销售额而采取损害企业的行为，如私自低价、窜货等	◆ 设定销售费用预算，实行限额控制 ◆ 明确销售折扣使用条件、折扣范围 ◆ 加强对营销人员销售行为的控制
按合同核算、兑现提成的风险	◆ 为获得高提成而签订虚假合同 ◆ 出现毁约状况 ◆ 无法按合同约定收回货款	◆ 按照实际回款额计算提成 ◆ 加强对销售人员的监督管理，对弄虚作假的行为严惩
按利润兑现提成的风险	◆ 企业和销售人员对利润额的核算容易存在争议问题 ◆ 对销售费用支出范围有异议	◆ 在销售提成管理制度中明确销售利润的核算方式，确定是毛利润额还是净利润额 ◆ 明确销售费用明细，请指出企业在各项费用方面承担的限额

1.2　营销提成兑现控制

1.2.1　营销提成核算控制

营销提成核算的工作内容主要包括确定提成计提模式、确定提成核算基数、选择核算方法、明确核算时间、指选提成核算人员等。开展工作过程中，需要注意的事项如图1-3所示。

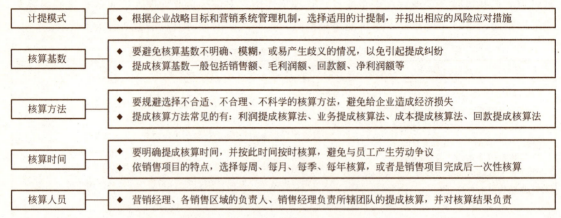

图1-3 营销提成核算工作控制

1.2.2 提成兑现时间控制

企业在设计营销提成兑现时间时，不应只设计一种兑现时间，而是根据所销产品、项目或服务的类别、性质，设置灵活性较强的提成兑现时间。可设计的兑现时间如表1-5所示。

表1-5 营销提成兑现时间设计表

划分依据	设计说明	适用条件
按自然时间	◆ 为了便于计算，可以1个月、3个月、半年、1年兑现一次	◆ 适用于销售周期不长、回款迅速的产品
即时提成	◆ 即当天或当时提成	◆ 适用于临时促销员、导购员等员工
按项目回款时间	◆ 可以依据全部回款到账时间，也可以依据分次回款的到账时间 ◆ 可以在项目回款的当月或次月兑现	◆ 适用于客户信用度低或回款周期长的产品，如工程项目
合同签订日期	◆ 在合同签订日期当日或当月、次月兑现提成	◆ 主要适用于客户信用度高的企业 ◆ 用以支付辅助销售人员的提成

1.2.3 营销提成问题控制

营销提成兑现的过程中，可能会出现下列两大特殊问题，需要特别注意。

（1）员工离职时营销提成是否应兑现

员工离职时，营销提成是否需要兑现，需要根据当地的劳动仲裁委员会和法院分情形区别对待。

① 员工开发的客户，在员工与企业有聘用关系期间签订合同，且于离职时合同款项已

经到账，企业应按约定的提成支付方式兑现提成。

此时，对于所签合同款项在员工离职时尚未到账的那部分业绩，其提成是否需要兑现，企业需要慎重处理。最为妥当的做法如下：在劳动合同或在营销提成管理制度中，明确约定——营销提成需等销售款项全部到账后或达成约定的提成兑现条件时方可予以结算。

如果企业未作出这种明确的约定，在发生纠纷时，某些地方的劳动仲裁委员会或法院会依据《工资支付暂行规定》要求企业全部兑现员工的提成，不能以款项未到账为由而克扣员工的提成。

② 员工开发的客户，在员工与企业无聘用关系期间签订合同，这笔合同业绩不属于该员工的业绩，企业无须向其兑现提成。

（2）营销提成涉及的个税扣缴问题

企业所聘用员工的营销提成属于企业向其支付的薪酬，应并入企业职工薪酬支出，并据此计算缴纳其个人所得税。

1.2.4 营销提成纠纷处理

对于不可避免出现的营销提成纠纷，企业人力资源部一般可采取协商解决、提起劳动仲裁、向法院提起诉讼这三种方式进行处理。

当员工与企业就营销提成问题发生纠纷时，应尽量协商解决。当协商无法解决时，可以向当地的劳动仲裁机构提起劳动仲裁或向法院提起诉讼。

在司法实践中，并非所有纠纷都属于劳动仲裁的受理范围。具体区别如表1-6所示。

表1-6 提起劳动仲裁和向法院提起诉讼的区别

项目	提起劳动仲裁	向法院提起诉讼
适用条件	◆ 企业与员工如存在劳动合同关系，则提成纠纷属于劳动争议案件，可提起劳动仲裁 ◆ 例如，企业对员工采取基本工资加提成的薪酬模式而发生的提成纠纷，属于劳动仲裁委员会的受理范围	◆ 劳动争议当事人对仲裁裁决不服 ◆ 一方当事人在法定期限内不起诉又不履行仲裁裁决 ◆ 双方当事人如果不存在劳动合同关系，则纠纷属于民事纠纷，需向法院起诉解决
受理机构	劳动仲裁委员会	人民法院
提交文件和单据	◆ 劳动仲裁申请书 ◆ 劳动关系证明，如劳动合同 ◆ 提成纠纷证明 ◆ 企业身份证明性文件，如工商登记资料等	◆ 符合规定的起诉状及副本 ◆ 本人的身份证复印件或授权委托书 ◆ 必要的证据材料，如企业提成约定协议或相关制度方案、完成销售任务的证明文件等材料

企业在遇到员工就营销提成纠纷而申请仲裁时，程序如下。

① 企业一次性或分批收到劳动仲裁委员会发来的"仲裁告知书""立案通知书""举证通知书""开庭通知书"。

② 企业人力资源部需要在专业法律顾问的指导下，根据申诉人"仲裁申请书"中的请求事项逐条准备证据材料。

③ 在规定的时间内准备证据材料清单，提交答辩书。

④ 企业人力资源部派人按"开庭通知书"的时间，按时出庭。

⑤ 对发生法律效力的调解书或裁决书，企业应当按规定期限履行。

⑥ 企业若对仲裁裁决不服的，自收到裁决书之日起 15 日内，可以向人民法院起诉，期满不起诉的，裁决书即发生法律效力。

Chapter 2

第 2 章

营销提成指标设计

2.1 销售业绩量化指标

2.1.1 销售任务指标设计

销售任务指标是反映企业销售成果大小的指标,它主要包括两类:一是反映企业销售规模的绝对值指标,典型的指标有销售量、销售额与销售收入;二是反映企业销售规模变化趋势的相对值指标,如销售增长率、销售额达成率、销售量环比增长率、销售额环比增长率、某一团队销售额贡献率、单品销售占比等。具体说明如表2-1所示。

表2-1 销售任务指标设计

类别	指标设计	指标说明或计算公式
绝对值指标	销售量	◆ 销售量是指在一定时期内企业实际销售的产品数量,包括已经售出的产品数量,也包括尚未到合同交货期的预交合同数量
	销售额	◆ 销售额是指企业销售货物或应税劳务,而向购买方收取的不含销项税额的全部价款和价外费用 ◆ 销售额 = 销售量 × 平均销售价格 上式中,平均销售价格是指不含销项增值税的价格,销售量、平均销售价格的原始数据主要来源于企业的日常经营统计
	销售收入	◆ 销售收入是指企业销售产品、自制半成品或提供劳务,使产品所有权转移到购买方,取得货款、劳务价款或索取价款凭证后所认定的收入 ◆ 销售收入 = 销售量 × 合同销售单价 − 销售折扣 − 销售折让
相对值指标	销售增长率	◆ 销售增长率是指企业本年度销售增长额与上年度销售额之间的比率 ◆ 销售增长率 = $\dfrac{\text{本年销售增长额}}{\text{上年销售额}} \times 100\% = \dfrac{\text{本年销售额} - \text{上年销售额}}{\text{上年销售额}} \times 100\%$
	销售额达成率	◆ 销售额达成率是期内实际销售额与目标销售额的比率 ◆ 销售额达成率 = $\dfrac{\text{期内实际销售额}}{\text{期内目标销售额}} \times 100\%$
	环比增长率	◆ 环比增长率是指企业销售量、销售额等指标在本期实现结果和上一期实现结果对比的增长情况 ◆ 环比增长率 = $\dfrac{\text{本期销售数据} - \text{上期销售数据}}{\text{上期销售数据}} \times 100\%$
	团队销售额贡献率	◆ 团队销售贡献率衡量的是某一部门或某一销售领域的销售额占所有部门或所有领域总销售额的情况,以百分比表示 ◆ 部门Ⅰ或领域Ⅰ的销售贡献率 = $\dfrac{\text{某一部门或某一领域的销售额}}{\text{所有部门或所有领域的销售额}} \times 100\%$
	单品销售占比	◆ 该指标主要用于判断企业产品销售结构的合理性,以便优化企业的销售资源配置情况 ◆ 单品销售占比 = $\dfrac{\text{单个产品销售额}}{\text{同期企业销售总额}} \times 100\%$

2.1.2 销售折扣指标设计

销售折扣是指企业（销售方）根据购买方购买数量、款项支付时间及商品实际情况给予购买方的一种价格优惠。销售折扣分为商业折扣和现金折扣。

（1）商业折扣

商业折扣指企业在实际销售商品时，将目录单中的原定报价打一个折扣后提供给客户的一种做法。商业折扣通常明列出来，以百分数如 5%（常称九五折）、10%（常称九折）的形式表示，购买方只需按照标明价格的百分比付款即可。

在销售活动中，商业折扣其实就是一种促销方式，它虽然会带来销售价格的降低，但往往会因此带来销售数量的跳跃式增长，从而带来销售额的大幅提升。

所以，在用销售量、销售额等指标为依据来设计营销提成时，需要结合商业折扣这一指标来衡量、评价销售量与销售额的提升原因。

（2）现金折扣

现金折扣是指企业在采用赊销方式销售时，在商品销售收入金额确定的情况下，为鼓励购买方在规定的期限内尽快付款，而按协议许诺给予购买方优惠的一种做法。该种做法的结果是从应收回的货款总额中扣除一定比例的金额。

现金折扣通常以分数形式反映，如 2/10、1/20、N/30，说明 10 天内付款可得到 2% 的折扣、11～20 天内付款可得到 1% 的折扣。

我国《企业会计准则》规定，当有现金折扣发生时，销售收入仍然按销售合同总价款全部计量，所发生的现金折扣于实际发生时作为"财务费用"，直接计入当期损益。

综上分析可以看出，现金折扣对销售量与销售额的提升无促进作用，在对营销人员的提成进行设计时，现金折扣指标常与销售利润指标结合使用。

2.1.3 销售价格指标设计

销售价格即产品被售出时，购买方需付出的代价或支付的款项金额。在营销活动中，销售价格水平的高低，直接影响到销售量，从而影响到企业利润水平。价格水平过高，销售量会降低，如果不能达到盈亏平衡点，企业就会亏损；相反，价格水平过低，虽然会起到促销作用，但单品毛利会降低，也会使企业利润水平下降。

从上分析可以得知，在设计营销人员的销售提成，特别是渠道成员的提成事宜时，需考虑他们对企业所定价格的执行程度。

在对销售价格事宜方面，一般常运用单品毛利这一指标。单品毛利即单个商品销售价格与成本之间的差额。该指标不仅可用于确定营销活动带来的增值、指导定价与促销方案的制定，还可用于营销提成的设计事宜。

2.1.4 销售回款指标设计

销售回款即收回已实现的销售款项，这项工作源于赊销活动；而营销提成的设计工作与其也密切相关。评价销售回款工作绩效、工作质量的指标一般包括销售回款率、销售未清账期、逾期账款率、坏账率等，具体说明如表 2-2 所示。

表 2-2 销售回款指标设计

指标设计	指标说明或计算公式
销售回款率	◆ 销售回款率是指企业实收的销售款与销售收入总额的比率，主要用于考核销售货款的回收水平 ◆ 销售回款率 = $\dfrac{\text{实际收到销售款}}{\text{销售总收入}} \times 100\%$ ◆ 该指标对于提升企业销售团队应收账款的管理水平和效率，起到较好的促进作用
销售未清账期	◆ 销售未清账期（DSO，Days Sales Outstanding）是指一定时期内企业应收账款的平均回收期或平均变现期，表示企业从取得应收账款的权利到收回款项，转换为现金所需要的时间 ◆ DSO = $\dfrac{\text{期末应收账款余额}}{\text{本期全部赊销额}} \times \text{本期天数}$
逾期账款率	◆ 逾期账款率表明某一时期期末逾期账款占总应收款的比率 ◆ 该指标的设置目的在于加强对应收账款的管理，避免或减少坏账损失的发生
坏账率	◆ 坏账率就是坏账额与总赊销总额的比率，该指标的设置目的在于督促企业销售团队加强应收账款的回收管理，降低企业经营风险 ◆ 坏账率 = $\dfrac{\text{年坏账额}}{\text{年赊销总额}} \times 100\%$

2.1.5 销售费用指标设计

销售费用是指企业在销售产品、劳务的过程中所发生的各项费用，包括由企业负担的包装费、运输费、装卸费、展览费、广告费、租赁费（不包括融资租赁费），以及为销售本企业产品而专设的销售机构（含销售网点、售后服务网点）的费用，包括销售机构的职工工资、福利费、业务费、差旅费、办公费、折旧费、修理费、物料消耗和其他经费。

在销售收入一定的情况下，销售费用越低，企业销售利润越高，企业效益就越好。所以，销售费用指标通常与销售任务指标结合使用，以便对营销提成设计工作提供综合性的信息。

评价销售费用控制、节约情况的指标一般包括销售费用率、销售费用预算执行偏差率等，具体说明如表 2-3 所示。

表 2-3 销售费用指标设计

指标设计	指标说明或计算公式
销售费用率	◆ 销售费用率是销售费用与总销售收入的比值，用以反映销售收入所付出的费用 ◆ 销售费用率 = $\dfrac{\text{销售费用}}{\text{销售收入}} \times 100\%$ ◆ 设置该指标的目的在于兑现营销提成时，考查销售费用支出情况，以便更有效地监督、控制销售费用的支出情况
销售费用预算执行偏差率	◆ 销售费用预算执行偏差率是指销售费用实际发生额与销售费用预算额的差异比较 ◆ 销售费用预算执行偏差率 = $\dfrac{|\text{销售费用实际发生额} - \text{销售费用预算额}|}{\text{销售费用预算额}} \times 100\%$ ◆ 该指标一方面指引营销管理人员加强销售费用规模的控制，另一方面也考核销售费用预算编制的准确程度

2.2 营销提成比例设计

营销提成比例设计是营销提成方案设计的重要组成部分,设计提成比例时需考虑12个方面的因素,具体如图2-1所示。

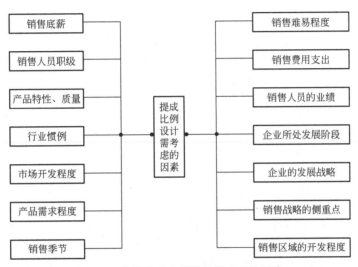

图 2-1 营销提成比例设计需考虑的因素

企业在设计营销提成时,无论是依下列哪种指标基准设计提成的比例,均需要综合考虑上述12种因素。

2.2.1 销售任务提成比例设计

根据表2-1所列销售任务指标的达成情况,结合企业制定的目标利润水平,进行相应的提成比例设计。下列分别以销售量、销售额、团队销售额贡献率、单品销售占比等指标为设计基准分别示范提成比例的设计。

(1)以"销售量"为基准进行提成比例设计

以"销售量"为基准进行提成比例设计,就是单纯根据销售量的达成情况来计提成。这一操作方式主要适用于企业经营的产品比较单一、价格持续稳定的提成方案设计。具体比例设计方法如表2-4所示。

(2)以"销售额"为基准进行提成比例设计

以"销售额"为基准进行提成比例设计,可按销售额达成率来计提。具体示范说明如表2-5所示。

表 2-4 以"销售量"为基准进行提成比例设计示例说明

项目	销售量/万件	提成比例	提成计算公式
提成比例设计机制	110(不含)以上	7%	提成=(实际销售量-110)×7%+110×5%
	85(不含)~110(含)	5%	提成=实际销售量×对应的提成比例
	85(含)以内	4%	

续表

项目	销售量/万件		提成比例	提成计算公式
	实际销售量/万件	目标销售量/万件		提成计算/万元
提成计算示范	120	110		（实际销售量−110）×7%＋110×5%＝(120−110)×7%＋110×5%＝6.2
	90			实际销售量×5%＝90×5%＝4.5
	70			实际销售量×4%＝70×4%＝2.8
说明	主要是依据已实现的销售量，不考虑销售款项是否已经收回			

表 2-5 以"销售额"为基准进行提成比例设计示例说明

项目	提成基数	销售额达成率	提成比例	提成计算公式
提成比例设计机制	A 元	110%（含）以上	110%以内的，按每超1个百分点提5元，最高不超过(A+50)元	提成＝A＋50
		100%（含）~110%（不含）	每超1个百分点提5元	提成＝A＋(实际销售额达成率−100%)×100×5
		90%（含）~100%（不含）	按实际达成率	提成＝A×实际销售额达成率
		90%（不含）以下	0	提成＝0

项目	实际销售额/元	目标销售额/元	销售额达成率	提成基数/元	提成计算/元
提成计算示范（提成基数假设为300元）	11 200	10 000	112%	300	350
	10 200		102%		300＋(102%−100%)×100×5＝310
	9 500		95%		300×95%＝285
	9 000		90%		300×90%＝270
	8 900		89%		0
说明	主要是依据已实现的销售额，不考虑销售款项是否收回				

（3）以"团队销售额贡献率"为基准进行提成比例设计

以"团队销售额贡献率"为基准进行提成比例设计时，首先要知道企业所有销售团队的销售额，然后算出每个团队的销售额贡献率，据此结果进行团队成员的提成比例设计。

假设某企业现有四支销售团队，其提成比例设计示例如表 2-6 所示。

表 2-6 以"团队销售额贡献率"为基准进行提成比例设计示例说明

项目	团队或领域	团队销售额贡献率	提成比例	提成总额	提成计算公式
提成比例设计机制	甲	$a\%$	$a\%$	M	甲团队提成＝$a\% \times M$
	乙	$b\%$	$b\%$		乙团队提成＝$b\% \times M$
	丙	$c\%$	$c\%$		丙团队提成＝$c\% \times M$
	丁	$d\%$	$d\%$		丁团队提成＝$d\% \times M$
	合计	100%	100%		
说明	企业在实际运用时，需要考虑每个团队的销售款项是否均全数收回				

(4) 以"单品销售占比"为基准进行提成比例设计

以"单品销售占比"为基准进行提成比例设计时,首先需要将企业商品进行分类,然后计算出期内某一单品的销售额,并将其与企业同期销售总额进行对比。据此结果进行负责该类单品的销售人员或销售团队进行提成比例设计。

2.2.2 销售回款提成比例设计

按销售回款进行提成比例设计,即将收回的货款金额作为提成计算的依据,这里的回款金额是指已经划拨到企业资金账户上的销售款项。采用赊销形式实现销售的企业多采取此种提成比例设计方式。

销售回款信用期不同,回收款项的提成比例不同。例如,有的是当月款项当月收回,有的是上月款项当月收回,还有的是两个月前的款项才在当月收回。为进一步促进销售人员加速收款步伐,企业对不同信用期内收回的销售款项给予不同的销售提成比例。具体示例如表2-7所示。

表2-7 销售回款提成比例设计示例说明

说明项目	信用期	实际回款额/万元	提成比例设计	提成计算公式
提成比例设计机制	当月(n)款项当月收回	1000(不含)以上	$a\%$	提成=实际回款额×提成比例
		800(不含)~1000(含)	$b\%$	
		800(含)以内	$c\%$	
	收回($n-1$)个月的款项	D	$d\%$	提成=实际回款额×提成比例
	收回($n-2$)个月的款项	E	$e\%$	提成=实际回款额×提成比例
	当月回款提成		回款提成=$\sum$(回款金额×提成比例)	
	说明		$a\%>b\%>c\%>d\%>e\%$	
提成计算示范	背景说明	某企业于10月份实现销售额1000万元,但收回的款项实为900万元(按规定按1.3%提成),同时,本月又同时收回9月份的款项20万元、8月份的款项30万元		
	信用期	实际回款额/万元	提成比例设计	提成计算
	10月款项当月收回	900	1.3%	提成=900×1.3%=11.7(万元)
	收回9月份的款项	20	0.8%	提成=20×0.8%=0.16(万元)
	收回8月份的款项	30	0.4%	提成=30×0.4%=0.12(万元)
	10月回款提成	10月回款提成=11.7+0.16+0.12=11.98(万元)		
说明	①对于当月收回的销售款项,不同的回款金额对应不同的提成比例,回款额越高,提成比例越高,以鼓励销售人员督促客户当月回款 ②对于收回以往月份的销售款项,越早收回提成比例越高,欠期越久提成比例越低,促使销售人员加紧收回以往的应收账款,最大程度上降低企业坏账损失			

2.2.3 销售价格提成比例设计

按销售价格计算提成比例,即根据销售售价格的高低、价格政策执行力度等情况设计不同的提成比例。该种提成比例设计方式主要确保三大目的的达成：一是确保销售人员遵守企业制定的价格政策；二是鼓励销售人员以尽可能高的价格销售商品；三是确保企业实现的销售能够弥补该产品的成本和费用支出。

按销售价格进行提成比例设计，依具体指标的不同，可以采用以下三种不同的方式。

（1）根据售价进行提成

根据售价进行提成，实际上是根据给予的商业折扣进行提成。具体设计示范如表 2-8 所示。

表 2-8 按售价提成比例设计示例说明

项目	商业折扣率	提成比例	提成计算公式
提成比例设计机制	8.5 折（不含）以下	$a\%$	提成 = 实际售价 × 对应的提成比例
	8.5（含）~9.5 折（不含）	$b\%$	
	9.5 折（含）以上	$c\%$	
说明	这种提成比例设计机制适合于零售型企业、终端销售人员（如导购员、促销员、营业员）的销售提成方案设计		

（2）根据毛利水平进行提成

售价与成本之间的差额即称"毛利"。运用毛利水平设计营销提成比例，有利于保证企业产品成本的弥补，有利于保证企业不亏本经营。该指标常用于渠道成员的提成。

① 当渠道成员的毛利为 0 时，其提成为 0。

② 当渠道成员的毛利大于 0 时，其提成比例可依毛利水平高低而定。

值得注意的是，在用毛利考核渠道成员的提成标准时，既不可将毛利水平定得过低，也不可将毛利水平定得过高。过低，不利于保证企业利润水平；过高，企业产品售价就会过高，不利于产品的销售，同样会影响企业获利水平。

（3）根据实际售价与企业定价的差额进行提成

根据实际售价与企业定价的差额进行提成，具体比例设计方式如表 2-9 所示。

表 2-9 按实际售价与企业定价的差额进行提成

提成比例设计机制 1			对于差额部分，企业与销售人员分别按比例分成，一般常设比例包括 3:7、4:6、5:5、6:4、7:3	
提成比例设计机制 2			将差额部分全部作为销售人员的提成	
提成计算示范	实际售价/元	企业定价/元	售价与定价的差额/元	提成比例设计机制	提成计算
	350	300	50	1	$50 \times \frac{6}{10} = 30$（元）或 $50 \times \frac{4}{10} = 20$（元）
				2	50（元）
说明	1. 机制 1 中的 4:6 或 6:4 广泛被企业采用 2. 机制 2 适用于市场的新品、垄断产品；一般很少有企业直接采用，因为这种方式会导致销售人员盲目提升售价，从而影响商品的销售量，进而影响企业利润水平				

2.2.4 销售费用提成比例设计

对于企业利润的形成，销售费用是一个负向性、抵销性因素。所以，企业要想有效地控制住销售费用的日常支出，一要对该支出标准作出明确规定，二要对该标准执行情况进行相应的控制。

而有效控制销售费用日常支出的有效手段就是在销售人员、销售团队的绩效成果中体现。这种做法的关键是明确销售人员、销售团队对销售费用承担的范围。具体说明如下。

（1）针对销售人员

① 根据实际销售费用的超支金额，对提成直接进行扣减，其计算公式为：

实发提成＝按销售额及相应比例应提的提成额度－（实际支出的销售费用－预算的销售费用）

② 根据实际销售费用的超支比例，对提成予以按比例扣减处理，其计算公式为：

$$实发提成＝按销售额及相应比例应提的提成额度 \times \frac{预算销售费用}{实际销售费用}$$

（2）针对销售团队

如果企业营销提成是发放给销售团队的，则需将其进行相应的抵扣，抵扣方式有两种。

① 将销售费用超支部分，在销售团队负责人的提成中进行抵扣，可以按实际超支金额进行扣减，也可以按超支比例进行扣减。

② 将销售费用超支部分，在销售团队所有成员中进行平摊，即在每一位团队成员应提提成的基础上，扣减平摊的超支销售费用。

2.2.5 赊销业务提成比例设计

赊销，简单地说，就是先实现销售（如先发货）、后收款的商业行为。赊销的做法，有利于促进销售，但企业承担了相应的现金流损失，甚至是货款无法全部收回的风险。

对于利用赊销方式促成的销售，企业可用以下几种方式进行提成比例设计。

① 对于未回款的那部分销售额，不参与提成分配。

② 对于后续收回的销售额，按收回时间的长短，折算其现金价值，进而核算企业承担的现金流价值损失，最终将这部分损失于营销提成中予以补偿。

③ 为了促进客户尽快回款而给予的现金折扣为企业承担的财务费用，也应于应发提成中进行适当扣减。

2.2.6 退货业务提成比例设计

对于已实现的销售发生退货，其提成比例分下列不同的情形。

① 退货已付款的、已计提成的，应于下月提成中扣减。至于退货提成的计算，与实现销售的提成机制应保持一致，即若按销售量提成，则退货提成应按销售量计算；若按销售额提成，则退货提成按销售额计算。

② 退货未付款，未计提成，则不会对应发提成产生任何影响。

2.3 营销提成调整设计

2.3.1 根据企业经营目标进行调整

企业营销提成机制一旦形成,一般在短期内不会予以调整。但是,如果企业经营目标发生变化,提成机制应予以相应的调整。

对于中小企业来说,其发展基本处于投入阶段。这一阶段,基本以占领市场、创造利润为目标。目标侧重点不同,提成机制应进行不同设计。例如,若以占领市场为经营目标,可以以"销售量"为依据进行提成方案设计;若以获取利润为经营目标,则应以"销售额"(扣减销售费用后)为依据进行提成方案设计。

2.3.2 根据各类经营指标进行调整

前文所设计的提成依据、提成比例均是在单项指标的基础上进行的。但是,在实际经营过程中,提成的设计、兑现是一项系统性工程,需要综合考虑销售量、销售额、销售折扣、销售费用等各类经营指标,特别是具有互相抵销作用的两组指标综合使用,这类提成调整现象最为常见。某企业调整示例如表2-10所示。

表2-10 根据绩效考核结果进行提成调整的示例

序号	量化指标	指标应用于提成调整的说明
1	销售额	主要提成依据,按实现的程度和事先规定的比例进行提成(假设提成金额为 A 万元)
2	给予的商业折扣	次要的提成调整依据,分两种情况: (1)给予商业折扣后,大大有利于销售量的提升,这种情况下,对 A 值无影响 (2)给予商业折扣(假设为8折)后,不利于销售量的提升,反而使企业单品利润水平下降,则应对 A 进行调整:扣发提成 $= A \times (1-80\%)$
3	销售费用超额支出	对超额支出的销售费用,必须上至销售团队负责人、下至每一名团队成员,都应该对此承担一定的责任,所以,应对 A 进行调整: 扣发提成 $= A \times \dfrac{\text{超额支出的销售费用}}{\text{预算的销售费用限额}}$
4	未收回款项	对未收回的款项,一开始就不计入应提销售额中
如果某销售人员同时存在上述2(2)、3这两种情形		最终应提的提成 $= A - A \times (1-80\%) - A \times \dfrac{\text{超额支出的销售费用}}{\text{预算的销售费用限额}}$

2.3.3 根据产品类别进行提成调整

不同的产品对企业的利润贡献程度是不同的,这种不同可通过"单品销售占比"来评价。为了促进高利润产品的销售,企业应对其营销人员提供相对较高的提成,以激励其推广、销售的积极性。

同样,不同产品的销售工作,其难易程度也有所不同,因此,企业可据产品销售的难易程度设计不同的提成方案。例如,针对产品销售难度大的产品,可设计比较高的提成比例,以促进营销人员的积极性,在既保障员工工资水平的同时,也保证企业产品线拓展目标得以顺利实现。

2.3.4 根据销售季节进行提成调整

如果企业某些产品的销售因具淡旺季特性,其营销人员的提成就不应该仅仅执行一个标准。具体操作办法如下。

(1) 调整淡旺季的销售任务目标,以实现提成总额的调整

在销售淡季时,可设定较低的销售任务目标;而在销售旺季时,则需要设定较高的销售任务目标,以不同季节销售目标的完成程度设置提成比例。示例如表2-11所示。

表2-11 淡旺季销售提成示例

销售季节	淡季(1月、2月、3月、8月)			旺季(4月、5月、6月、7月、9月、10月、11月、12月)		
项目	目标任务	未完成任务	完成任务	目标任务	未完成任务	完成任务
销售额达成情况	700万元	小于700万元	销售额达成率为100%	1 500万元	小于1 500万元	销售额达成率为100%
提成比例	10%	5%	在销售额达成率100%的基础上,每超出10%,提成比率上涨5%,提成比率最高涨幅控制为30%	10%	5%	在销售额达成率100%的基础上,每超出10%,提成比率上涨5%,提成比率最高涨幅控制为30%
备注	销售额达成率 = $\frac{实际达成的销售额}{目标销售额} \times 100\%$					

(2) 调整淡旺季的提成比例,以实现提成总额的调整

提升淡季销售人员的提成比例,有利于提升销售人员的积极性,从而使企业在淡季销售时不清淡。企业如果想在淡季保持并提升经营业绩,就必须要大力对销售人员激励。

例如,在营销提成制度或淡旺季提成方案中可规定,在淡季,销售人员为企业实现的一切业务,企业只收基本的成本费用支出,所有利润全归销售人员所有。而于旺季时,提成比例恢复正常。

需要说明的是,无论采用上述哪种方法调整淡要旺季的提成机制,均需要在制定提成制度或设计提成方案时,明确地指出哪些月份属于淡季、哪些月份属于旺季。

2.3.5 根据地域不同进行提成调整

因地理位置的不同,消费者的需求不同,这导致同一产品在不同地理位置的销售趋势也不同。例如,雨伞在干旱无雨的西北卖不动,但到了多雨的南方会旺销。

所以,针对旺销的区域,要么设定较高的销售任务目标,要么降低营销提成比例;同时,针对滞销的区域,可以设定相对低一些的销售任务目标,也可以提高营销提成的比例,以激发该区域的市场拓展人员的积极性。

Chapter 3

第 3 章

营销提成常用管理制度

3.1 营销各部门提成管理制度

3.1.1 销售部营销提成制度

下面是某企业制定的销售部营销提成制度,供读者参考。

制度名称		销售部营销提成制度			
制度版本		受控状态	☐ 受控　☐ 非受控	制度编号	

第 1 条　目的
为了提高销售部门工作积极性,明确销售部门的提成计算方法,依据销售部薪酬管理办法,本着公正公开的原则,特制定本制度。

第 2 条　适用范围
本制度适用于公司所有列入提成范围的产品。

第 3 条　管理组织与主要职责
本制度由人力资源部和销售部经理贯彻实施,由财务部对发放提成所需资金进行统一管理,按月发放。
1. 人力资源部的职责。
(1) 结合公司及部门实际情况制定提成方案并报上级审批。
(2) 负责对销售部门月度及年度的销售业绩进行核算,依照提成计算方法计算出提成数额,交销售部经理核实。
(3) 根据公司销售人员的业绩与提成状况、销售部对激励制度的满意程度、销售队伍的稳定性等实际情况,对本制度及时进行改进。
2. 销售部经理的职责。
(1) 负责将月度及年度销售报表提供给人力资源部。
(2) 对人力资源部核算结果进行确认。
3. 财务部的职责。
(1) 负责根据人力资源部的提成核算结果进行需求资金复核,以便及时准备资金。
(2) 提交资金使用方案审批,通过后负责资金的调配,发放个人最终提成。

第 4 条　提成考核与基本规定
本销售提成制度以完成销售任务额的比例设定销售提成比例。
1. 销售经理按全年每月部门总销售额的绩效提取提成。
2. 销售业务员按每月月初由销售管理人员公布的员工销售额进行绩效提成提取。
3. 销售人员完成商品交易时的成交价格若与原定产品价格不同,则按成交价格与原定产品价格比来确定当月发货金额。
4. 试用期业务员第一个月不设定销售任务,第二个月按正式员工销售额的 50% 作为额定销售额计算提成,第三个月开始即按正式员工销售额计提。
5. 销售人员单次销售报销费用超出公司规定的单次销售报销费用限额两倍的,单次成交价格按比例削减计算。

第 5 条　提成计算方法
1. 部门提成＝部门净销售额×部门销售提成比例,
部门净销售额＝部门销售人员人均当月净销售额×部门人数。
部门提成由全体销售部成员均分后,即为个人所得的部门提成。
2. 个人最终提成＝个人所得的部门提成＋个人提成。
其中,个人提成＝个人净销售额×个人销售提成比例,
个人净销售额＝个人当月发货金额－个人当月退货金额,
个人当月发货、退货金额为当月个人单次发货、退货金额的总和,
个人单次发货金额＝成交价格/原定产品价格×以该成交价格成交产品的数量,
个人单次退货金额＝原定成交价格/原定产品价格×原定成交产品的数量。

续表

3.销售人员单次销售报销费用超出公司规定的单次销售报销费用限额两倍的,此次交易的成交价格应用下列公式最终确定。 单次成交价格＝单次销售报销费用限额×2÷实际单次销售报销费用×双方最终议定价格 4.试用期员工第二个月的提成不包含个人所得的部门提成。 第6条　部门销售提成比例设计 1.销售部当月整体销售额未完成,全体销售人员没有部门提成。 2.销售部当月完成整体销售额超出额定销售额,额定销售额部分的部门提成按2％提取,超出部分按3％提取。 第7条　个人销售提成比例设计 1.销售经理在部门当月整体销售额未完成的情况下,个人提成按实际部门销售额的1％提取;部门销售额超额完成时,额定销售额部分的个人提成按1％计提,超出部分按2％提取。 2.销售人员完成个人销售额的50％以下,没有个人提成。 3.销售人员完成个人销售额的50％,个人提成按1％计提;完成50％～100％时,每增长5％,个人提成增长0.1％。 第8条　附则 1.本制度经公司总经理批准,自公布之日起执行,由人力资源部门负责解释。 2.本制度每年修订一次。	

编制部门		审批人员		审批日期	

3.1.2　直销部营销提成制度

下面是某企业制定的直销部营销提成制度。

制度名称	直销部营销提成制度			
制度版本	受控状态	□ 受控　□ 非受控	制度编号	
第1条　目的 为提高直销人员的工作积极性,明确公司提成提取与发放规则,完善直销激励体系,依据国家相关法律法规,结合公司实际,特制定本制度。 第2条　适用范围 本制度适用于公司所有列入提成范围的产品与服务。 第3条　管理组织与主要职责 本制度由人力资源部负责制定和修订,直销部经理配合实施,财务部进行相关资金的调配与发放。 1.人力资源部的职责。 (1)结合公司实际情况制定本制度草案,与直销部经理就制度草案进行商议,最终确定制度内容。 (2)负责将制度草案报公司总经理审批,根据审批结果进行制度的落实工作。 (3)与财务部保持沟通,确保提成的及时发放。 2.直销部经理的职责。 (1)根据部门实际情况,与人力资源部共同完成制度草案的修改与确认。 (2)负责部门月度及年度提成考核,形成报表提供给人力资源部。 3.财务部的职责。 (1)根据人力资源部的提成核算结果,复核后制定资金使用方案报公司总经理审批。 (2)及时调配资金,确保提成的准时、足额发放。 第4条　提成规则与基本规定 1.公司直销人员提成为当月销售额乘以提成比例。 2.直销人员每月完成的销售额以每月月初直销部公布的销售额为准。 3.直销人员的个人月度提成总额不得超过其当月销售额的25％。 第5条　提成比例设计 1.直接销售提成比例。 (1)直销部经理直接销售给普通客户的公司产品,提成比例为2％。 (2)直销部员工直接销售给普通客户的公司产品,提成比例为1％。				

续表

2. 客户关系提成比例。
(1)直销人员发展普通客户成为普通会员的,其提成比例增加 0.02%。
(2)直销人员发展普通会员成为高级会员的,其提成比例增加 0.03%。
(3)直销人员发展普通客户直接成为高级会员的,其提成比例增加 0.05%。
(4)各级会员取消资格的,相应增加的提成比例于次月随之取消。
3. 员工发展与培训提成比例。
(1)直销人员为公司发展新直销人员、壮大直销队伍的,每成功发展一个,该直销人员的提成比例增加 0.01%。
(2)直销人员为公司培训直销人员的,每次培训成功,该直销人员的提成比例增加 0.02%。
4. 服务年限提成比例。
直销人员为公司服务五年以上的,服务期限每增加一年,该直销人员的提成比例增加 0.05%。
第 6 条　提成发放
员工提成与工资一同发放。
第 7 条　附则
1. 本制度由人力资源部制定,最终解释权在人力资源部。
2. 本制度经公司总经理审批,自颁布之日起实施。

编制部门		审批人员		审批日期	

3.1.3　网销部营销提成制度

下面是某企业制定的网销部营销提成制度。

制度名称		网销部营销提成制度			
制度版本		受控状态	□ 受控　□ 非受控	制度编号	

第 1 条　目的
为规范网络营销提成管理活动,促进网销活动对现代化信息资源的高效利用,全面提升公司形象与知名度,特制定本制度。
第 2 条　适用范围
本制度适用于公司网销部参与网销活动的全体员工。
第 3 条　职责分工
1. 网销部经理与人力资源部负责网销人员的绩效考核与评估。
2. 财务部负责数据的复核与资金发放。
第 4 条　提成基本规定
1. 网销人员销售任务的确定原则为月度累计,季度分摊。
2. 网销人员提成比例的确定应参考销售任务完成情况与服务质量的综合考核情况。
3. 网销人员的月提成不得超过当月销售额的 40%。
第 5 条　提成办法
1. 销售额与提成。
(1)网销部经理完成当月额定销售额的,按完成销售额的 10% 提成。
(2)网销部员工完成额定销售额的,按完成销售额的 8% 提成。
(3)网销人员未完成当月额定销售额的,每少 1%,当月提成比例降低 0.1%。
2. 退货与提成。
(1)网销部当月的部门退货率达到 10% 以上的,退货率每增加 1%,网销部经理当月的提成比例降低 0.2%。
(2)网销部员工当月的个人退货率达到 10% 以上的,退货率每增加 1%,提成比例降低 0.2%。
3. 回头客提成。
网销人员每发展一个回头客,相关销售额的提成比例增加 0.1%。
4. 好评与提成。
(1)网销人员的好评率在 60%(含)~80%(含)的范围内,提成比例不变。
(2)网销人员的好评率超出 80%,好评率每增加 10%,提成比例增加 0.05%。

续表

(3)网销人员的好评率低于60%,好评率每降低10%,提成比例降低0.05%。
5. 投诉与提成。
(1)网销部的整体投诉率及个人投诉率应控制在10%的基准线下。
(2)网销部的当月整体投诉率超出基准线的,每增加1%,网销部经理当月的提成比例降低0.05%。
(3)网销部员工所负责销售的产品当月投诉率超出基准线的,每增加1%,提成比例降低0.05%。
第6条 提成发放
1. 网销人员提成每月发放80%,剩余20%于年底一次性发放。
2. 发放日期遇节假日或公休日提前至最近的工作日发放。
第7条 附则
1. 本制度由公司人力资源部制定及修订,最终解释权在人力资源部。
2. 本制度经公司总经理审批通过,自颁布之日起实施。

编制部门		审批人员		审批日期	

3.2 营销人员提成管理制度

3.2.1 营销管理人员提成制度

下面是某企业制定的营销管理人员提成制度。

制度名称		营销管理人员提成制度			
制度版本		受控状态	☐ 受控 ☐ 非受控	制度编号	
第1章 总则	第1条 目的 为充分激发企业营销部门管理人员的工作热情与积极性,保障企业营销管理人员的利益,特制定本制度。 第2条 适用范围 本制度适用于企业各营销部门经理级、主管级管理人员。 第3条 职责分工 职责分工如下表所示。 **管理人员营销提成相关工作职责分工表** | 部门名称 | 职责分工 | |---|---| | 人力资源部 | ◆ 负责管理人员营销提成比例的确定及提成数额的审核工作 | | 各营销部门 | ◆ 负责本部门管理人员营销提成数额的计算工作 | | 财务部 | ◆ 负责管理人员营销提成的发放工作 |				
第2章 营销提成比例设计	第4条 管理人员薪资构成 管理人员薪酬=底薪+提成。 第5条 提成基数 各营销部门管理人员的营销提成基数为部门的销售毛利润,其计算公式如下。 销售毛利润=销售收入净额－销售费用。 第6条 提成计算 管理人员营销提成=销售毛利润×提成比例。 第7条 营销提成比例设计 1. 主管级管理人员营销提成比例设计				

续表

第 2 章 营销提成比例设计	主管级管理人员营销提成的计提周期为一季,提成比例与管理人员的季度绩效考核成绩有关,如下表所示。 **主管级管理人员营销提成比例说明表** | 提成等级	评级依据	提成比率
---	---	---
A 级	季度绩效考核成绩在__分以上	0.14%
B 级	季度绩效考核成绩在__~__分	0.08%
C 级	季度绩效考核成绩在__~__分	0.04%
D 级	季度绩效考核成绩在__分以下	0.01% | 上表中绩效考核成绩计算说明如下。 **主管级管理人员绩效考核评分说明表** | 考核指标	评分标准
下属营销人员任务完成率	下属营销人员任务完成率在__%以上时,得满分__分,每减少__%,扣__分,低于__%,得0分
团队销售总额	团队销售总额在__万元以上,得满分__分,每比目标值低__万元,扣__分,低于__万元,得0分
绩效考核成绩等于以上考核指标得分相加总和 || 2. 经理级管理人员营销提成比例设计 经理级管理人员营销提成的计提周期为一季,每季度发放提成额度的80%,剩余的金额年底发放。提成比例如下表所示。 **经理级管理人员营销提成比例说明表** | 提成等级	评级依据	提成比率
---	---	---
A 级	季度绩效考核成绩在__分以上	2%
B 级	季度绩效考核成绩在__~__分	0.8%
C 级	季度绩效考核成绩在__~__分	0.4%
D 级	季度绩效考核成绩在__~__分	0.2%
E 级	季度绩效考核成绩在__分以下	0.1% | 上表中绩效考核成绩计算说明如下所示。 **经理级管理人员绩效考核评分说明表** | 考核指标	评分标准
部门营销计划完成率	部门营销计划完成率在__%以上时得满分__分,每减少__%扣__分,低于__%,得0分
部门核心营销人员流失率	部门核心营销人员流失率在__%以下时得满分__分,每增加__%扣__分,高于__%,得0分
部门销售总额	部门销售总额在__万元以上,得满分__分,每比目标值低__万元,扣__分,低于__万元,得0分	

续表

	考核指标	评分标准
第 2 章 营销提成比例设计	部门销售账款回收率	部门销售账款回收率在__%以上,得满分__分,每比目标值低__万元,扣__分,低于__万元,得 0 分
	新开发客户数	新开发客户数在__位以上,得满分__分,每少__位,扣__分,低于__位,得 0 分
	绩效考核成绩等于以上考核指标得分相加总和	
第 3 章 营销提成审核、发放管理	第 8 条　提成申请 每季(年),由各营销部经理计算管理人员提成金额并填写营销提成申请表,并提交给人力资源部。 第 9 条　提成审核 人力资源部负责对申请表进行审核,审核通过后将申请表转送财务部,由财务部人员负责核算营销提成金额。 第 10 条　营销提成发放 管理人员营销提成申请表经总经理审批后,由财务部足额发放。	
第 4 章 附则	第 11 条　其他 1. 本制度由人力资源部负责执行,制度的解释权、修订权归人力资源部所有。 2. 本制度自颁布之日起生效施行。	
编制部门		审批人员		审批日期	

3.2.2　业务人员营销提成制度

下面是某企业制定的业务人员营销提成制度。

制度名称			业务人员营销提成制度			
制度版本		受控状态	□ 受控	□ 非受控	制度编号	
第 1 章 总则	第 1 条　目的 为提高公司业务人员工作积极性和创造性,规范公司业务人员营销提成管理工作,保障业务人员的利益,特制定本制度。 第 2 条　适用范围 本制度适用于公司业务人员营销提成的设定、计算、发放等管理工作。 第 3 条　职责分工 1. 人力资源部负责业务人员底薪的确定、营销提成比例的设定。 2. 销售部负责业务人员营销提成的计算。 3. 财务部负责业务人员营销提成的发放。					
第 2 章 业务人员薪资构成与设定	第 4 条　业务人员薪资构成 业务人员的薪资由底薪加提成构成。 第 5 条　业务人员底薪设定 1. 公司业务人员主要包括实习销售人员、销售代表、高级销售代表。 2. 实习销售人员的底薪为____元/月。 3. 销售代表的底薪为____元/月。 4. 高级销售代表的底薪为____元/月。					

续表

第3章 业务人员 营销提成 设定与计算	第6条 提成比例设定 1. 实习销售人员营销提成比例设定如下表所示。 **实习销售人员营销提成比例** 	提成等级	营销任务完成比例	营销提成百分比
第一级	100%（含）以上	__%
第二级	50%（含）~100%（不含）	__%
第三级	50%（不含）以下	__% | 2. 销售代表营销提成比例设定如下表所示。 **销售代表营销提成比例** | 提成等级	营销任务完成比例	营销提成百分比
第一级	100%（含）以上	__%
第二级	60%（含）~100%（不含）	__%
第三级	60%（不含）以下	__% | 3. 高级销售代表营销提成比例设定如下表所示。 **高级销售代表营销提成比例** | 提成等级	营销任务完成比例	营销提成百分比
第一级	100%（含）以上	__%
第二级	70%（含）~100%（不含）	__%
第三级	70%（不含）以下	__% | 第7条 提成计算 1. 营销提成＝净销售额×营销提成百分比＋高价销售提成。 2. 净销售额＝总收入额－销售费用。 第8条 低价销售提成 业务人员必须按公司规定的产品价格范围销售产品。特殊情况下需低价销售的，必须向销售经理及以上级别领导申请，公司根据实际情况重新制定销售提成百分比。 第9条 高价销售提成 如果业务人员以高于公司规定价格范围的价格销售产品的，高出部分的__%将作为高价销售提成。
第4章 业务人员营销提成 的发放	第10条 发放条件 当月发生的销售款必须全部收回后方可发放提成，如有余款未回，不得发放提成。 第11条 发放时间 经确认审批的营销提成由财务部于当月__日统一发放。
第5章 附则	第12条 其他 1. 本制度自颁布之日起实施。 2. 本制度由人力资源部负责制定与解释。
编制部门		审批人员		审批日期	

3.2.3 宣传人员营销提成制度

下面是某企业制定的宣传人员营销提成制度。

制度名称			宣传人员营销提成制度		
制度版本		受控状态	□ 受控　□ 非受控	制度编号	
第1章 总则	第1条　目的 为提高公司宣传人员的工作积极性,为提升公司销售业绩做出相应的努力,结合本公司实际情况,特制定本制度。 第2条　适用范围 本制度适用于公司宣传人员提成的设定、计算、发放等工作。 第3条　职责分工 1. 人力资源部负责宣传人员营销提成标准的设定、提成发放的审核。 2. 市场部负责宣传人员营销提成的计算。 3. 财务部负责宣传人员营销提成的审核与发放。 4. 总经理负责宣传人员营销提成的审批。					
第2章 宣传人员 提成发放 前提与标准	第4条　提成发放前提 公司宣传人员提成发放前提是宣传活动举办后,公司实现__万元的销售额,且此销售额为实收款项。 第5条　提成发放标准 公司宣传人员提成发放标准如下表所示。 **宣传人员提成发放标准** <table><tr><th>销售额</th><th>绩效考核分数</th><th>发放标准</th></tr><tr><td>__万元以上</td><td>__分以上</td><td>__元</td></tr><tr><td>__万~__万元</td><td>__~__分</td><td>__元</td></tr><tr><td>__万~__万元</td><td>__~__分</td><td>__元</td></tr><tr><td>__万~__万元</td><td>__分以下</td><td>0元</td></tr></table>					
第3章 宣传人员 提成管理 程序	第6条　提成计算 1. 销售部应将月销售额报市场部相关人员。 2. 市场部应根据销售额及员工绩效考核分数,确定部门宣传人员提成发放数额。 第7条　提成审核审批 1. 市场部制定提成统计表后,应将统计表报人力资源部审核。 2. 人力资源部审核提成统计表后,应将统计表报财务部审核。 3. 财务部应对提成信息进行核对,核对后将提成统计表报总经理审批。 第8条　提成发放 财务部应按总经理审批后的结果于每月__日发放宣传人员提成。					
第4章 附则	第9条　其他 1. 本制度自颁布之日起实施。 2. 本制度由人力资源部负责制定与解释。					
编制部门		审批人员		审批日期	

3.2.4　渠道人员营销提成制度

下面是某企业制定的渠道人员营销提成制度。

制度名称		渠道人员营销提成制度				
制度版本		受控状态		□ 受控 □ 非受控	制度编号	

第1章 总则	**第1条 目的** 为完善公司渠道人员营销提成管理工作，提高渠道人员的工作积极性和创造性，特制定本制度。 **第2条 适用范围** 本制度适用于公司渠道经理、渠道专员营销提成的设定、计算、发放等工作。 **第3条 职责分工** 1.人力资源部负责渠道经理、渠道专员营销提成的设定、提成发放的审核。 2.渠道部文员负责渠道经理、渠道专员营销提成的计算。 3.财务部负责渠道经理、渠道专员营销提成的审核与发放。 4.总经理负责渠道经理、渠道专员营销提成的审批。
第2章 渠道人员 提成设定	**第4条 提成考核** 公司以销售额、渠道数量与渠道规模为依据设定提成标准。 1.销售利润是指渠道销售收入减去销售费用。 2.渠道个数是指渠道人员开拓的达成交易的渠道的个数。 3.渠道规模是指渠道人员签订的销售合同金额的大小。根据渠道规模的不同，可将渠道客户分为大规模客户、一般规模客户和小规模客户。具体分级标准如下。 (1)大规模客户是指合同金额在____万元以上的客户。 (2)一般规模客户是指合同金额在____万～____万元的客户。 (3)小规模客户是指合同金额在____万元以下的客户。 **第5条 提成标准** 1.公司渠道经理提成计提标准如下表所示。 **渠道经理的提成标准** | 职位 | 提成依据 | | 提成比例 | |---|---|---|---| | 渠道经理 | 销售利润 | ____万元以上 | 销售利润的__% | | | | ____万～____万元 | 销售利润的__% | | | | ____万元以下 | 销售利润的__% | | | 渠道数量 | ____个以上 | ____元 | | | | ____～____个 | ____元 | | | | ____个以下 | ____元 | | | 渠道规模 | 大规模客户 | ____元／个 | | | | 一般规模客户 | ____元／个 | | | | 小规模客户 | ____元／个 | 2.公司渠道专员提成标准如下表所示。 **渠道专员的提成标准** | 职位 | 提成依据 | | 提成比例 | |---|---|---|---| | 渠道专员 | 销售利润 | ____万元以上 | 销售利润的__% | | | | ____万～____万元 | 销售利润的__% | | | | ____万元以下 | 销售利润的__% | | | 渠道数量 | ____个以上 | ____元 | | | | ____～____个 | ____元 | | | | ____个以下 | ____元 | | | 渠道规模 | 大客户 | ____元／个 | | | | 一般客户 | ____元／个 | | | | 小客户 | ____元／个 |

续表

第3章 渠道人员 提成计算	第6条　提成计算公式 1. 渠道经理提成计算公式如下。 渠道经理应得提成＝团队总销售利润×相应计提百分比＋渠道数量提成＋渠道规模提成。 团队总销售利润＝团队总销售额－销售费用。 2. 渠道专员提成计算公式如下。 渠道专员应得提成＝销售利润×相应计提百分比＋渠道数量提成＋渠道规模提成。 销售利润＝销售额－销售费用。 第7条　提成计算要求 1. 渠道部文员应在合同发生月的次月根据渠道人员提成标准计算提成金额。 2. 渠道部文员应在有效合同签订三个月后根据渠道专员提成标准计算剩余提成金额。 3. 渠道部文员应在有效合同签订半年后组织相关人员根据渠道经理提成标准计算剩余提成金额。 4. 如发生退款、毁约等情况，则剩余提成不予发放。
第4章 渠道人员 提成发放	第8条　提成发放时间与比例 1. 渠道部所有人员的提成分两次发放。 2. 渠道经理的提成第一次发放时间为合同发生月的次月，发放提成总额的__%，第二次发放时间为合同签订后6个月，发放剩余__%的提成。 3. 渠道专员的第一次发放时间为合同发生月的次月，发放提成总额的__%，第二次发放时间为合同签订后3个月，发放剩余__%的提成。 第9条　提成发放的审核审批 1. 渠道部文员对应发放的提成数额予以仔细核算后，将提成统计表交营销总监审核。 2. 营销总监审核后，渠道部文员持提成统计表到人力资源部审核后，交财务部办理提成发放手续。 3. 财务部收到提成统计表后，根据销售数据、回款台账等报表，重新核算提成统计的准确性，然后交总经理审批。 第10条　提成发放规定 财务部应按公司提成管理相关规定，于每月的__日发放渠道人员的销售提成。
第5章 附则	第11条　其他 1. 本制度自颁布之日起实施。 2. 本制度由人力资源部负责制定与解释。
编制部门	审批人员　　　　　　　　　审批日期

3.2.5　促销人员营销提成制度

下面是某企业制定的促销人员营销提成制度。

制度名称	促销人员营销提成制度			
制度版本	受控状态	□ 受控　□ 非受控	制度编号	
第1章 总则	第1条　目的 为充分调动企业促销人员的工作积极性，提高营销提成方案设计的科学性与公平性，特制定本制度。 第2条　适用范围 本制度适用于对企业所有促销人员（包括全职促销人员和临时促销人员）营销提成的设计、发放工作。 第3条　薪资构成 企业促销人员的薪资＝底薪＋提成。 第4条　提成金额计算 提成金额＝个人销售额×提成比例。			

续表

	第 5 条 全职促销人员营销提成比例 企业采取按销售业绩设计提成比例的方法,全职促销人员营销提成比例设计如下所示。		
第 2 章 销售提成 比例设计	全职促销人员营销提成比例设计表		
	提成等级	个人销售额(Q)	提成比例设计
	1 级	$Q \leq 5$ 万元	2%
	2 级	5 万元 $< Q \leq 10$ 万元	3%
	3 级	10 万元 $< Q \leq 15$ 万元	6%
	4 级	$Q > 15$ 万元	10%
	第 6 条 兼职促销人员提出比例		
	全职促销人员营销提成比例设计表		
	提成等级	个人销售额(Q)	提成比例设计
	1 级	$Q \leq 5$ 万元	1%
	2 级	5 万元 $< Q \leq 10$ 万元	2%
	3 级	10 万元 $< Q \leq 15$ 万元	4%
	4 级	$Q > 15$ 万元	7%
第 3 章 销售提成发放	第 7 条 发放周期 销售部每月统计一次促销人员的销售额,同时计算促销人员提成的数额。 第 8 条 所得税扣缴 促销人员所获得销售提成的个人所得税由企业依法代为扣缴。 第 9 条 其他注意事项 由促销人员合作完成的销售项目,由销售经理根据实际情况,在征得当事人意见后确定分配方案。		
第 4 章 附则	第 10 条 其他 1. 每月销售额最低的三名促销人员取消提成资格,如连续两个月销售额排名垫底则给予该促销人员待岗观察的处罚。 2. 本制度自颁布之日起生效施行。		
编制部门		审批人员	审批日期

3.3 不同产品的提成管理制度

3.3.1 首轮产品营销提成制度

下面是某企业制定的首轮产品营销提成制度。

制度名称		首轮产品营销提成制度			
制度版本		受控状态	□ 受控　□ 非受控	制度编号	
第1章 总则	\multicolumn{5}{l	}{**第1条　目的** 　　明确首轮产品营销的提成比例，规范首轮产品提成核算、发放等工作，保障公司和员工合法利益，提高首轮产品的销售业绩，根据公司相关规定，特制定本制度。 **第2条　适用范围** 　　1. 本制度适用于企业所有首轮产品的营销提成管理工作。 　　2. 本制度中的首轮产品营销是指公司新产品进行首批上市销售的过程。 **第3条　职责分工** 　　首轮产品营销提成的管理工作由营销总监、财务部、人力资源部和营销部共同负责。其具体职责分工如下所示。 　　1. 营销总监主要根据首轮产品营销的产品利润、市场环境等情况，组织制定首轮产品的提成依据、提成比例，并对提成过程和效果进行监控和管理。 　　2. 营销部经理主要负责首轮产品各项营销业绩的汇总、计算和审核工作，并对营销提成的提成依据、提成比例等内容提出合理意见和建议。 　　3. 人力资源部经理参与首轮产品营销提成的提成依据、比例、考核办法等方面的管理工作，并负责营销提成的考核、计算和争议处理工作。 　　4. 财务部经理主要负责汇总、核对和发放销售提成。}
第2章 提成方案设计	\multicolumn{5}{l	}{**第4条　提成基数** 　　首轮产品营销以产品销售金额为提成基数。提成基数与提成比例的乘积即为提成金额。 **第5条　提成比例** 　　营销总监应组织营销部经理、人力资源部经理和财务部经理等相关人员，本着公平、补偿、合法和战略导向的原则，综合考虑产品利润、市场环境和销售预期等因素，合理制定首轮产品营销的提成比例。提成比例的制定程序如下所示。 　　1. 准确核算首轮产品的生产成本，合理确定首轮销售价格，明确其利润比例。 　　2. 对目标市场进行调研分析，综合评估首轮产品的营销成本、营销难度，合理估算首轮产品的预计销售额，获得其预计营销利润。 　　3. 根据公司的利润分配政策以及其他产品的提成比例水平，合理设计该首轮产品提成的构成和对应比例，认真编制首轮产品提成比例设计方案，并及时上报相关领导审批。 　　4. 提成比例方案审批通过后，在产品小范围试销中试运行该方案，并根据运行效果合理确定该首轮产品的最终提成比例。 　　5. 向上级领导汇报试运行效果和最终提成比例，并在全公司范围内应用该提成比例。 **第6条　营销提成构成** 　　首轮产品营销的提成由销售提成、市场开拓提成和回款提成构成。其计算公式如下。 　　首轮产品营销提成＝销售提成＋市场开拓提成＋回款提成 　　　　　　　　　＝销售金额×（销售提成比例＋市场开拓提成比例＋回款提成比例）}
第3章 考核办法	\multicolumn{5}{l	}{**第7条　考核依据** 　　首轮产品营销提成的考核依据主要包括产品销售业绩报表、市场开拓记录、意向客户数量和相关财务报表。 **第8条　考核时间** 　　首轮产品营销提成的考核工作应在首轮产品营销结束后5个工作日内进行。若产品首轮营销时间超过3个月，则应每月定期进行首轮产品营销提成的考核与核算工作，具体应于每月的1～3日完成上月度的提成考核工作。 **第9条　考核标准** 　　在进行首轮产品营销提成考核时，应分别对销售人员的销售业绩、市场开拓情况和产品回款情况进行考核，并最终确定其提成比例。具体考核标准应由营销总监会同营销部经理、人力资源部经理和财务部经理等相关人员共同决定。 **第10条　提成申诉** 　　公司员工对提成核算存有争议的，可按规定程序在提成公布3个工作日内向人力资源部提请申诉。人力资源部应及时接受争议申诉，对申诉内容进行反复检查和核算，并在5个工作日内作出明确答复。}

续表

第4章 提成发放	第11条 发放主体 首轮产品营销提成的发放工作由公司财务部具体负责。 第12条 发放时间 首轮产品营销提成应在提成考核与核算完成后3个工作日内进行发放,即在首轮产品营销结束后8个工作日内或每月的4~7日进行发放。 第13条 发放形式 为了有效激励销售人员,首轮产品营销提成采用现金形式进行发放。
第5章 附则	第14条 其他 1. 本制度的制定和修订工作由营销部负责,定期修订时间为每年的__月__日~__月__日。 2. 本制度的最终解释权归营销部所有。 3. 本制度经相关领导审批通过后,自____年__月__日起正式实施。
编制部门	审批人员　　　　　　　　　　　审批日期

3.3.2 品牌产品营销提成制度

下面是某企业制定的品牌产品营销提成制度。

制度名称	品牌产品营销提成制度			
制度版本	受控状态	□ 受控　□ 非受控	制度编号	
第1章 总则	第1条　目的 为了规范品牌产品营销提成的管理工作,有效维护销售人员和公司的合法利益,提高品牌产品的销售业绩,特制定本制度。 第2条　适用范围 本制度适用于公司所有品牌产品的营销提成管理工作。当前公司的品牌产品包括产品A、产品B、产品C和产品D四种。 第3条　职责分工 品牌产品营销提成管理的具体职责分工如下所示。 1. 营销总监主要负责明确品牌产品营销提成方案以及具体品牌产品营销提成制度的制定和调整工作。 2. 营销部经理主要负责品牌产品销售额的统计和核实工作。 3. 人力资源部经理主要负责品牌产品营销提成的计算、审核以及申诉处理工作。 4. 财务部经理负责品牌产品营销提成的会计处理和发放工作。			
第2章 提成比例	第4条　营销提成方案 由于公司品牌产品的营销市场和营销方式已经成熟,产品营销额波动不大,因此公司品牌产品采取"高底薪+低提成"的提成管理方案。 第5条　提成依据 品牌产品的提成依据包括品牌产品的销售业绩、市场开拓情况、回款率三个部分。公司营销总监及相关部门领导应根据提成依据合理设计品牌产品的提成比例。 第6条　提成比例调整 公司营销总监应根据企业内外部环境的变化,合理调整和优化品牌产品的营销提成比例。营销提成的具体调整程序如下所示。 1. 组织进行企业内外部环境变化的调查,综合分析环境变化对品牌产品营销的影响程度,准确判断其营销提成调整的必要性、可行性以及调整后的结果。 2. 召开相关会议,集中讨论品牌产品营销提成比例调整的幅度,最终拟定提成比例调整方案,完成会签后及时报总经理审批。 3. 方案审批通过后,通过一定渠道和方式明确公布品牌产品营销提成比例的调整结果。			

	续表
第3章 提成核算	第7条 核算周期 公司每月定期组织开展品牌产品营销提成的核算工作,核算时间为每月的 __~__日。 第8条 核算方法 品牌产品的营销提成由其营销额和对应提成比例确定,具体计算公式如下所示。 品牌产品营销提成＝品牌产品营销额×对应提成比例 第9条 核算流程 公司品牌产品营销提成的基本核算流程如下。 1. 营销部经理认真统计和核算公司所有品牌产品的月度营销额,将最终计算结果填制成表并及时提交至人力资源部。计算结果不包括当月未收回的款项。 2. 人力资源经理认真检查和核对品牌产品的月度营销额,并按照相应的提成比例,准确计算月度提成。检查无误后,人力资源部经理及时将提成结果上报营销总监。 3. 营销总监认真检查和审批公司品牌产品营销提成结果,核查无误后签字确认。 第10条 申诉处理 营销部相关人员对提成结果存有异议的,可在提成结果公布后3个工作日内向人力资源部提请申诉。人力资源部经理应及时受理申诉事项,重新计算和核实提成结果,并于接受申诉后5个工作日内给予明确答复。
第4章 附则	第11条 其他 1. 本制度的制定、修订和解释工作由营销部具体负责。 2. 本制度经相关领导审批通过后,自____年_月_日起正式实施。
编制部门	审批人员 审批日期

3.3.3 促销产品营销提成制度

下面是某企业制定的促销产品营销提成制度。

制度名称	促销产品营销提成制度				
制度版本	受控状态	□ 受控	□ 非受控	制度编号	
第1章 总则	第1条 目的 为了规范公司促销产品营销提成的核算和管理工作,有效维护员工和公司的合法权益,提高促销产品的销售业绩,根据公司相关规定,特制定本制度。 第2条 适用范围 本制度主要适用于公司所有促销产品的营销提成管理工作。 第3条 职责分工 公司营销总监、营销部经理、人力资源部经理和财务部经理等相关人员共同负责促销产品营销提成的管理工作,具体职责分工如下所示。 1. 营销总监主要负责促销产品提成比例的制定、调整以及最终提成结果的审批工作。 2. 营销部经理主要负责促销产品营销金额的统计和审核工作。 3. 人力资源部经理主要负责各促销产品提成金额的计算和审核工作。 4. 财务部经理主要负责促销产品营销提成的会计处理和按时发放工作。				
第2章 提成比例	第4条 营销提成方案 为了优化促销产品的利润分配,公司对于促销产品实行"中底薪＋中提成"的管理方案。 第5条 比例制定程序 公司营销总监应根据每月的营销政策,灵活选择促销产品种类,合理制定其营销提成比例,具体制定程序如下所示。 1. 组织召开相关会议,明确说明本期促销产品的种类、促销政策和促销时间。 2. 组织讨论促销产品的营销提成比例,参考往期提成政策,合理拟定当前各促销产品的营销提成比例,并认真编制营销提成方案,会签后及时报总经理审批。				

续表

第2章 提成比例	3.方案审批通过后,营销总监通过一定渠道和方式,及时将促销产品的提成比例通知营销部、人力资源部和财务部等相关部门人员。 第6条 提成比例调整 促销产品营销提成比例确定后,营销总监还应有效监控提成管理过程和营销提成制度实施效果,并根据实际需要合理调整促销产品的营销提成比例。一般而言,当发生以下情况时,营销总监需要对促销产品的提成比例进行优化调整。 1.促销产品的营销环境发生变化,并对实际营销效果产生一定影响时。 2.促销产品营销提成比例制定不合理,并影响营销业绩时。 3.公司的促销政策发生变化,并需要调整营销提成比例时。 4.总经理要求调整促销产品的营销提成比例时。
第3章 提成核算	第7条 核算时间 公司促销产品营销提成应于促销结束后5个工作日内完成考核与核算工作。 第8条 核算方法 公司促销产品以毛利润为营销提成的计算基数,并采用阶梯式提成核算方法,具体如下表所示。 **促销产品营销提成计算说明表** | 产品毛利润(P)	提成比例	计算公式
---	---	---
$P \leq 100$ 万元	r_1	$P \times r_1$
100 万元$< P \leq 150$ 万元	r_2	$100 \times r_1 + (P-100) \times r_2$
150 万元$< P \leq 200$ 万元	r_3	$100 \times r_1 + 50 \times r_2 + (P-150) \times r_3$
$P > 200$ 万元	r_4	$100 \times r_1 + 50 \times r_2 + 50 \times r_3 + (P-200) \times r_4$	 第9条 核算发放程序 公司促销产品营销提成的一般核算发放程序如下所示。 1.营销部经理准确计算促销产品的毛利润,并将计算结果及时提交至人力资源部。 2.人力资源部经理认真核查促销产品毛利润,准确计算营销提成,认真编制促销产品营销提成表,并及时上报至营销总监。 3.营销总监认真审批营销提成表,签字确认后,交由财务部经理进行发放。 4.财务部经理收到营销提成表后,合理做好相关会计工作并按时发放营销提成。 第10条 提成申诉处理 对提成核算结果存有异议的人员可在提成公布后3个工作日内向人力资源部提请申诉。人力资源部经理应及时接受申诉,经反复计算、核实后,在5个工作日内作出明确答复。
第4章 附则	第11条 其他 1.本制度的制定、修订和解释工作,由营销部具体负责。 2.本制度经相关领导审批通过后,自颁布之日起正式实施。
编制部门	审批人员　　　　　　　审批日期

3.3.4 滞销产品营销提成制度

下面是某企业制定的滞销产品营销提成制度。

制度名称	滞销产品营销提成制度					
制度版本		受控状态	□ 受控	□ 非受控	制度编号	

第1章 总则

第1条 目的

为了促进滞销产品的销售,有效维护销售人员和公司的合法权益,提高滞销产品营销提成管理工作的规范性和合理性,特制定本制度。

第2条 适用范围

1. 本制度适用于公司所有滞销产品营销提成的管理工作。
2. 本制度中的滞销产品是指不受消费者欢迎、销售速度极慢的产品。该类产品主要包括过季产品、淘汰产品和营销失败产品等。其在一定价格范围内销量几乎为零。

第3条 职责分工

滞销产品营销提成管理工作的职责分工如下所示。

1. 营销总监主要负责组织制定和调整提成依据和比例,监督提成管理的过程和效果。
2. 营销部经理主要负责及时反馈滞销产品的销售情况,认真统计、核算滞销产品的月度销售业绩,为提成核算提供可靠依据。
3. 人力资源部经理主要负责滞销产品营销提成的考核、核算和审核工作。
4. 财务部经理主要负责滞销产品营销提成的会计处理和发放工作。

第2章 提成方案设计

第4条 营销提成方案

为了提高滞销产品的销售业绩,公司对滞销产品实施"低底薪＋高提成"的提成方案。

第5条 提成依据

公司对滞销产品采取低价销售和搭配销售两种营销方案。因此该类产品以产品毛利润和公司产品销售总额为提成依据。

第6条 比例制定程序

公司相关人员在制定滞销产品营销提成比例时,应遵循以下程序。

1. 营销部经理上报公司各产品的月度销售情况,并明确说明当前的滞销产品种类。
2. 营销总监召开相关会议,组织讨论和研究滞销产品的营销提成管理方案,认真编制滞销产品营销提成比例草案,并在会签通过后及时报总经理审批。
3. 草案审批通过后,营销总监及时将滞销产品的营销提成比例明确通知给营销部、人力资源部和财务部等相关部门人员。

第7条 提成比例恢复

当滞销产品恢复正常销售后,营销总监应及时调整其营销提成比例。原则上,该产品的营销提成比例应恢复到原来水平。滞销产品提成比例的恢复,经过营销总监、销售部经理、市场部经理等相关人员的会签和总经理的审批签字后,方可生效。

第3章 提成核算和发放

第8条 核算周期

由于滞销产品销量较低,其提成核算工作每季度进行一次,具体核算时间为每季度第一个月的__~__日。

第9条 核算方法

滞销产品营销提成由其毛利润提成和产品搭配销售提成两部分组成。其中,产品搭配销售提成＝产品销售总额×0.1%；毛利润提成采用阶梯式提成方法,其核算方法如下表所示。

滞销产品毛利润提成核算说明表

产品毛利润(P)	提成比例	计算公式	备注
$P \leqslant 30$ 万元	r_1	$P \times r_1$	
30 万元 $< P \leqslant 40$ 万元	r_2	$30 \times r_1 + (P-30) \times r_2$	
40 万元 $< P \leqslant 50$ 万元	r_3	$30 \times r_1 + 10 \times r_2 + (P-40) \times r_3$	
$P > 50$ 万元	r_4	$30 \times r_1 + 10 \times r_2 + 10 \times r_3 + (P-50) \times r_4$	

第10条 提成发放时间

续表

第3章 提成核算 和发放	滞销产品营销提成应在完成核算后3个工作日内,以现金形式进行发放。 第11条 提成申诉处理 对滞销产品营销提成结果存有异议的员工,可在提成结果公布后3个工作日内向人力资源部提请申诉。人力资源部经理应及时受理申诉,并在5个工作日内作出明确答复。
第4章 附则	第12条 其他 1. 本制度的制定和修订工作由营销部负责,修订时间为每年12月的__~__日。 2. 本制度的最终解释权归营销部所有。 3. 本制度经相关领导审批通过后,自___年__月__日起正式实施。
编制部门	审批人员　　　　　　　　　审批日期

3.3.5 淡旺季产品销售提成制度

下面是某企业制定的淡旺季产品销售提成制度。

制度名称	淡旺季产品销售提成制度				
制度版本		受控状态	□ 受控　□ 非受控	制度编号	
第1章 总则	第1条 目的 为进一步完善淡季产品与旺季产品的销售提成机制,促进业务员在淡季时想办法逆转销售趋势,且有效控制旺季时公司在销售提成方面的支出,特制定本制度。 第2条 适用范围 本制度主要适用于公司有淡旺季特性的产品销售提成管理工作。 第3条 淡季、旺季的界定 对于淡季、旺季的界定如下表所示。 淡季、旺季界定表 <table><tr><td>项目</td><td>淡季</td><td>旺季</td></tr><tr><td>对应月份</td><td>1~3月份、8月份</td><td>年度内其他月份</td></tr></table>				
第2章 销售提成计提与 结算模式	第4条 业务员收入模式 在完成上述各季任务目标的前提下,员工当月收入为:底薪+全勤奖+提成。 第5条 销售提成计提模式 未完成业绩,提成比例统一仅为销售额的2%;完成业绩,进入阶梯提成模式。 第6条 当月业绩结算方式 1. 该月结清款项的交易计入当月业绩。 2. 若未结清尾款,提成需在结清尾款的当月结算。 第7条 工资及提成发放时间 每月10号发放前一个月工资(前一个月1号到月末),提成在当月的月底发放。				
第3章 各级业务员 提成标准	第8条 实习业务员 经公司正式录用后,定为实习业务员,底薪1 500元,提成5%。 第9条 初级业务员 经公司正式录用后,淡季当月销售额累计达到4 000元、旺季当月销售额累计达到8 000元,定为初级业务员,底薪1 800元,开始按公司提成规则进行提成。 第10条 中级业务员 淡季当月销售额累计达到6 000元、旺季当月销售额累计达到10 000元,升为中级业务员,底薪2 200元,按公司提成规则进行提成。 第11条 高级业务员				

续表

第3章 各级业务员 提成标准	淡季当月销售额累计达到8 000元、旺季当月销售额累计达到12 000元,升为高级业务员,底薪2 800元,按公司提成规则进行提成。 第12条 全年业绩考核 1. 年终考核时,若中级业务员的全年业绩(1月1日~12月31日)少于3.5万元,或连续两个月不能完成任务,中级业务员降回初级业务员,业绩总额减去5 000元,通过努力补回5 000元后重新升为中级业务员。 2. 年终考核时,若高级业务员的全年业绩(1月1日~12月31日)少于6万元,或者有1个月不能完成任务,高级业务员降回中级业务员,业绩总额减去1万元,通过努力补回1万元后重新升为高级业务员。
第4章 销售提成减少或 扣除细则	第13条 提成减少操作要点 月末提成结算时,仍未结清尾款,提成减少操作要点如下。 1. 在月末提成结算时仍未结清尾款,将延迟发放提成。 2. 尾款比约定日期拖延一个月以上的,该笔款项不得记入阶梯提成的核算;且于结清款项后一律按2%提成。 第14条 因员工个人失误造成损失的提成扣除操作要点 因员工个人有下列失误情形之一的,导致尾款少结、漏结或拖欠时间达三个月以上时,公司将扣除其提成。若因下列失误情形造成公司有亏损的,公司将根据亏损程度扣除其他月份的提成。 1. 因员工工作疏漏未按公司规定工作流程与客户签订销售协议或销售合同。 2. 因员工未经公司允许擅自与客人约定公司规定之外的支付方式。 第15条 因员工个人疏忽或不良情绪造成损失的提成取消操作要点 因员工工作疏忽或员工个人不良情绪引起以下情况之一的,公司将取消销售人员的提成,并视情节严重程度让相关员工承担部分经济损失,情节严重者公司将请其自动离职处理。 1. 报价出错造成亏损。 2. 因失误造成操作出错导致公司亏损。 3. 态度恶劣引起客户投诉,甚至因此丢失重要客户。 第16条 由于个人或其他原因离开公司的,已经顺利结束的业务,按提成结算规则结算,未结束的业务提成将予以取消
第5章 附则	第17条 其他 1. 公司将有权根据国家工资标准的调整、公司运营情况及公司经济状况对提成制度进行适当调整和修改。 2. 本制度的有效期自2014年1月到2014年12月。 3. 本制度的制定、修订和解释工作,由营销部具体负责。 4. 本制度经总经理审批通过后,自2014年1月1日起正式实施。
编制部门	审批人员　　　　　　　　审批日期

Chapter 4

第 4 章

营销提成常用管理方案

4.1 各部门营销提成方案

4.1.1 销售部营销提成方案

下面是某企业制定的销售部营销提成方案。

销售部营销提成方案

编　号：　　　　编制部门：　　　　审批人员：　　　　　　　审批日期：＿＿＿年＿月＿日

一、目的
1. 明确提成的构成及计算标准,使销售提成的发放方式规范化。
2. 奖励优秀的销售人员,提高销售人员的工作积极性。
3. 提高部门的资金回报率,促进公司的快速健康发展。
二、方案制定思路
(一)提成范围
公司所有列入提成范围的产品。
(二)方案实施要求
销售部经理、财务部相关人员须与人力资源部配合实施该方案。
(三)销售提成的影响因素
1. 职位。职位越高,所得销售提成比例越高。
2. 销售额。销售额超出额定值,所得销售提成比例随之提高。
3. 成交价格。成交价格与商品原定价格不同时,在销售额同等的前提下,成交价格越高者,计算提成时参照的应提销售额越高,所得销售提成也越高。
4. 销售费用。超出额定销售费用的,费用越高,应提销售额越低,所得销售提成也就越低。
三、具体提成标准
(一)部门提成标准
1. 销售部每月整体销售额额定基数为 10 万元。
2. 销售部每月整体未能完成此基数,全体销售人员(包括销售部经理)没有部门提成。
3. 销售部每月整体销售额完成此基数的,额定基数部分按 2％提成,超出部分按 3％计提。
4. 部门提成为部门销售额额定基数乘以提成比例加超出额定基数部分乘以提成比例所得的结果,按销售人员总人数(包括销售部经理)均分后,为每人所得的部门提成。
(二)员工个人提成标准
1. 销售人员每月销售额额定基数为 2 万元。
2. 销售人员每月完成额定基数的 50％以下,没有个人提成。
3. 销售人员每月完成额定基数的 50％,个人提成按 1％计提;完成个人销售额的 50％～100％时,每增长 5％,个人提成比例增长 0.1％。
(三)销售部经理的个人提成标准
1. 销售部经理每月销售额未能完成额定基数,按应提销售额的 1％提取个人提成。
2. 销售部经理每月销售额超额完成时,额定销售额部分仍按 1％提成,超出部分按 2％计提。
3. 在本部门每月整体额定销售额未完成的情况下,销售部经理当月的个人提成比例降低 0.2％。
4. 在本部门每月整体额定销售额完成的情况下,每当有一个销售人员未完成额定销售额,销售部经理的个人提成比例降低 0.05％。
(四)销售任务连续完成情况与提成提取
对于连续 3 个月未能完成额定销售额 50％的正式员工,从第 4 个月开始没有部门提成,直至完成额定销售额的当月开始,恢复发放部门提成。
(五)销售费用控制
销售人员当月实际销售费用超出公司额定费用的,个人提成应按下列公式确定。

续表

$$个人提成 = \frac{销售费用限额}{实际销售费用} \times 当月销售额 \times 提成比例。$$

（六）成交价格浮动管理

销售人员完成商品交易发货或退货时的成交价格（售价）若与原定产品价格（定价）不同，则销售人员的提成按以下标准处理。

1. 当售价＜定价时，若额定销售额未完成，因此带来的损失应由员工个人承担，从个人提成总额中抵扣；若额定销售额完成，售价的浮动范围应保持在产品定价的 0.01% 以内，超出该范围的损失仍由员工个人承担。

2. 当售价＞定价时，若额定销售额未完成，仍按原提成比例计算个人提成；若额定销售额已完成，公司应将所得额外利润的一部分作为额外提成奖励给员工。额外利润在 1 万元以内的，提成比例为 1%，在此基础上，额外利润每增加 1 万元，提成比例增加 0.1%。计算公式为

额外提成 =（售价 - 定价）× 额外售出产品数量 × 额外提成比例。

（七）试用期人员提成标准

1. 销售额额定基数。试用期员工第一个月不设定销售任务，第二个月额定基数为 1 万元，第三个月开始参照正式员工的额定基数标准。

2. 个人提成比例与最终提成。试用期员工个人提成比例与最终提成标准参照正式员工个人提成比例与最终提成标准。

四、提成发放

每月个人最终提成随工资一同发放。

实施对象： 　　　　　　　　　　　　　　　　　　　　实施日期：＿＿＿年＿＿月＿＿日

4.1.2 直销部营销提成方案

下面是某企业制定的直销部营销提成方案。

直销部营销提成方案

编　号：　　　　编制部门：　　　　审批人员：　　　　审批日期：＿＿＿年＿＿月＿＿日

一、目的

1. 提供提成管理的具体实施规则和操作方法。
2. 激励直销人员工作积极性，帮助公司更加快速地拓展市场。

二、提成依据

（一）提成计算方法

公司直销人员提成为直销人员当月销售额乘以提成比例所得。

（二）提成影响因素

1. 直接销售的销售额。
2. 客户关系的维护情况。
3. 发展与培训新员工。
4. 服务年限。

（三）提成限额

直销部全体成员的个人提成总和不得超过个人当月销售额的 25%。

三、会员级别说明

1. 普通会员：普通客户连续两个月累计消费目录内产品满 2 000 元，即可申请成为普通会员；普通客户连续两个月累计消费目录内产品不满 1 000 元，即取消普通会员资格。

2. 高级会员：普通会员连续两个月累计消费目录内产品满 8 000 元，即可晋升高级会员；连续两个月累计消费目录内产品不满 4 000 元，即取消高级会员资格。

四、直销业绩提成方案

（一）直接销售提成

1. 直销部经理直接销售给普通客户的产品，按当月销售额的 2% 提成；直销人员直接销售给普通客户的产品，按当月销售额的 1% 提成。

续表

  2.对于公司的新产品和规定的应打折产品,直销人员在销售时不得随意改变产品售价;除新产品和应打折产品以外的产品,直销人员应向直销部经理请示获准后,可按批准后的价格进行销售,并按实际售价计算应提销售额。
  3.直销人员及经理连续两个月的月销售额完成70%以下的,次月应安排培训,进行培训后连续两个月完成销售额70%以下的,次月开始没有直接销售提成,直至连续两个月完成额定销售额的70%以上的次月,恢复发放直接销售提成。
 (二)客户关系提成
  1.直销人员发展的普通客户成为普通会员的,每增加一个普通会员,其当月提成比例增加0.02%;普通会员取消资格的,其提成比例在其取消资格的次月降低0.02%。
  2.直销人员发展的普通客户成为高级会员的,每增加一个高级会员,其当月提成比例增加0.05%;高级会员取消资格成为普通客户的,其提成比例在其取消资格的次月降低0.05%。
  3.直销人员发展的普通会员成为高级会员的,每增加一个高级会员,其当月提成比例增加0.03%;高级会员取消资格成为普通会员的,其提成比例在其取消资格的次月降低0.03%。
  4.直销人员与会员应为一对一服务关系。
 (三)员工发展与培训提成
  1.直销人员为公司发展新直销人员的,每增加一个新的直销人员,推荐者的提成比例自三个月以后开始增加0.01%;若该新加入的直销人员发生离职,其推荐者的提成比例在其离岗后次月取消。
  2.培训讲师为公司新入职员工授课使其达到要求且当月实现销售的,在规定培训期内,培训讲师每月提成比例增加0.02%,并于培训结束后发放;培训结束后,培训讲师的提成比例恢复成原提成比例。
 五、提成发放
  所有参与直销业务的员工,其销售提成于应发当月随工资一同发放。
 六、争议解决办法
  1.因直销人员与服务对象对应关系不明确而引发的提成争议,如多个直销人员服务同一客户的情况,应以提供主要服务的直销人员为准。各直销人员提供服务的内容与次数差别不大,无法协商的,应申请由直销部经理裁定。
  2.因业绩突出而申请直销提成比例进行个别提升的,应由直销部经理批准,人力资源部进行核实,提出意见并通过后,于次月实现调整。
  3.因直销人员未经直销部经理批准自行变动产品价格造成的利润损失,由直销人员自己承担。
  4.因人员调动或客户要求等情况需改变直销人员与会员服务关系的,应向直销部经理说明情况并获得批准后统一变更,完成客户服务档案资料的交接,提成比例随档案资料一同变动。

实施对象: 实施日期:____年__月__日

4.1.3 网销部营销提成方案

  下面是某企业制定的网销部营销提成方案。

网销部营销提成方案

编 号: 编制部门: 审批人员: 审批日期:____年__月__日

 一、目的
  为提高网销部员工工作积极性,明确提成发放规则和具体方法,切实发挥提成的激励作用,特制定此提成方案。
 二、方案制定要素
 (一)提成范围
  本制度适用于公司网销部参与网销活动的全体员工。
 (二)提成影响因素
  1.销售任务完成情况。
  2.顾客回头率。
  3.好评率。
  4.客户投诉率。

续表

(三)提成基本规定
1. 网销人员的提成＝月销售额×提成比例。
2. 销售任务的确定原则为月度累计,季度分摊。季度内每月任务量根据上月完成情况确定,若上月未完成规定任务量,则未完成部分累计至下月,若超量完成当月任务,超量部分可抵下月任务量。
3. 网销人员的月提成不得超过当月销售额的40%;超过40%的,按当月销售额的40%发放。
4. 网销人员的月提成比例计算结果小于零的,按零计算。

三、相关说明
1. 回头客:购买本公司产品两次以上的客户。
2. 好评率＝$\dfrac{好评数}{总评论数}\times 100\%$。
3. 投诉率＝$\dfrac{投诉次数}{成功交易次数}\times 100\%$。

四、提成标准细则
(一)销售额与提成
1. 网销部经理完成当月销售任务的,提成比例为10%。
2. 网销部员工完成当月销售任务的,提成比例为8%。
3. 网销人员未完成当月额定销售任务的,每少1%,当月提成比例降低0.1%。
4. 网销人员连续两个月未完成当月额定销售任务的,月提成比例降低1%,直至完成当月额定销售任务,恢复原来的提成比例。
5. 网销人员在交易过程中不得随意变更产品标价,邮寄费用的免除、小礼品的附送等行为应在公司允许范围内。

(二)顾客回头率与提成
1. 网销人员每发展一个回头客,对该客户的销售提成比例增加0.1%。
2. 网销人员当月的回头客人数占交易人数的25%以上的,当月的提成比例增加0.5%。

(三)好评率与提成
1. 网销人员的当月好评率在60%(含)～80%(含)的范围内,不影响提成比例。
2. 网销人员的当月好评率低于60%的,好评率每降低10%,提成比例降低0.05%。
3. 网销人员的当月好评率超出80%的,好评率每增加10%,提成比例增加0.05%。

(四)客户投诉率与提成
1. 网销部投诉率控制在10%的基准线下,不影响提成比例。
2. 网销部投诉率高于10%的,每增加1%,网销部经理的当月提成比例降低0.05%。
3. 网销部员工个人投诉率高于10%的,每增加1%,该员工的当月提成比例降低0.05%。
4. 网销部连续两个月投诉率高于10%的,网销部经理的月提成比例降低2%,直至投诉率在基准线下,恢复原提成比例。
5. 网销部员工连续两个月投诉率高于10%的,月提成比例降低2%,直至投诉率在基准线下,恢复原提成比例。

五、提成发放
1. 网销人员提成每月发放80%,剩余20%于次年第3个月的工资一起发放。
2. 发放日期遇节假日或公休日提前至最近的工作日发放。

实施对象:　　　　　　　　　　　　　　　　　　　　　　　　　实施日期:＿＿＿年＿＿月＿＿日

4.2　各级销售人员提成方案

4.2.1　营销总监提成方案

下面是某企业制定的营销总监提成方案。

营销总监提成方案

| 编　号： | 编制部门： | 审批人员： | 审批日期：＿＿年＿月＿日 |

一、目的

为提升企业营销总监提成方案设计的科学性与公平性,避免因营销提成争议发生企业核心人才流失事件,特制定本方案。

二、营销总监薪酬构成

营销总监的薪酬模式实行年薪制,其年薪总额＝月度工资总额＋各季度提成。

三、营销总监提成依据

营销总监提成依据为企业年度营销任务的完成情况,具体包括销售计划完成情况、市场工作计划完成情况、营销团队建设等。

四、营销总监提成方案设计

营销总监的提成数额 $=\dfrac{\text{企业年销售总额}\times\text{总提成点数}}{1\,000}$,其中提成点数由年终绩效考核结果确定,总提成点数等于所有提成点数相加之和,以下是对提成点数的计算说明。

营销总监提成点数一览表

绩效指标	目标值	提成点数说明
销售计划完成率	＿％	◆ 销售计划完成率低于目标值,提成点数为０点 ◆ 销售计划完成率达到目标值,提成点数为＿点,每超过目标值＿％,提成点数增加＿点
市场工作计划完成率	＿％	◆ 市场工作计划完成率低于目标值,提成点数为０点 ◆ 市场工作计划完成率达到目标值,提成点数为＿点,每超过目标值＿％,提成点数增加＿点
客户开发数量	＿位	◆ 新开发客户数量低于目标值,提成点数为０点 ◆ 新开发客户数量等于目标值时,提成点数为＿点,每超过目标值＿％,提成点数增加＿点
新增渠道数量	＿条	◆ 新增渠道数量低于目标值,提成点数为０点 ◆ 新增渠道数量等于目标值时,提成点数为＿点,每超过目标值＿％,提成点数增加＿点
企业品牌发展指数	＿	◆ 企业品牌发展指数低于目标值,提成点数为０点 ◆ 企业品牌发展指数达到目标值时,提成点数为＿点,每超过目标值＿％,提成点数增加＿点
年销售额增长率	＿％	◆ 年销售额增长率低于目标值,提成点数为０点 ◆ 年销售额增长率达到目标值,提成点数为＿点,每超过目标值＿％,提成点数增加＿点
销售账款回收率	＿％	◆ 销售账款回收率低于目标值,提成点数为０点 ◆ 销售账款回收率达到目标值,提成点数为＿点,每超过目标值＿％,提成点数增加＿点
销售成本节约率	＿％	◆ 销售成本节约率低于目标值,提成点数为０点 ◆ 销售成本节约率达到目标值,提成点数为＿点,每超过目标值＿％,提成点数增加＿点
客户有效投诉次数	＿次	◆ 客户有效投诉次数高于目标值,提成点数为０点 ◆ 客户投诉次数为目标值时,提成点数为＿点,每比目标值低＿次,提成点数增加＿点

续表

绩效指标	目标值	提成点数说明
销售精英保留率	__%	◆ 销售精英保留率低于目标值,提成点数为 0 点 ◆ 销售精英保留率达到目标值,提成点数为__点,每比目标值高__%,提成点数增加__点
特殊指标计算说明	品牌发展指数 = $\dfrac{\text{某品牌区域销售量}/\text{该品牌全国销售量}}{\text{区域人口数}/\text{全国人口数}} \times 100$	

五、营销总监提成审批与发放

1. 营销总监年终绩效考核结束后,人力资源部负责计算其当年销售提成的数额,并编制提成申请表提交财务部进行审核。
2. 财务部审核后,将提成申请表交总经理进行审批。
3. 财务部应于每季度的首月__日至__日内完成营销总监的提成发放工作。

六、其他

1. 本方案由企业人力资源部负责制定,解释权归人力资源部所有。
2. 本方案由总经理审批签字后,于____年__月__日起执行。

实施对象:　　　　　　　　　　　　　　　　　　　　　实施日期:____年__月__日

4.2.2 营销经理提成方案

下面是某企业制定的营销经理提成方案。

营销经理提成方案

编　号:　　　　　编制部门:　　　　　审批人员:　　　　　　　审批日期:____年__月__日

一、目的

为提升营销提成的激励效果,鼓励营销经理更有激情带领团队完成企业总体营销计划,增加营销部门整体营销能力,带动企业市场份额的进一步扩大,特制定本方案。

二、营销经理薪资构成

营销经理薪酬=底薪+提成。

三、提成周期

营销经理薪酬模式采用年薪制,营销提成的计提周期为季度,每季度营销提成分两次发放,当季发放提成金额的 80%,剩余部分在年底发放。

四、提成发放条件

1. 营销部实现销售目标 80% 以上的业绩。
2. 营销经理季度绩效考核成绩为__分以上。
3. 营销经理审批通过或主持的营销活动有 80% 以上取得预期效果。
4. 客户数量达到原有客户数量的__%以上。
5. 企业产品市场占有率增加__%。
6. 当月完成销售任务的销售人员人数达到销售人员总数的__%以上。

五、提成计算

营销经理提成=销售业绩提成+营销活动提成+其他提成。

六、营销经理销售业绩提成方案设计

1. 完成销售目标 80%(含)~100%(不含),按照当季销售总额的__%计提销售提成。
2. 完成销售目标 100%(含)~120%(不含),按照当季销售总额的__%计提销售提成。
3. 完成销售目标 120%(含)~140%(含),按照当季销售总额的__%计提销售提成。

续表

4.完成销售目标140%（不含）以上的，按照当季销售总额的__%计提销售提成。 七、营销经理营销活动提成方案设计 1.营销活动实现预期效果的次数达到活动总次数的80%～90%时,于下一季度销售总额中加提0.1%的提成。 2.营销活动实现预期效果的次数达到活动总次数90%～100%时,于下一季度销售总额中加提0.15%的提成。 八、营销经理团队管理提成 所辖部门销售人员未完成个人销售目标的，每多一人，营销经理的当季提成扣减0.1%。 九、提成发放 每季季末，企业人力资源部核算营销经理当季的销售提成收入，并按提成发放比例于下一季度首月发薪日一同发放。发放前，需经总经理审批。

实施对象：　　　　　　　　　　　　　　　　　　　　　　　实施日期：＿＿＿年＿月＿日

4.2.3 区域经理提成方案

下面是某企业制定的区域经理提成方案。

区域经理提成方案

编　号：　　　　　编制部门：　　　　　审批人员：　　　　　审批日期：＿＿＿年＿月＿日

一、目的
为提高区域销售业绩，提升公司在区域的知名度，规范区域经理销售提成管理工作，结合本公司实际情况，特制定本提成方案。
二、适用范围
本方案适用于公司区域经理销售提成的计提。
三、提成方案设计原则
该提成方案遵循公平、公正、公开，兼顾员工和公司利益的原则。
四、区域经理提成方法
1.提成结算。本公司区域经理的提成采用季度结算方式进行结算，货款未收回部分暂不结算。
2.提成依据。本销售提成方案以区域销售任务完成率、区域招聘任务完成率、区域市场占有率、区域销售回款率、区域市场建设情况等为依据设定销售提成比例。
3.区域经理定量提成指标比例如下表所示。

区域经理定量提成指标比例

提成依据	计算公式	提成标准	提成比例
区域销售任务完成率	$\dfrac{完成的销售任务}{总销售任务}\times100\%$	__%以上	总销售额的__%
		__%～__%	总销售额的__%
		__%以下	0%
区域招聘任务完成率	$\dfrac{实际招聘人数}{应招聘人数}\times100\%$	__%以上	____元
		__%～__%	____元
		__%以下	0元
区域市场占有率	$\dfrac{产品区域销售量}{行业销售额}\times100\%$	__%以上	____元
		__%～__%	____元
		__%以下	0元
区域销售回款率	$\dfrac{区域销售回款数额}{总销售收入}\times100\%$	__%以上	____元
		__%～__%	____元
		__%以下	0元

续表

4.区域经理定性提成指标为区域市场建设情况,具体提成实施办法如下。 企业营销总监及人力资源工作人员应组织相关人员对区域经理区域市场建设情况进行考核。 (1)考核内容。区域市场建设情况的考核内容包括市场宣传情况、市场调研分析情况、市场规划设计情况。 (2)考核分数。区域市场建设情况考核总分为100分,其中,市场宣传工作总分为30分、市场调研分析工作总分为40分、市场规划设计工作总分为30分。 (3)考核标准。优秀得__分,良好得__分,一般得__分,差0分。 (4)提成标准。绩效考核总分数在__分以上,给予____元提成;绩效考核总分数在__~__分,给予____元提成;绩效考核总分数在__分以下,不予提成。 五、提成兑现 1.区域经理的提成实行季度综合计算,一季度兑现一次。 2.销售部为各区域经理建立区域销售档案,记录区域销售、建设情况等。 3.财务部核实销售档案后,于每季度结束后的__日内支付提成。 4.区域经理提成收入所得税由个人负担。 5.区域经理离职后,如有提成余额,余额不予发放。 6.区域经理在本公司内正常工作调动,如有提成余额,至核算期兑现给个人。

实施对象: 　　　　　　　　　　　　　　　　　　　　　　　　　　实施日期:____年__月__日

4.2.4 业务代表提成方案

下面是某企业制定的业务代表提成方案。

业务代表提成方案

编　号:　　　　编制部门:　　　　审批人员:　　　　　　　　　　审批日期:____年__月__日

一、目的 为了规范公司业务代表销售提成管理工作,提高业务代表工作积极性,提高公司销售业绩,结合本公司实际情况,特制定本方案。 二、适应范围 本方案适用于公司业务代表销售提成管理工作。 三、业务代表薪资构成 本公司业务代表的薪资由底薪加提成构成。 四、业务代表底薪设计 公司业务代表的底薪为____元。 五、提成比例设置 公司业务代表的销售提成根据销售任务完成比例设置(销售任务根据销售区域的大小、消费水平和市场成熟度来设置),具体业务人员销售提成比例设置如下表所示。

业务人员销售提成比例设置

区域	月销售任务	销售任务完成比例	销售提成比例
A区	___万元以上	100%以上	__%
		50%(含)~100%(含)	__%
		50%以下	__%
B区	___万元以上	100%以上	__%
		50%(含)~100%(含)	__%
		50%以下	__%
C区	___万元以上	100%以上	__%
		50%(含)~100%(含)	__%
		50%以下	__%

续表

六、提成管理 1. 提成计算 销售部每月__日至__日,应根据各区域业务代表销售任务及销售任务完成情况,确定销售提成比例,并计算销售提成。 2. 提成审核审批 (1)销售部计算提成后,应将提成统计表交人力资源部审核。 (2)人力资源部审核并签字确认后,销售部将提成统计表交财务部审核。 (3)财务部审核后,销售部将提成统计表报总经理审批。 3. 提成发放 总经理审批后,财务部根据公司提成管理规定,在每月__日将提成发放给各业务代表。

实施对象: 实施日期:____年__月__日

4.2.5 网销人员提成方案

下面是某企业制定的网销人员提成方案。

网销人员提成方案

编　号:　　　　　　编制部门:　　　　　　审批人员:　　　　　　　　　　审批日期:____年__月__日

一、背景
　　某公司网络销售工作现由 2 名网络销售主管、8 名网络销售专员共同完成,每名主管各领导 4 名网络销售专员。为更好地增加两个团队成员工作积极性,激发他们在工作中发挥其个人能动性,形成良性竞争,从而进一步提升公司的销售业绩,人力资源部特设计本提成方案。

二、说明
　　本方案所指网销员包括公司网络销售主管、网络销售专员。

三、提成计算周期
1. 网络销售主管的提成计算周期为半年。
2. 网络销售专员的提成计算周期为三个月。

四、提成标准设定
1. 公司网络销售主管提成计提范围是该主管所辖团队的产品销售总额,具体计提标准如下表所示。

网络销售主管提成计提标准

产品	团队销售额	提成标准
A产品	____万元以上	销售总金额的__%
	____万~____万元	销售总金额的__%
	____万元以下	销售总金额的__%
B产品	____万元以上	销售总金额的__%
	____万~____万元	销售总金额的__%
	____万元以下	销售总金额的__%
C产品	____万元以上	销售总金额的__%
	____万元	销售总金额的__%
	____万元以下	销售总金额的__%

2. 公司网络销售专员提成的计提依据是网络销售专员个人的产品销售额,具体计提标准如下表所示。

续表

网络销售专员提成计提标准		
产品	个人销售额	提成标准
A产品	___万元以上	销售总金额的__%
	___万~___万元	销售总金额的__%
	___万元以下	销售总金额的__%
B产品	___万元以上	销售总金额的__%
	___万~___万元	销售总金额的__%
	___万元以下	销售总金额的__%
C产品	___万元以上	销售总金额的__%
	___万~___万元	销售总金额的__%
	___万元以下	销售总金额的__%

五、提成计算

1. 公司网络销售主管的提成按照主管所在团队产品销售总额计划,其具体计算公式如下。

网络销售主管应发销售提成＝A产品团队销售总金额×对应提成比例＋B产品团队销售总金额×对应提成比例＋C产品团队销售总金额×对应提成比例。

2. 公司网络销售专员的提成按个人销售金额计算,其具体计算公式如下。

网络销售专员应发销售提成＝A产品销售金额×对应提成比例＋B产品销售金额×对应提成比例＋C产品销售金额×对应提成比例。

六、提成发放

1. 提成发放时间。

(1)网络销售主管提成发放时间为每年的1月__日与7月__日。

(2)网络销售专员提成发放时间为每年的1月__日、4月__日、7月__日、10月__日。

2. 提成发放审核。

(1)销售部计算提成后,应将提成统计表交人力资源部审核。

(2)人力资源部审核并签字确认后,销售部将提成统计表交财务部审核。

3. 提成发放审批。

财务部审核提成统计表后,销售部将提成统计表报总经理审批。

4. 提成发放要求。

财务部应及时、足额发放网销人员的提成。

实施对象： 　　　　　　　　　　　　　　　　　　　实施日期：___年__月__日

4.2.6 促销人员提成方案

下面是某企业制定的促销人员提成方案。

促销人员提成方案

编　号：　　　编制部门：　　　审批人员：　　　　　　审批日期：___年__月__日

一、目的

为增加企业促销产品的销售量,提高现场促销人员的工作积极性,使促销活动目标顺利完成,结合本企业实际情况,特制定本方案。

二、相关指标说明

1. 促销人员总数　即当月实际在岗的促销人员总人数。

2. 个人促销指标　指按企业规定促销人员个人当月应完成的最低销售额。

续表

3. 个人促销指标达成率　计算公式为 $\dfrac{\text{个人当月销售额}}{\text{个人促销指标}} \times 100\%$。

4. 个人提成系数　指促销人员当月计提个人提成的比率。

5. 团队提成系数　指促销人员当月计提团队提成的比率。

三、提成发放时间

促销人员销售提成随当月工资一同发放。

四、促销人员提成构成及计算

促销人员提成＝个人提成＋团队提成。

个人提成＝个人销售总额×个人提成系数。

团队提成＝$\dfrac{\text{促销团队销售总额} \times \text{团队提成系数}}{\text{促销人员总数}}$。

五、促销人员提成系数设置

提成系数(包括个人提成系数及团队提成系数)的设置方法如下表所示。

促销人员提成系数说明表

项目	个人促销指标达成率						
	<70%（不含）	70%（含）～80%（不含）	80%（含）～90%（不含）	90%（含）～100%（不含）	100%（含）～110%（不含）	110%（含）～120%（不含）	≥120%（含）
个人提成系数	0	1%	1.13%	1.2%	1.45	2.1%	3%
团队提成系数	0	0.45%	0.48%	0.55%	0.78%	0.95%	1.2%

六、促销人员提成审批与发放

1. 每月企业销售部完成促销人员提成数额计算后，编制促销人员提成表交人力资源部审核。
2. 人力资源部审核后，将提成表转送财务部进行审核。
3. 财务部审核后，将提成表交总经理进行审批。
4. 财务部应于当月__日至__日间完成提成发放工作。

七、其他

1. 本方案由企业人力资源部负责制定，解释权归人力资源部所有。
2. 本方案于 __年__月__日起执行，施行后一月内，企业有权根据实际情况对制度进行调整。

实施对象：　　　　　　　　　　　　　　　　　　　　　　实施日期：＿＿年＿＿月＿＿日

4.3　各类产品销售提成方案

4.3.1　新品上市销售提成方案

下面是某企业制定的新品上市销售提成方案。

新品上市销售提成方案

| 编　号： | 编制部门： | 审批人员： | 审批日期：＿＿年＿＿月＿＿日 |

一、背景

为了提高公司的市场竞争力，公司将于近期上市销售一款新产品。该新品在保证较高质量水平的前提下，大幅降低了生产成本，具有极佳的性价比。根据销售计划，新产品的首轮营销工作将在3月中旬到4月中旬之间完成。

续表

二、目的
本方案制定的目的主要是提高销售人员的工作积极性,增加新品销售业绩,有效保障员工和公司的合法权益。

三、提成核算和发放时间
公司将在新品首轮销售完成后开展其销售提成的核算和发放工作。具体核算时间为4月21~24日,提成发放时间为4月28日。

四、提成核算和发放主体
1. 人力资源部经理为新品上市销售提成核算的主要执行主体,负责组织收集相关资料,并按照一定标准准确计算新品上市销售提成的金额。
2. 财务部作为公司资金的归口管理部门,主要负责提成金额的发放工作。

五、销售提成构成
为充分调动销售人员的工作积极性,此次新品上市销售的提成由直接销售提成、市场开拓提成和回款提成三部分构成。这三部分提成分别以新品销售金额、意向客户数量和产品回款率为提成依据。

六、提成考核办法

(一)直接销售提成
直接销售提成采用阶梯式累进核算方法,其结果为不同阶段上销售金额与对应提成比例乘积的累加。此次新品上市销售中,直接销售的提成比例如下表所示。

直接销售提成比例列表

销售金额	10万元(含)以内	10万(不含)~12万元(含)	12万(不含)~15万元(含)	15万(不含)~20万元(含)	20万(不含)以上
提成比例	5%	6%	7%	8%	10%

(二)市场开拓提成
市场开拓提成以意向客户数量为考核依据,其计算公式如下所示。

$$市场开拓提成 = 意向客户数量 \times 单位意向客户提成金额$$

式中,单位意向客户提成金额随意向客户数量的增加而不断增加,具体标准如下表所示。

单位意向客户提成金额标准表

意向客户数量	30个(含)以内	31~40个	41~50个	51~60个	61个(含)以上
单位提成金额	10元	12元	15元	18元	20元

(三)回款提成
回款提成金额以新品销售回款率为考核依据,其计算结果为回款金额与其对应提成比例的乘积。其中,对应提成比例的变化情况如下表所示。

回款提成比例列表

销售回款率	60%(含)以内	60%(不含)~70%(含)	70%(不含)~80%(含)	80%(不含)~90%(含)	90%(不含)以上
提成比例	1%	2%	3%	4%	5%

七、提成核算和发放
公司相关人员应根据相关规定,按时核算和发放新品提成。具体发放流程如下所示。
1. 营销部经理组织相关人员汇总新品销售业绩,认真统计和计算各销售人员的新品销售业绩,将计算结果编制成表,并及时提交至人力资源部。
2. 人力资源部经理认真核实各销售人员的新品销售业绩、意向客户数量和回款率等相关信息,并根据对应销售提成比例,准确计算新品销售提成金额。人力资源部经理根据计算结果,认真编制新品销售提成表,并及时上报营销总监审批。

续表

3. 营销总监认真审查新品销售提成金额,审批通过后,立即转交至财务部经理。
4. 财务部经理收到新品销售提成表后,认真做好相关会计账务的处理工作,并安排相关人员按时发放新品销售提成。
八、工作汇报
营销总监认真核算新品销售提成的成本,客观评估新品销售提成的效果,虚心总结工作经验和教训,认真编写新品上市销售提成方案,并及时上报总经理审批。

实施对象: 实施日期:＿＿年＿月＿日

4.3.2 产品促销销售提成方案

下面是某企业制定的产品促销销售提成方案。

产品促销销售提成方案

编 号: 编制部门: 审批人员: 审批日期:＿＿年＿月＿日

一、背景
为了提高产品销售业绩,公司计划于5月1~3日开展产品促销活动。此次参加促销的产品主要包括产品A、产品B、产品C和产品D四种。促销期间,这四种产品将以7~9折的价格进行销售。同时此次促销活动还将促进其他产品的销售,提高其销售业绩。
二、目的
本方案的制定主要是基于以下目的。
1. 规范产品促销销售提成管理工作,确保提成考核的合理性和标准性。
2. 充分调动销售人员的工作积极性,提高产品销售业绩。
3. 有效维护销售人员和公司的合法权益,提高公司收入水平。
三、提成人员范围
此次促销活动中,享受促销提成的人员包括销售员和销售主管。而销售经理和销售总监等中高层管理人员则不享受促销提成。
四、核算主体
人力资源部经理负责此次产品促销销售提成的核算工作,根据促销销售情况和提成考核办法准确计算得出产品促销销售提成的具体金额。
五、提成核算时间
人力资源部经理应在促销活动结束后3个工作日内(即5月4~6日),完成后销售提成的核算工作。
六、提成考核办法
此次产品促销销售提成由直接销售提成、搭配销售提成和排名销售提成三部分构成。
(一)直接销售提成
直接销售提成以促销产品的毛利润为提成依据,其计算公式如下。
$$直接销售提成=促销产品毛利润×直接销售提成比例$$
式中,直接销售提成比例随促销产品毛利润的增加而呈阶梯式增加,具体提成比例如下表所示。

促销产品直接销售提成比例列表

毛利润 P \ 产品种类	产品A	产品B	产品C	产品D
$P \leq 100$ 万元	5%	8%	4%	10%
100 万元 $< P \leq 150$ 万元	8%	10%	5%	12%
150 万元 $< P \leq 200$ 万元	10%	12%	6%	15%
$P > 200$ 万元	12%	15%	8%	18%

续表

(二)搭配销售提成
搭配销售提成以促销期内产品销售增加量为提成依据,其计算公式如下。
$$搭配销售提成 = 产品销售环比增加量 \times 搭配销售提成比例$$
式中,产品销售环比增加量＝促销期间产品销售总量－4月份产品销售总量/30×3;搭配销售提成比例则为固定的 0.1%。

(三)排名销售提成
为了提高产品销售的积极性,公司对促销业绩排名前五位的销售人员给予一定的提成奖励。具体提成奖励标准如下表所示。

排名销售提成奖励标准

业绩排名	第1名	第2名	第3名	第4名	第5名
提成金额	500元	400元	300元	200元	100元

七、提成发放
公司财务部应在提成核算完成后2个工作日内(即5月11~13日),认真检查、核实提成结果,并以现金形式按时向销售人员发放产品促销销售提成。

八、提成申诉
对销售提成结果存有异议的销售人员,应在销售提成发放后3个工作日内向人力资源部提请申诉。人力资源部经理应及时受理申诉内容,重新计算、检查提成核算的过程和结果,并接到申诉后5个工作日内,向申诉人员做出明确答复。

九、提成效果评估
产品促销销售提成发放完成后,人力资源部经理会同营销部经理、财务部经理等相关人员对销售提成效果进行评估,合理判断销售提成的成本和效果,认真编写评估报告并上报营销总监审批。

实施对象:　　　　　　　　　　　　　　　　　　　　　　　　　实施日期:＿＿＿年＿＿月＿＿日

4.3.3 过季产品销售提成方案

下面是某企业制定的过季产品销售提成方案。

过季产品销售提成方案

编号:　　　　编制部门:　　　　审批人员:　　　　　　　　　审批日期:＿＿＿年＿＿月＿＿日

一、背景
公司由于产品生产过剩,导致A、B、C、D四种产品未能在正常销售季节完全销售,成为过季产品。对此公司计划在6~9月份将过季产品销售完毕。由于过季产品销售中的价格、销量与正常销售时期不同,因此需要重新设计产品销售提成方案。

二、目的
制定本方案主要是为了规范过季产品销售提成的核算和发放行为,充分调动销售人员的工作积极性,提高过季产品的销售业绩,维护公司和销售人员的合法权益。

三、提成参与人员
过季产品的提成参与人员主要包括基层销售人员、销售主管和销售经理。公司其他人员不享受过季产品的销售提成。

四、提成核算时间
公司人力资源部经理每月定期组织核算各岗位级别人员的过季产品销售提成,具体核算时间为每月的1~3日。

五、执行人员
1.营销总监主要负责根据产品特点和市场需求情况,组织相关部门领导研究和确定公司过季产品的销售提成比例,并对提成管理过程和效果进行监控、审查和评估。

续表

2. 人力资源部经理组织收集过季产品销售的相关数据信息，主要负责过季产品销售提成的考核、核算和申诉处理工作。
3. 财务部经理主要负责核实提成金额，合理做好相关账务处理工作，确保提成金额按时发放。
六、提成考核办法
（一）基层销售人员提成考核办法
基层销售人员的过季产品提成以产品毛利润为提成依据，其提成计算公式如下。

$$\text{基层销售人员的过季产品销售提成} = \text{过季产品毛利润} \times \text{提成比例}$$

式中，过季产品毛利润＝过季产品销售价格－过季产品生产成本，过季产品销售的提成比例随其毛利润的增加而呈阶梯式增加，具体如下表所示。

销售人员过季产品销售提成比例列表

产品种类 毛利润 P	产品 A	产品 B	产品 C	产品 D
$P \leqslant 300$ 万元	15%	10%	20%	8%
300 万元 $< P \leqslant 400$ 万元	20%	15%	25%	10%
400 万元 $< P \leqslant 500$ 万元	25%	20%	30%	15%
$P > 500$ 万元	30%	30%	40%	20%

（二）销售主管提成考核办法
销售主管的过季产品销售提成由其自身销售提成与团队销售提成构成。其中自身销售提成的考核办法与基层销售人员的考核办法相同；其团队销售提成以过季产品的销售量为提成考核依据，其提成计算公式如下。

$$\text{销售主管的团队销售提成} = \text{团队过季产品毛利润} \times 1\%$$

（三）销售经理提成考核办法
销售经理的过季产品销售提成由其自身销售提成和销售任务提成两部分组成。其中销售经理自身销售提成的考核办法与基层销售人员的考核办法相同；其销售任务提成以过季产品的销售任务完成率为提成考核依据，其计算公式如下。

$$\text{销售经理的销售任务提成} = \text{部门过季产品利润} \times \text{提成比例}$$

式中的提成比例与销售任务完成率直接相关，具体如下表所示。

销售经理销售任务提成比例列表

产品种类 完成率 R	产品 A	产品 B	产品 C	产品 D
$R \leqslant 60\%$	0.5%	1%	0.8%	1.2%
$60\% < P \leqslant 70\%$	0.8%	1.5%	1%	1.5%
$70\% < P \leqslant 90\%$	1%	2%	1.2%	2%
$P > 90\%$	1.2%	2.5%	1.5%	2.5%

七、提成发放
过季产品销售提成由公司财务部经理经核算和审核后，每月定期以现金形式进行发放，具体发放时间为每月的5～6日。

实施对象：　　　　　　　　　　　　　　　　　　　　　　　　　　　实施日期：＿＿＿年＿＿月＿＿日

4.3.4 库存处理销售提成方案

下面是某企业制定的库存处理销售提成方案。

库存处理销售提成方案

编 号：	编制部门：	审批人员：	审批日期：___年__月__日

一、背景

为了有效清理库存,提高公司的资金流转率,为"十一"促销提供仓储空间,公司计划于8月20日~9月10日将现有库存的A、B、C三种产品销售完毕。届时,由于这四种产品的销售价格和销量都会出现变化,因此公司需要重新设计产品销售提成方案。

二、目的

制定本方案主要是为了充分调动销售人员的工作积极性,及时完成销售任务,有效维护员工和公司的合法权益。

三、提成参与人员

库存处理销售提成的参与人员包括销售专员、销售主管和销售经理。其他人员不享受库存处理产品的销售提成。

四、提成核算时间

人力资源部经理将于库存处理销售完成后3个工作日内完成各岗位人员销售提成的核算工作,将提成结果编制成表,并及时上报营销总监审批。

五、提成基数

公司各销售人员的库存处理销售提成基数均为库存处理产品的毛利润。库存处理产品毛利润=库存产品售价－库存产品生产成本－库存费用等相关费用成本。

六、提成考核办法

库存处理产品销售提成包括直接销售提成、排名销售提成、团队销售提成和合理化建议提成四部分。

(一)直接销售提成

直接销售提成为各级销售人员因销售库存产品而获得的提成,其计算公式如下。

直接销售提成=库存处理产品毛利润×提成比例

式中,各岗位销售人员的提成比例相同,并呈阶梯式分布,具体如下表所示。

各岗位销售人员直接销售提成比例

产品种类 任务完成率	产品A	产品B	产品C
60%(含)以内	15%	8%	10%
60%(不含)~70%(含)	20%	12%	15%
70%(不含)~90%(含)	25%	15%	20%
90%(不含)以上	30%	20%	25%

(二)排名销售提成

排名销售提成是对个人销售业绩排名前五的销售人员奖励的提成,具体奖励标准如下表所示。

各岗位销售人员排名销售提成标准

业绩排名	第1名	第2名	第3名	第4名	第5名
提成金额	350元	300元	200元	150元	100元

(三)团队销售提成

团队销售提成为销售任务完成70%以上后,公司为各岗位人员颁发的团队效益提成,其计算公式如下。

各岗位销售人员团队销售提成=团队销售毛利润×提成比例

式中,不同岗位对应着不同的团队销售提成,具体提成比例安排如下表所示。

各岗位销售人员团队销售提成列表

产品种类 销售岗位	产品A	产品B	产品C
销售专员	0.5%	0.3%	0.8%
销售主管	1%	0.8%	1.5%
销售经理	3%	2%	5%

续表
（四）合理化建议提成 合理化建议提成是针对库存产品销售提出合理化建议，并促进销售业绩明显提高的销售人员而进行的提成奖励，具体计算公式如下。 $$合理化建议提成 = 毛利润增加量 \times 10\%$$ 式中，毛利润增加量为因提出合理化建议而增加的毛利润金额。 七、提成发放 提成考核完成后，财务部应于9月14～15日在核实无误后，按时向各岗位人员发放销售提成。

实施对象：　　　　　　　　　　　　　　　　　　　　　　　　　实施日期：＿＿＿年＿＿月＿＿日

Chapter 5

第 5 章

辅助营销的提成管理

5.1 营销辅助事项提成

5.1.1 公关营销提成方案

公关营销提成是指企业针对辅助销售过程开展公关工作的公关人员发放的提成,提成计提与企业销售业绩直接挂钩,通过销售额、销售利润等指标为基准进行核算计发。

企业设计公关销售提成,除了提成标准需根据公关工作对销售业绩的贡献程度进行设置,且提成额度须低于一线销售人员的提成外,其提成方案制定还应该从以下三个方面进行考虑。

5.1.1.1 公关营销提成的方式设计

设计公关营销提成方案的目的在于调动与营销密切相关的公关因素,最大限度地提升产品或业务的销售业绩。企业公关人员虽然并不直接承担销售任务,但其从事的公关工作却与营销有着密切联系。

企业公关营销提成的方式主要有两种,如图 5-1 所示。

按比例提成	按销量提成
◆ 根据产品或业务的销售总额或销售利润,按照一定的提成比例计提公关营销提成 ◆ 提成方案设计目的不同,提成比例设置不同,如果是补偿型提成方案,则提成比例较低,如果是激励型提成方案,则提成比例可设置稍高 ◆ 提成比例须低于一线销售人员的提成比例	◆ 每销售一件或一定批量产品或业务,给公关人员计提固定金额的提成 ◆ 这种方式适合企业产品品种单一或产品及业务单价较高的公关营销提成方案,比如汽车销售企业、工程项目企业等 ◆ 提成金额标准可根据销售淡旺季、公关人员职级等进行规定和调整

图 5-1 公关营销提成的主要方式

5.1.1.2 公关营销提成的条件设计

除了公关营销提成的方式外,企业设计公关营销提成方案时,还应设计其他的提成计发条件,具体如图 5-2 所示。

5.1.1.3 公关营销提成的发放设计

公关营销提成发放时间的设计与企业销售业务特点和公关工作性质有关,通常按月度或季度进行发放兑现。

对于销售成交频次低的高精尖产品、单价成交数额高的产品或者销售周期长、金额高的业务,企业也可按半年或一年为期限来进行公关营销提成的发放。

图 5-2　公关营销提成计发的条件设计

5.1.2　合作营销提成方案

合作营销是指产品、业务本身或销售渠道具有联系的企业间为了达到销售资源优势互补、增强市场开拓力和竞争力达成合作协议，共同进行的营销活动。

企业设计合作营销提成方案应秉持公平公正、双方共赢互利的原则，制定具体提成方案时应双方协商沟通达成共识，并写入合作协议，明确双方权利义务，避免提成风险和争议纠纷。

5.1.2.1　合作营销提成方案设计的目标

企业设计合作营销提成主要想达到以下五个目标。

（1）对营销合作方有持续的激励作用。
（2）保证合作方短期利益的同时，促使合作方关注长远利益。
（3）对合作方的合作销售过程进行约束。
（4）促进企业在预期期限内达到开拓市场的目的。
（5）防范企业合作营销的风险。

5.1.2.2　合作营销提成方案的内容

企业进行合作营销提成方案设计的主要内容如表 5-1 所示。

5.1.2.3　合作营销提成的注意事项

企业设计合作营销提成方案时，需要注意如图 5-3 所示的事项。

表 5-1 合作营销提成方案设计的主要内容

设计内容	具体说明
提成范围的界定	◆ 企业设计合作营销提成方案时首先应根据合作营销范围确定提成的范围和依据 ◆ 合作营销提成通常是根据进行合作营销活动或合作方提供协助而产生的销售行为进行提成，其界定标准应在合作协议中明确规定
提成计算方法	◆ 合作营销提成通常根据合作营销而产生的销售额、销售量或销售利润为基准，按照一定提成比例给合作方计提提成 ◆ 提成比例可根据产品或业务种类、合作方介入程度进行设置，可与合作方进行沟通协商
提成支付办法	◆ 合作营销提成主要按货币方式支付，根据行业特点可辅以其他优惠形式 ◆ 合作营销提成通常按照半年度或年度支付，也可按照合作项目周期进行兑现
不发或减发提成的条件	◆ 合作营销协议中应对不发放或减少发放提成的情形进行明确规定，如合作方有欺诈行为、信誉不良或泄露商业机密等，用来规避提成风险，减少提成纠纷
奖励机制	◆ 合作营销提成方案可为信誉良好、营销效果显著的合作伙伴设计相应的奖励机制，作为提成的辅助手段，以保持长期良好的合作关系
争议纠纷解决办法	◆ 设计合作营销提成方案时应对可能产生的争议或纠纷设定处理措施和解决办法，通常有协商、仲裁、诉讼等几种方式

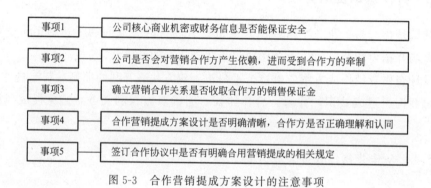

图 5-3 合作营销提成方案设计的注意事项

5.1.3 服务营销提成方案

服务营销提成是指给为企业产品或业务营销过程提供服务的人员根据企业营销业绩计提的提成。可计提提成的这些服务事项需对营销过程和结果有重要影响，或对企业产品和业务的竞争力起到决定性作用。

5.1.3.1 服务营销提成的涵盖范围

服务营销提成的涵盖范围主要包括以下三类，如图 5-4 所示。

5.1.3.2 服务营销提成方案的设计内容

企业设计服务营销提成需要考虑的主要内容如表 5-2 所示。

```
┌──────────────────┐      ┌──────────────────┐      ┌──────────────────┐
│   营销信息提成    │      │   营销培训提成    │      │   售后服务提成    │
└──────────────────┘      └──────────────────┘      └──────────────────┘
```

| 营销信息对企业营销非常重要，特别是企业需要开拓新市场、推出新产品或新业务时，企业可以为提供营销信息的人员设计提成方案，促进客户开发和业绩提升 | 营销培训服务对于服务行业营销或产品信息更新较快的行业的营销至关重要，企业应为提供营销培训服务的培训人员设计相应的提成方案作为激励手段 | 当售后服务好坏成为体现产品竞争力的重要因素时，企业应设计给售后服务人员相应提成的方案，如家电销售、汽车销售 |

图 5-4　服务营销提成的涵盖范围

表 5-2　服务营销提成方案设计的主要内容

设计内容	具体说明
服务营销提成指标	◆ 服务营销提成应以营销业绩的提升作为提成依据 ◆ 服务营销提成主要根据所提供服务对营销成果贡献的大小进行计提，尽量采用定量指标，如由于该服务带来的新客户数或销售增长额等
服务营销提成考核	◆ 由于信息提供、营销培训、售后服务等都只是间接地影响营销效果，所以设计服务营销提成考核方式时不能只考虑销售部的营销业绩指标，应综合考虑服务人员的绩效考核结果 ◆ 对于无法衡量或难以衡量的服务，应通过定性描述、等级划分等方式使服务过程和服务对营销的贡献变得可衡量
服务营销提成形式	◆ 由于为营销提供的服务工作内容差别较大，应根据各自工作内容设置各自提成的形式 ◆ 服务营销提成通常采用现金形式一次发放，或根据销售回款情况、销售目标完成情况实行分次发放
服务营销提成发放限制条件	◆ 单纯根据工作结果设置提成办法可能会促使提供服务的人员通过牺牲企业利益来达成自身工作业绩，因此企业在确定服务营销提成办法后，应设置提成不予发放或减少发放的条件，如信息真实有效度、培训评估结果、客户满意度等，来防范服务营销提成风险

5.1.3.3　服务营销提成的注意事项

企业设计服务营销提成方案时还需注意以下几个方面。

（1）注意服务营销提成方案的设计不能变相引起企业管理秩序混乱和声誉受损。

（2）服务营销提成方案的设计必须遵循公平、有效和良性导向的原则，避免弄巧成拙。

（3）服务营销提成方案的设计除了注重物质利益的合理分配外，还可以适当包括其他非物质利益的提供，用以完善激励机制。

（4）服务营销提成的比例须低于直接销售人员提成的比例，可以以直接销售人员提成为基准进行设计，以直接销售人员的提成条件为前提条件。

5.2　营销辅助部门提成

5.2.1　营销策划部提成方案

下面是某企业制定的营销策划部提成方案。

营销策划部提成方案

| 编　号： | 编制部门： | 审批人员： | 审批日期：＿＿年＿月＿日 |

一、目的

为了提高营销策划部的工作积极性，提高公司营销业绩，完善营销策划人员的薪酬体系，结合公司实际，特制定本提成方案。

二、适用范围

本提成方案适用于营销策划部全体员工的提成管理工作。

三、岗位职级和薪酬构成

1. 公司营销策划部岗位分为策划经理、策划专员和见习策划专员三个级别。

2. 公司营销策划部人员采用底薪＋提成＋各种补助的薪酬形式，其中，策划经理底薪为__元/月，策划专员底薪为__元/月，见习策划专员为__元/月。

四、业绩目标

营销策划部按季度设置业绩任务目标并由人力资源部进行季度考核，具体如下表所示。

营销策划部季度业绩目标表

职位级别		业绩目标
策划经理	第一、四季度	协助销售部完成销售额____万元
		自主开发业务完成销售额____万元
	第二、三季度	协助销售部完成销售额____万元
		自主开发业务完成销售额____万元
策划专员	第一、四季度	协助销售部完成销售额____万元
		自主开发业务完成销售额____万元
	第二、三季度	协助销售部完成销售额____万元
		自主开发业务完成销售额____万元
见习策划专员	第一、四季度	协助销售部完成销售额____万元
		自主开发业务完成销售额____万元
	第二、三季度	协助销售部完成销售额____万元
		自主开发业务完成销售额____万元

五、提成方法

1. 营销策划人员提成根据业务销售利润额进行计提。

2. 协助销售部完成的销售业绩，策划经理按照6％的比例进行提成，策划专员按照3％的比例进行提成，见习策划专员按照1.5％的比例进行提成。

3. 营销策划人员自主开发业务完成的销售业绩，不分职级，统一按照8％的提成比例计提。

六、提成发放

1. 对于能完成业绩目标的营销策划人员，全额发放规定提成；对于能完成业绩目标80％～100％的营销策划人员，按照规定的60％发放提成；对于完成业绩目标在80％以下的，不发放提成。

2. 营销策划部提成按季度发放，每季度第三个月__日，策划经理将营销策划部该季度业绩统计交至人力资源部。

3. 人力资源部对营销策划部业绩进行考核，协助销售部完成业绩由销售部经理审核确认。

4. 总经理审批营销策划部提成后，由财务部于下季度第一个月__日，统一随工资一同发放，如遇节假日或休息日，则顺延至下一工作日发放。

| 实施对象： | 实施日期：＿＿年＿月＿日 |

5.2.2 企划宣传部提成方案

下面是某企业制定的企划宣传部提成方案。

企划宣传部提成方案

编　号：　　　　　编制部门：　　　　　审批人员：　　　　　审批日期：＿＿年＿月＿日

一、目的

为增强企划宣传部宣传人员的工作积极性，提高公司业务宣传效果和塑造企业形象，进而促进公司营销业绩提升，同时加强宣传人员薪酬的竞争力，结合公司实际，特制定本提成方案。

二、实施前提

1. 营销、宣传一体原则。
2. 公正、公开、公平原则。
3. 有效激励原则。

三、适用范围

本提成方案适用于企划宣传部全体员工的提成管理工作。

四、提成范围

企划宣传部对负责的所有宣传推广的销售业务，根据宣传计划完成率及营销业绩进行提成。

五、提成计算公式

企划宣传部提成＝销售合同额×提成比例×宣传计划完成率。

其中，宣传计划完成率 $=\dfrac{\text{达成目标效果的宣传计划数}}{\text{全部宣传计划数}}\times 100\%$。

六、提成比例

企划宣传部提成比例根据销售淡旺季及销售合同额进行设置，具体标准如下表所示。

企划宣传部提成比例标准

销售季节	销售合同额	提成比例
旺季	300万元（不含）以下	＿％
	300万（含）～400万元（不含）	＿％
	400万（含）～500万元（含）	＿％
	500万元（不含）以上	＿％
淡季	100万元（不含）以下	＿％
	100万（含）～200万元（不含）	＿％
	200万（含）～300万元（含）	＿％
	300万元（不含）以上	＿％

说明：淡旺季由公司根据市场需求变化、销售实际情况进行确定。

七、提成分配

1. 企划宣传部经理按照企划宣传部提成总额的＿％计发提成。
2. 企划宣传部其他人员的提成根据职位等级、资历及在营销宣传工作中的贡献大小按比例进行分配，由企划宣传部经理提出分配计划，上报总经理审批后执行。企划宣传部提成分配表可以参考下表进行设计。

企划宣传部提成分配表

提成月份			部门总提成额		
提成人员姓名	职位	负责项目	考核结果	拟分配比例	拟分配金额

填表人/日期：　　　　　审核人/日期：　　　　　批准人/日期：

续表

八、提成发放 1.每月__~__日,人力资源部对企划宣传部当月工作进行考核,根据销售部业绩统计核算企划宣传提成,编制企划宣传部提成申请表,交至财务部审核。 2.财务部审核企划宣传部提成申请表后,上报总经理审批。 3.企划宣传部提成按月度发放,下月__日前由财务部将企划宣传部上月提成统一发放至企划宣传部经理处。 4.企划宣传部经理在收到提成起的__个工作日内,编制企划宣传部提成分配表,上报总经理审批。 5.企划宣传部经理应在总经理审批后__个工作日内,根据提成分配计划将提成发放至企划宣传部员工手中。 九、争议处理 1.企划宣传部经理若对企划宣传部提成核算结果有任何争议,可在提成发放之日起__个工作日内向人力资源部提出申诉,人力资源部需在__个工作日内进行调查处理。 2.企划宣传部员工若对企宣部提成分配有任何争议,可在提成发放之日起__个工作日内向企划宣传部经理提出申诉,企划宣传部经理需在__个工作日内予以答复。

实施对象: 　　　　　　　　　　　　　　　　　　　　　　　　实施日期: ___年__月__日

5.2.3 产品设计部提成方案

下面是某企业制定的产品设计部提成方案。

产品设计部提成方案

编　号: 　　　　　编制部门: 　　　　　审批人员: 　　　　　审批日期: ___年__月__日

一、目的 为了使技术要素参加企业收益分配,进一步激励产品设计部员工,提高产品的市场竞争力,加快科技向生产转化进程,结合公司实际,特制定本提成方案。 二、原则 1.按劳分配和按生产要素分配相结合原则。 2.公正、公平、公开原则。 3.有效激励原则。 三、适用范围 本提成方案适用于产品设计部的提成管理工作。 四、提成办法 1.产品设计部提成的基本方法是在产品开发设计完成后,由设计总监组织设计部、生产部、质量部有关人员进行评定,提出设计难度系数意见,报总经理审批后作为产品设计团队提成依据。 2.产品达到一定市场占有率后,产品设计团队开始从该产品的年销售额中按一定比例计提提成。 3.设计总监按照产品设计部总提成额的__%计提提成。 五、提成计算公式 在新产品投放市场的前__年内,根据新产品设计难度系数、新产品市场占有率,按不同提成比例计算产品设计团队的提成,计算公式为:提成=产品年销售额×设计难度系数×提成比例。 六、提成比例 产品设计团队提成比例具体设置参照下表。

产品设计提成比例表

设计难度系数	市场占有率	提成比例
0.8	40%(含)~50%(不含)	__%
	50%(含)~60%(不含)	__%
	60%(含)~70%(含)	__%
	70%(不含)以上	__%

续表

设计难度系数	市场占有率	提成比例
1.0	40%（含）～50%（不含）	__%
	50%（含）～60%（不含）	__%
	60%（含）～70%（含）	__%
	70%（不含）以上	__%
1.5	40%（含）～50%（不含）	__%
	50%（含）～60%（不含）	__%
	60%（含）～70%（含）	__%
	70%（不含）以上	__%
备注：市场占有率由公司根据市场部及行业协会每年调查结果综合确定		

七、提成期限

提成期限为__年，分为两个阶段，其总体原则是前期提成比例比后期提成比例高，一般产品通常后期比规定的提成比例下调20%，核心产品由公司到时另行决定调整幅度。

八、提成发放分配

1. 每年1月__日前由财务部向产品设计部统一发放上年度提成。
2. 其中各设计团队提成发放至团队主管处，由主管根据团队内设计人员的参与程度和贡献大小提出分配计划，交设计总监审批，于审批通过后的__个工作日内，发放至设计人员手中。
3. 产品设计人员若对提成分配发放存有异议，可于提成发放之日起__个工作日内，向设计总监提出申诉，设计总监应组织调查情况，在__个工作日内予以答复和处理。

九、其他

1. 本方案由总经理审批签字后，于____年__月__日起执行。
2. 本方案由人力资源部负责制定，解释权归人力资源部所有。
3. 本方案未尽事宜，将根据实际需要，按照产品开发周期予以调整，并公示相关部门及人员。

实施对象： 实施日期：____年__月__日

5.3 营销辅助人员提成

5.3.1 营销广告人员提成办法

下面是某企业制定的营销广告人员提成办法。

制度名称		营销广告人员提成办法		
制度版本		受控状态	□受控　□非受控	制度编号
第1章 总则	第1条　目的 为了提高公司营销广告人员工作的积极性和创造性，进一步增加公司产品销售业绩，完善营销广告人员薪酬体系，结合公司实际情况，特制定本提成办法。			

续表

第1章 总则		第2条 适用范围 本办法适用于公司所有营销广告人员的提成计发管理工作。 第3条 职责分工 1.总经理负责审批营销广告人员提成发放。 2.广告部经理负责营销广告人员的绩效考核。 3.销售部负责统计和提供在广告投放前后产品销售业绩的对比数据。 4.人力资源部负责核算营销广告人员的提成,编制提成申请表。 5.财务部负责审核提成申请表,并按照公司规定按时发放提成。
第2章 季度提成方法		第4条 季度提成计算 1.营销广告人员的季度提成以投放广告后的产品增加销售额为基准进行计算。 2.计算公式:季度提成＝本季度产品增加销售额×提成比例,其中产品增加销售额以销售部统计后交财务部确认的数据为准。 第5条 季度提成比例 营销广告人员的季度提成比例根据新旧产品种类、当季广告增销率进行设置,具体标准如下表所示。 **营销广告人员季度提成比例表** | 产品种类 | 广告增销率 | 提成比例 | |---|---|---| | 新产品 | 30%(不含)以上 | __% | | | 30%(含)～20%(不含) | __% | | | 20%(含)～10%(含) | __% | | | 10%(不含)以下 | __% | | 老产品 | 10%(不含)以上 | __% | | | 10%(含)～8%(不含) | __% | | | 8%(含)～5%(含) | __% | | | 5%(不含)以下 | __% |
	说明	1. 新、老产品的分类由公司根据产品类型、市场份额、投放市场时间等因素综合分析确定。 2.广告增销率＝$\dfrac{当期产品销售额增长率}{当期产品广告费增长率}×100\%$。
第3章 年度提成方法		第6条 年度提成计算 1.营销广告人员的年度提成以年度销售利润增长额为基准进行计算。 2.计算公式:年度提成＝年度销售利润增长额×提成比例,其中年度销售利润增长额以财务部提供数据为准。 第7条 年度提成比例 1.公司年度营销广告费用控制率目标值为__%,低于目标值年度提成比例为__%;每增高__个百分点,年度提成比例降低__%;年度营销广告费用控制率高于__%时,不计提年度提成。 2.年度营销广告费用控制率＝$\dfrac{年度营销广告费用}{年度销售利润}×100\%$。
第4章 提成分配发放		第8条 提成分配发放标准 1.对季度绩效考核和年度绩效考核合格的营销广告人员,发放季度提成和年度提成。

续表

第4章 提成分配发放	2.营销广告人员正式入职满3个月后方可享受季度提成,正式入职满一年后方可享受年度提成。 3.在提成发放日前中途离职的营销广告人员,视为自动放弃提成,其提成由公司在营销广告人员内部再分配。 4.根据营销广告人员绩效考核的等级,按照人数比例分配营销广告人员提成。 第9条 提成发放审批程序 1.每季度第三个月__日至__日和每年度12月__日至__日,人力资源部根据销售部和财务部提供的数据,核算营销广告人员本季度和本年度的提成,并根据广告部经理提供的绩效考核结果进行提成分配,编制营销广告人员提成申请表,交财务部审核。 2.财务部审核营销广告人员提成申请表后,上报总经理审批。 3.下一季度第一个月__日、下年度1月__日前,财务部根据审批通过的营销广告人员提成申请表,按公司规定向营销广告人员统一发放提成。
第5章 附则	第10条 其他 1.本办法未尽事宜,参见其他规定的相应条款。 2.本办法由人力资源部制定,其解释权与修订权归人力资源部所有。 3.本办法自颁布之日起实施。
编制部门	审批人员　　　　　　　　审批日期

5.3.2 营销推广人员提成办法

下面是某企业制定的网络推广人员提成办法。

制度名称	网络推广人员提成办法			
制度版本	受控状态	□ 受控　□ 非受控	制度编号	

第1条 目的
为了拓展公司业务市场,加快企业从传统营销推广手段向网络推广形式的过渡,提高公司业务营销业绩,结合公司网络推广人员薪酬体系,特制定本提成办法。
第2条 适用范围
本提成办法适用于公司所有网络推广人员的提成管理工作。
第3条 职责分工
1.总经理负责网络推广人员提成发放的审批。
2.推广部经理负责统计网络推广人员的提成依据。
3.人力资源部负责核算网络推广人员的提成,编制网络推广人员提成申请表。
4.财务部负责审核提成申请表,并根据审批按时向网络推广人员发放提成。
第4条 薪酬构成
1.正式网络推广人员采用底薪加提成的薪酬形式,底薪统一为____元/月。
2.兼职网络推广人员采用无底薪纯提成制的薪酬形式。
第5条 发帖提成
1.正式网络推广人员每人每天普通网站发帖任务数为50,行业网站(指公司产品、业务所涉及行业的网站、论坛等专业网站)发帖任务数为30,超过任务数按照__元/帖计发提成,所发帖子必须保证质量,需要包括产品型号、参数、图片,可以是使用说明、问题解决案例以及个人撰写的软文等,跟帖30人以上或成为置顶帖的,额外奖励每帖__元。
2.兼职网络推广人员每人每天普通网站发帖任务数为40,行业网站发帖任务数为10,如能完成任务按发帖总数计算提成,每帖__元;跟帖30人以上或成为置顶帖的,额外奖励每帖__元。
第6条 IP访问量提成
1.所有网络推广人员在完成每天发帖任务数的基础上,每增加一个外链,则外链帖按照原提成标准的120%的比例进行提成。

续表

2. 当外链达到 200 时，外链帖按照原提成标准的 150% 进行提成。
3. 当外链达到 500 时，外链帖按照原提成标准的 200% 进行提成。
第 7 条　电话访问量提成
　　在网络推广人员完成每天发帖任务量的基础上，如有致电推广部电话咨询者，按照每通电话__元进行提成。电话内容必须是对公司产品、业务等进行咨询，并提供具体准确信息资源来源，方予以计算。
第 8 条　订单提成
　　客户通过网络推广渠道获得公司产品及业务信息，并且销售部与其成功签单的，按照订单利润的__%给发布信息的网络推广人员计提提成，不能明确具体网络推广人员的，则该订单提成由公司在正式网络推广人员中平均分配。
第 9 条　提成考核
　　网络推广人员每天下午 18 时前将截至当天 17:30 的网络推广任务完成情况汇报给推广部经理，推广部经理对网络推广人员每天的发帖数量、IP 访问量、电话访问量进行统计，并考核是否符合网络推广工作标准，是否完成任务目标，作为网络推广人员提成依据。
第 10 条　提成申报
1. 每月 21 日，推广部经理将上月 21 日至本月 20 日的网络推广人员提成依据汇总交至人力资源部；销售部经理确认当月通过网络推广获得的订单数和利润额，将资料数据提供给人力资源部。
2. 人力资源部于每月 25 日之前统计核算网络推广人员的提成，编制提成申请表交至财务部审核。
3. 财务部审核网络推广人员提成申请表后上报总经理审批。
4. 财务部根据审批通过的网络营销人员提成申请表，于下月 5 日向网络推广人员统一发放上月提成。
第 11 条　相关说明
1. 连续两个月不能完成当月网络推广任务的网络推广人员，公司可根据相关制度规定给予处罚或建议辞退。
2. 中途自行离职的网络推广人员不予计发当月提成。
第 12 条　附则
1. 本办法未尽事宜由推广部另行规定。
2. 本办法由人力资源部制定，解释权归人力资源部所有。
3. 本办法自颁布之日起实施。

编制部门		审批人员		审批日期	

5.3.3　营销导购人员提成办法

下面是某企业制定的营销导购人员提成办法。

制度名称		营销导购人员提成办法			
制度版本		受控状态	□ 受控　□ 非受控	制度编号	

第 1 条　目的
　　为了更好地激励营销导购人员达成销售目标，规范营销导购人员的提成管理工作，结合公司实际情况，特制定本提成办法。
第 2 条　适用范围
　　本提成办法适用于公司所有营销导购人员的提成管理工作。
第 3 条　职责分工
1. 总经理负责营销导购人员提成发放的审批。
2. 销售部经理负责统计营销导购人员的提成依据。
3. 人力资源部负责核算营销导购人员的提成，编制营销导购人员提成申请表。
4. 财务部负责审核提成申请表，并根据审批通过的提成申请表按时发放营销导购人员的提成。
第 4 条　薪酬构成
1. 营销导购人员采用底薪＋提成的薪酬形式。
2. 普通导购员底薪为____元/月。高级导购员底薪为____元/月。

续表

第 5 条　正价商品提成
1. 未达成销售目标部分正价商品提成＝正价商品销售额×提成比例。
2. 达成销售目标部分正价商品提成＝正价商品任务额×提成比例＋超额部分销售额×超额部分提成比例。
3. 销售正价商品的提成比例根据每月销售目标完成率进行设置，具体标准如下表所示。

营销导购人员销售正价商品提成比例

销售目标完成率	提成比例
150%（不含）以上	完成销售目标部分的提成按__%计提，超额部分的提成按照__%计提
150%（含）～120%（不含）	完成销售目标部分的提成按__%计提，超额部分的提成按照__%计提
120%（含）～100%（不含）	完成销售目标部分的提成按__%计提，超额部分的提成按照__%计提
100%（含）～80%（含）	__%
80%（不含）以下	__%
说明	1. 营销导购人员每月正价商品的销售任务目标，由销售部经理根据公司销售目标，结合市场需求、销售季节、导购职级和经验进行计划和分配，报总经理审批后执行。 2. 正价商品销售目标完成率＝$\dfrac{实际完成正价商品销售额}{计划完成正价商品目标销售额}\times100\%$。

第 6 条　促销商品提成
1. 促销商品提成＝促销商品销售额×提成比例×促销商品销售目标完成率。
其中，促销商品销售目标完成率＝$\dfrac{实际完成促销商品销售额}{计划完成促销商品目标销售额}\times100\%$。
2. 销售促销商品的提成比例根据促销商品的折扣不同进行设置，具体标准如下表所示。

营销导购人员销售促销商品提成比例

折扣	5 折(不含)以下	5 折(含)至 7 折(不含)	7 折(含)至 9 折(不含)	9 折(含)以上
提成比例	__%	__%	__%	__%

第 7 条　提成审批程序
1. 每月初__日前，销售部经理统计上月营销导购人员的销售业绩，交至人力资源部。
2. 人力资源部根据销售部提供资料，编制提成申请表交至财务部审核。
3. 财务部审核营销导购人员提成申请表后上报总经理审批。
4. 财务部根据审批通过的营销导购人员提成申请表，每月按时向营销导购人员发放上月提成。
第 8 条　退货说明
商品销售后出现退货情况，不纳入营销导购人员提成计算范围；已发放提成的，于下月提成核发时扣除。
第 9 条　提成支付
1. 营销导购人员提成按月度支付，次月发放上月提成，由财务部于每月__日随底薪一同汇入营销导购人员银行卡账户。
2. 如遇节假日或休息日，则顺延至最近的工作日发放。
3. 提成额超过纳税标准的，由公司代扣代缴个人所得税。
4. 营销导购人员自正式入职之日下一计薪月份起发提成，离职人员自正式批准离职日所在计薪月份起停止计发提成；两者当月底薪均按实际工作天数计发。
5. 在升职提薪、调职后，提成比例或提成办法有所变动时，以升职或调职生效日下一计薪月份起开始执行新的提成比例或提成办法。
第 10 条　奖惩事项
营销导购人员在工作过程中的行为表现，根据公司"营销导购人员奖惩制度"的规定予以实施奖惩。
第 11 条　附则
1. 本办法未尽事宜由销售部另行规定。

续表

编制部门		审批人员		审批日期	

2. 本办法由人力资源部制定,解释权归人力资源部所有。
3. 本办法自总经理审批签字后正式实施。

5.3.4 市场信息人员提成办法

下面是某企业制定的市场信息人员提成办法。

制度名称			市场信息人员提成办法		
制度版本		受控状态	□受控 □非受控	制度编号	

第1条 目的
为了拓宽公司业务的营销渠道,进一步开发新客户提高营销业绩,充分提升市场信息人员的工作热情,结合公司实际情况,特制定本提成办法。

第2条 适用范围
本提成办法适用于公司所有市场信息人员的提成管理工作。

第3条 职责分工
1. 总经理负责市场信息人员提成发放的审批。
2. 市场部经理负责统计市场信息人员的提成依据。
3. 人力资源部负责核算市场信息人员的提成,编制市场信息人员提成申请表。
4. 财务部负责审核提成申请表,并根据审批通过的提成申请表按时发放市场信息人员的提成。

第4条 薪酬构成
1. 市场部所有信息人员均采用底薪＋提成的薪酬形式。
2. 市场信息主管底薪为____元/月。市场信息专员底薪为____元/月。

第5条 提成信息范围
1. 准确信息,指提供的客户信息准确,包括姓名、电话、地址等。
2. 有效信息,指业务部根据所提供信息与客户进行过沟通或洽谈。
3. 成交信息,指业务部与提供的信息客户成功签约并按时收回销售款。

第6条 信息任务目标
1. 市场信息主管每月任务目标为__条有效信息和__条准确信息。
2. 市场信息专员每月任务目标为__条有效信息和__条准确信息。

第7条 提成方法
1. 市场信息人员的提成标准根据信息种类和完成任务目标程度进行设置,具体如下表所示。

市场信息人员提成标准表

职级	完成任务目标情况	提成标准
市场信息主管	完成任务目标80%(不含)以下	无提成
	完成任务目标80%(含)~100%(含)	按照有效信息__元/条,准确信息__元/条提成
	完成任务目标100%(不含)以上	任务目标内部分按照规定提成,超额部分按照规定提成标准增幅__%进行提成
市场信息专员	完成任务目标80%(不含)以下	无提成
	完成任务目标80%(含)~100%(含)	按照有效信息__元/条,准确信息__元/条提成
	完成任务目标100%(不含)以上	任务目标内部分按照规定提成,超额部分按照规定提成标准增幅__%进行提成
说明	1. 准确信息和有效信息的提成在不同提成月份内可以重复计提,即准确信息在本提成月份内计提提成后,若之后成为有效信息,可在成为有效信息的提成月份内再次提成,间隔期限为不能超过三个月 2. 若准确信息在同一提成月份内即成为有效信息,则按有效信息提成,不能重复计提	

续表

2.当业务部根据市场信息人员提供信息成功与客户签约,该信息成为成交信息,经业务部经理和市场部经理确认后,按照首次合同或订单金额的__%给予提供该信息的市场信息人员提成,于销售回款到账当月核发,之前计提的准确信息或有效信息提成不受影响。

第8条 提成审批程序

1.市场部设专人负责统计市场信息人员提供的信息,并及时交予业务部进行确认跟踪。市场信息统计表根据如下模板进行设计。

市场信息统计表

__年__月

日期	信息内容	联系方式	提供人员	信息利用程度		提供者签字	备注
				准确信息	有效信息		

制表人/日期: 　　　　　　　　　　审核人/日期:

2.每月末__日,市场部经理汇总及考核当月市场信息人员的工作成果,交至人力资源部,其中成交信息须经业务部经理确认。

3.人力资源部根据市场部提供资料,核算市场信息人员的提成,编制提成申请表并交至财务部审核。

4.财务部审核市场信息人员提成申请表后上报总经理审批。

5.审批通过后,财务部于次月__日向市场信息人员随底薪一同发放上月提成。

第9条 相关说明

1.市场信息人员提成发放如遇节假日或休息日,则顺延至最近的工作日发放。

2.市场信息人员自正式入职之日下一计薪月份起计发提成,离职人员自正式批准离职日所在计薪月份起停止计发提成;两者当月底薪均按实际工作天数计发。

第10条 附则

1.本办法未尽事宜由市场部另行规定。

2.本办法由人力资源部制定,解释权归人力资源部所有。

3.本办法自总经理审批签字后正式实施。

编制部门		审批人员		审批日期	

5.3.5 营销培训人员提成办法

下面是某企业制定的营销培训人员提成办法。

制度名称	营销培训人员提成办法			
制度版本	受控状态	□受控 □非受控	制度编号	

第1条 目的

为了完善营销培训人员激励和约束机制,确保公司营销培训工作的有效开展,持续提高营销团队的工作能力和营销业绩,结合公司实际情况,特制定本提成办法。

第2条 适用范围

本提成办法适用于公司所有营销培训人员的提成管理工作。

第3条 原则

1.战略导向原则。

2.内部公平原则。

3.能力与业绩并举原则。

续表

4.持续改进原则。
第4条　职责分工
1.总经理负责营销培训人员提成发放的审批。
2.人力资源部负责统计营销培训人员的提成依据,核算营销培训人员的提成。
3.财务部负责根据审批按时向营销培训人员发放提成。
4.营销部负责提供相关营业绩数据及营销培训效果反馈信息。
第5条　提成方法
1.营销培训人员的提成按季度进行计提,以营销培训人员的季度绩效考核结果为提成依据。
2.营销培训人员提成计算公式:提成＝提成基数额×个人提成系数。
其中,提成基数额由公司根据当季营销利润、营销培训频次等因素综合确定。
3.营销培训人员的个人提成系数根据其季度绩效考核结果设置,具体标准如下表所示。

营销培训人员提成系数对应表

季度绩效考核得分	提成系数	所占公司总营销人次的比重
90分(含)～100分(含)	＿＿％	不超过10％
80分(含)～90分(不含)	＿＿％	不超过20％
70分(含)～80分(不含)	＿＿％	不超过70％
70分(不含)以下	无提成	

备注:对于得分段人数超过标准的,按照得分排序确定提成系数

第6条　提成考核
营销培训人员的提成考核采用KPI关键指标进行季度考核,具体考核标准如下表所示,由人力资源部组织进行。

营销培训人员提成KPI考核标准表

KPI指标	标准或目标值	权重	得分
销售目标完成率	销售部完成公司当季销售目标任务达100％	20％	
销售利润增长率	公司当季销售利润增长＿＿％	15％	
营销培训计划完成率	当季培训课时达＿＿小时,参训人数达到营销人员的80％	15％	
营销培训满意度	营销人员对培训反馈的满意度平均值达到＿＿分以上	10％	
案例征集、培训资料更新情况	每月整理优秀案例＿＿个,培训资料做到时时更新	10％	
营销员工流失率	新进营销人员3个月内流失率低于＿＿％。	10％	
按时提交培训计划和总结报告	每月最后一个工作日18:00之前提交培训计划和总结报告	10％	
协同受训人员拜访客户、一线指导情况	每周至少一次或每周至少4个小时	10％	

说明:考核得分＝Σ各个指标评分×权重

第7条　提成发放
1.每个季度第一个月份＿＿日至＿＿日,人力资源部组织对营销培训人员上一季度的工作绩效进行考核,其结果作为提成计发依据,核算营销培训人员提成并编制提成发放申请表,上报总经理审批。
2.财务部根据审批按照营销培训人员提成发放申请表,于每个季度第一个月份＿＿日统一发放上一季度的提成。
3.营销培训人员提成发放如遇节假日或休息日,则顺延至最近的工作日发放。
4.营销培训人员如在提成发放日前中途离职,则其当季提成不予发放。
第8条　附则
1.本办法由人力资源部制定,解释权归人力资源部所有。
2.本办法自总经理审批签字后正式实施。

编制部门		审批人员		审批日期	

5.3.6 营销后勤人员提成办法

下面是某企业制定的营销后勤人员提成办法。

制度名称		营销后勤人员提成办法			
制度版本		受控状态	□ 受控　□ 非受控	制度编号	

第 1 条　目的
为了调动一切可能与营销有关的因素,最大程度地提高销售业绩,根据公司薪酬体系和激励机制,结合公司实际情况,特制定本提成办法。

第 2 条　适用范围
本提成办法适用于公司营销部所有后勤人员的提成管理工作。

第 3 条　职责分工
1. 总经理负责营销后勤人员提成发放的审批。
2. 人力资源部负责统计营销后勤人员的提成依据,核算营销后勤人员的提成。
3. 财务部负责审核提成发放申请,根据审批按时向营销后勤人员发放提成。
4. 营销部负责提供相关的营销业绩数据信息。

第 4 条　提成方法
1. 营销后勤人员实行总量控制,分值计算的提成方法。
2. 提成总额为公司各类产品每月销售额分别乘以对应提成系数后的总和,以当月公司的销售回款总额为准,发生退货现象的扣减其销售额。

第 5 条　提成系数
营销后勤人员的提成根据不同种类的产品设置不同的提成系数,具体如下表所示。

营销后勤人员提成系数表

产品种类	A类产品	B类产品	C类产品	D类产品
提成系数	__%	__%	__%	__%
备注	\multicolumn{4}{l}{1. 产品分类由公司根据产品特点、市场份额等因素综合确定 2. 公司进行产品结构调整时,增加产品类型的提成系数以公司另行发文为准}			

第 6 条　提成计算
1. 营销后勤人员提成总额＝∑各产品当月销售额×提成系数。
2. 营销后勤人员个人提成额＝个人分值×每分的提成额。
3. 个人分值 $=\dfrac{\text{月度绩效考核分数}}{100}\times \text{职位指数}$。

其中,职位指数是以岗位工资加岗位津贴每 1 000 元为 1 分折算(计算后只保留两位小数)。

4. 每分的提成额 $=\dfrac{\text{营销后勤人员总提成额}}{\text{营销后勤人员个人分值总和}}$。

第 7 条　提成发放方式
1. 每月兑现上月提成的 70%,剩余 30% 于年底以年终奖金的形式统一发放。
2. 营销后勤人员年度绩效考核合格方发放年终奖金,中途离职人员不发放年终奖金。

第 8 条　不享受提成的情形
1. 试用期间的营销后勤人员。
2. 当月旷工 1 天或以上。
3. 当月事假 3 天或以上。
4. 当月病假 4 天或以上。
5. 因违反公司制度规定被处以记过或以上处分(按违纪当月计)。

第 9 条　提成审批程序
1. 每月 __ 日前,人力资源部根据营销后勤人员月度绩效考核结果和营销部提供相关营业绩资料,核算营销后勤人员上月提成并编制提成发放申请表,交至财务部审核。

续表

2.财务部审核营销后勤人员提成发放申请表,确认无误后,上报总经理审批。
3.财务部根据审批按照营销后勤人员提成发放申请表,于每月__日随当月薪资一同发放上月提成,如遇节假日或休息日,则顺延至最近的工作日发放。
第10条 附则
1.本办法由人力资源部制定,解释权归人力资源部所有。
2.本办法自总经理审批签字后,于____年__月__日起正式实施,正式实施前营销后勤人员提成办法仍按原规定执行。					
编制部门		审批人员		审批日期	

5.4 营销辅助策划提成

5.4.1 营销网络策划提成办法

下面是某企业制定的营销网络策划提成办法。

制度名称		营销网络策划提成办法			
制度版本		受控状态	□受控 □非受控	制度编号	

第1条 目的
为了强调营销网络策划对拓展市场提升销售业绩的重要作用,完善企业营销提成体系和激励机制,结合公司实际情况,特制定本提成办法。
第2条 适用范围
本提成办法适用于公司市场部营销网络策划工作人员的提成管理工作。
第3条 职责分工
1.总经理负责营销网络策划提成发放的审批。
2.人力资源部负责统计核算营销网络策划人员的提成。
3.财务部负责审核提成发放申请,根据审批按时向营销网络策划人员发放提成。
4.市场部和营销部负责提供营销网络策划提成依据。
第4条 术语解释
1.本公司市场部营销网络策划工作主要是指通过 SEO(搜索引擎优化)网络营销方式,增加特定关键字的曝光率以增加公司营销网络的能见度,从而提高网站访问量进而增加销售机会,最终达到提高公司网络营销能力的目的。
2.本办法中所提到的营销网络策划提成,是指根据公司营销网络访问流量和销售额给予市场部 SEO 主管、网页编辑和外链建设人员等营销网络策划人员的提成。
第5条 营销网络策划工作职责
1.SEO 主管:负责制定详细的营销网络策划方案,包括站内优化和站外推广方案;分配营销网络策划工作及任务,对公司营销网络进行监督管理;与其他部门沟通协作,处理营销网络问题。
2.网页编辑:负责公司营销网络策划的优化、编辑,扩充和更新公司营销网站内容,以优化用户体验为目标。
3.外链建设人员:负责外链、社交媒体的推广、官方微博及论坛博客的运营、图片分享等。
第6条 流量提成方法
1.根据公司营销网站流量或页面访问量的增长情况计提营销网络策划提成。
2.营销网络策划提成=(当月 SEOUV−上月 SEOUV)×(1−当月跳出率)×提成基数额,当 SEOUV 差值为负数时,提成为零。
其中,SEOUV=非付费 SEO 流量−排除条件下 UV,排除条件有很多,由市场部视情况另行具体规定。

续表

UV 指独立访客,即访问公司营销网站的一台电脑客户端为一个访客,24 小时内相同客户端只被计算一次,反映单位时间内实际有多少访问者点击访问公司营销网页。

提成基数额,由公司根据销售利润、营销网络策划费用等因素综合确定。

第 7 条 业绩提成方法

1. 提成＝SEO 销售额×提成系数,其中营销淡季提成系数为__%,营销旺季提成系数为__%。
2. SEO 销售额是指通过搜索引擎等网络推广方式访问公司营销网站的客户所带来的销售额,以当月回款额为准计提提成。

第 8 条 提成发放标准

营销网络策划提成为流量提成和业绩提成的总和,属于所有营销网络策划人员的提成,按月度发放,在市场部营销网络策划人员中按照职位不同进行分配,具体标准如下表所示。

营销网络策划提成发放分配标准

职位	分配标准
SEO 主管	营销网络策划提成的 40%
网页编辑	营销网络策划提成的 30%
外链建设人员	营销网络策划提成的 30%
说明:各职位的营销网络策划提成根据该职位的定员人数平均分配	

第 9 条 提成审批程序

1. 每月__日前,人力资源部根据市场部和营销部提供的流量数据和业绩资料,核算营销网络策划提成并编制提成发放分配表,交至财务部审核。
2. 财务部审核营销网络策划提成发放分配表,确认无误后,上报总经理审批。
3. 财务部根据审批按照营销网络策划提成发放分配表,于每月__日随当月薪资一同发放上月提成,如遇节假日或休息日,则顺延至最近的工作日发放。

第 10 条 附则

1. 本办法由人力资源部制定,解释权归人力资源部所有。
2. 本办法自总经理审批签字后,于____年__月__日起正式实施。

编制部门		审批人员		审批日期	

5.4.2 营销渠道策划提成办法

下面是某企业制定的营销渠道策划提成办法。

制度名称	营销渠道策划提成办法				
制度版本		受控状态	□受控 □非受控	制度编号	

第 1 条 目的

为了提高营销渠道策划工作的效率,实现营销发展战略,提高市场占有率,完善渠道部门人员的提成体系,结合公司实际情况,特制定本提成办法。

第 2 条 适用范围

本提成办法适用于公司渠道部所有员工渠道策划工作的提成管理工作。

第 3 条 职责分工

1. 总经理负责营销渠道策划提成发放的审批。
2. 人力资源部负责统计核算营销渠道策划的提成。
3. 财务部负责审核提成发放申请,根据审批按时向渠道部员工发放营销渠道策划提成。

续表

4. 渠道部和营销部负责提供营销渠道策划提成依据。

第4条　提成内容

1. 营销渠道策划提成包括渠道拓展策划提成和渠道活动策划提成两部分。
2. 渠道拓展策划提成是指根据渠道人员提出的渠道拓展方案实施而成功拓展新营销渠道，并为公司带来经济效益的，按照比例给予方案策划人员的提成。
3. 渠道活动策划提成是指根据渠道人员提出的渠道活动方案实施而提高已有营销渠道业绩，并达到一定标准的，按照规定方法给予活动策划执行人员的提成。

第5条　渠道拓展策划提成方法

1. 渠道拓展策划提成＝新渠道成员合同额×提成比例。
2. 渠道拓展策划方案正式执行起两年内，给予策划者计发渠道拓展策划提成，提成比例设置整体采用策划方案执行第一年比第二年比例高的原则，具体标准如下表所示。

渠道拓展策划提成比例标准

策划者	第一年提成比例	第二年提成比例
渠道主管	__%	__%
渠道专员	__%	__%
团队策划	__%	__%

说明：方案若为团队策划，则提成由团队成员平均分配

3. 渠道拓展策划提成采取分段兑现形式，在拓展新渠道成员合同签订当月兑现应计提成的50%，剩余50%留待该渠道成员销售步入正轨，在完成合同要求的销售目标的首个月份兑现。
4. 若新渠道成员销售业绩延迟达到规定任务目标，则剩余渠道拓展策划提成折半兑现；若超过合同期限__个月仍不能达到规定销售目标，则剩余渠道拓展策划提成不予发放，并重新评定该渠道成员及其合作关系。
5. 渠道拓展策划提成与拓展渠道业务提成不冲突，策划方案的渠道人员可以同时计提策划提成与拓展业务提成，拓展业务提成计提方法根据公司"营销渠道人员业务提成方案"执行。

第6条　渠道活动策划提成方法

1. 渠道活动策划提成以活动周期内参与活动的营销渠道成员的销售增长额为基准进行计算，公式为：

渠道活动策划提成＝Σ月度渠道成员销售增长额×提成系数。

2. 提成系数根据参与活动渠道成员种类和所在区域不同进行设置，具体标准如下表所示。

渠道活动策划提成系数表

区域＼渠道成员	华北地区	华东地区	东北地区
甲类	__%	__%	__%
乙类	__%	__%	__%

说明：渠道成员种类由公司根据渠道成员评估结果综合确定

3. 渠道活动策划提成属于活动策划及执行人员，具体分配标准如下表所示。

渠道活动策划提成分配标准

参与人员		分配标准
策划人员	渠道主管	__%
	渠道专员	__%
执行人员		__%

4. 渠道活动策划提成按月度发放，以活动起止日期所在月份为提成计提起止月份。

续表

第7条 提成发放
营销渠道策划提成于每月__日由财务部统一发放，打至涉及提成的渠道部员工个人银行卡账户内。
第8条 提成争议处理
人力资源部需在每月提成发放后，向涉及提成员工提供发放明细进行确认，如渠道部员工对营销渠道策划提成的核算与发放有任何争议可提出申诉，具体按照公司"提成问题争议处理管理制度"执行。
第9条 附则
1.本办法由人力资源部制定，解释权归人力资源部所有。
2.本办法自颁布之日起执行。

编制部门		审批人员		审批日期	

5.4.3 营销广告策划提成办法

下面是某企业制定的营销广告策划提成办法。

制度名称		营销广告策划提成办法			
制度版本		受控状态	□受控 □非受控	制度编号	

第1条 目的

为了强调营销广告策划对销售业绩的贡献，充分提高营销广告策划人员的工作积极性和创造性，结合公司实际情况，特制定本提成办法。

第2条 适用范围

本提成办法适用于公司广告部所有策划人员的提成管理工作。

第3条 职责分工

1.总经理负责营销广告策划提成发放的审批。

2.人力资源部负责统计核算营销广告策划的提成。

3.财务部负责审核提成发放申请，根据审批按时向广告部策划人员发放营销广告策划提成。

4.广告部和营销部负责提供营销广告策划提成依据。

第4条 提成基数的确定

1.公司根据上一季度的营销利润总额、营销业绩增长率、营销广告费用等因素综合确定下一季度营销广告策划的提成基数。

2.营销广告策划提成基数的确定遵循营销旺季不超过营销部销售人员提成的__%，营销淡季不超过营销部销售人员提成的__%的原则。

第5条 提成方法

营销广告策划提成根据广告部策划人员的季度绩效考核结果进行计提，计算公式为：

提成＝营销广告策划提成基数×个人提成系数。

第6条 提成系数

营销广告策划提成的个人提成系数，根据其季度绩效考核结果设置，具体如下表所示。

营销广告策划个人提成系数表

季度绩效考核结果	个人提成系数
85分(含)～100分(含)	__%
70分(含)～85分(不含)	__%
55分(含)～70分(不含)	__%
55分(不含)以下	无提成

续表

第 7 条 提成考核

营销广告策划提成考核所采用的关键指标具体如下表所示,由人力资源部于每个季度第三个月__日至__日组织进行考核。

营销广告策划提成考核标准表

考核指标	标准或目标值	权重	得分
广告策划方案通过率	广告策划方案通过率高于__%	25%	
广告计划完成率	广告计划完成率达到__%	20%	
销售目标达成率	销售部完成公司当季销售目标任务达100%	20%	
销售利润增长率	公司当季销售利润增长__%	15%	
广告策划效果满意度	销售部对广告策划反馈的满意度平均值达到__分以上	10%	
按时提交工作计划和总结情况	每月最后一个工作日 18:00 之前提交工作计划和总结	10%	

说明:考核得分＝∑各个指标评分×权重

第 8 条 提成发放

1. 每个季度第一个月份__日前,人力资源部根据上季度绩效考核结果,核算营销广告策划提成并编制提成发放分配表,交至财务部审核。
2. 财务部审核营销广告策划提成发放分配表确认无误后,上报总经理审批。
3. 财务部根据审批于每个季度第一个月份__日发放上季度的提成,如遇节假日或休息日,则顺延至最近的工作日发放。

第 9 条 附则

1. 本办法由人力资源部制定,解释权归人力资源部所有。
2. 本办法自颁布之日起执行。

编制部门		审批人员		审批日期	

5.4.4 营销宣传策划提成办法

下面是某企业制定的营销宣传策划提成办法。

制度名称			营销宣传策划提成办法		
制度版本		受控状态	□受控 □非受控	制度编号	

第 1 条 目的

为了激励宣传策划人员设计有利于业务销售的宣传活动方案,提高宣传策划人员的工作热情,结合公司实际情况,特制定本提成办法。

第 2 条 适用范围

本提成办法适用于公司市场部所有宣传策划人员的提成管理工作。

第 3 条 职责分工

1. 总经理负责营销宣传策划提成发放的审批。
2. 市场部总监负责营销宣传策划提成的分配。
3. 人力资源部负责统计核算营销宣传策划提成。
4. 财务部负责审核提成发放申请,根据审批按时发放营销宣传策划提成总额。

第 4 条 提成依据

1. 销售部季度和年度的销售业绩。

续表

2. 市场部开展宣传活动产生的费用。
3. 市场部的宣传方案及宣传活动对销售部业绩的贡献大小。

第5条　提成额度
1. 营销宣传策划提成额度＝销售部季度实际销售总额×销售目标达成率×提成比例。

其中，销售目标达成率＝$\dfrac{销售部季度实际销售总额}{销售部季度计划销售目标额}×100\%$。

2. 当存在以下情况之一时，不计发营销宣传策划提成。
（1）销售部销售目标达成率低于60%时，不计发市场部宣传策划人员提成。
（2）该季度平均月销售利润低于____万元时，不计发市场部宣传策划人员提成。

第6条　提成比例设计
1. 营销宣传策划提成比例根据公司年度业务销售的毛利润率的____%至____%进行设置，不得高于销售部的业务提成比例，由人力资源部于每年初制定并公布。

2. 销售毛利润率＝$\dfrac{业务销售收入－销售成本}{业务销售收入}×100\%$。

第7条　提成计提周期
营销宣传策划提成按照季度进行计提与核发。

第8条　提成分配
营销宣传策划提成核算完毕后，以总额的形式发放至市场部，市场部总监根据宣传策划人员职级和人数进行分配，具体分配标准如下表所示。

营销宣传策划提成分配标准表

职级	宣传策划经理	宣传策划主管	宣传策划专员
分配比例	0.3	0.38	0.32

说明：1. 各类宣传策划人员提成分配比例根据其职位级别和对销售业绩作出的间接贡献大小确定。
　　　2. 宣传策划人员人均分配比例＝$\dfrac{各层级营销宣传策划提成分配比例}{本层级人数}$。

第9条　提成发放程序
1. 每个季度第一个月份____日前，人力资源部根据财务部提供的上季度销售部业绩，核算营销宣传策划提成，交至财务部审核。
2. 财务部审核营销宣传策划提成总额确认无误后，上报总经理审批。
3. 财务部根据审批于每个季度第一个月份____日发放上季度的营销宣传策划提成至市场部总监处。
4. 市场部总监在收到营销宣传策划提成总额的____个工作日内，根据本办法的分配规定将提成发放至宣传策划人员手中，并编制发放明细表交至人力资源部备案保存。

第10条　相关说明
1. 处于试用期的宣传策划人员不予分配发放营销宣传策划提成。
2. 宣传策划人员对营销宣传策划提成的分配发放存在异议的，可在收到提成起的____个工作日内向人力资源部提出申诉，由人力资源部负责调查解决。

第11条　附则
1. 本办法未尽事宜由市场部另行规定。
2. 本办法由人力资源部制定，解释权归人力资源部所有。
3. 本办法自总经理审批签字后正式实施。

编制部门		审批人员		审批日期	

Chapter 6

第6章

企业层面营销提成方案设计

6.1 企业营销提成关键问题

6.1.1 企业营销提成制度问题

企业营销提成管理制度是企业进行提成激励工作的重要依据，为企业提成比例设置、提成发放标准确定、提成发放实施等工作提供了制度管理方面的保障，使各项提成工作能够规范、有序地展开。

但是，企业在进行提成制度工作中，可能会存在图 6-1 所示的关键问题，企业需加强对关键问题的识别与预防，并及时制定有效措施解决制度落实过程中存在的问题，以确保企业提成制度的系统性、规范性及有效性。

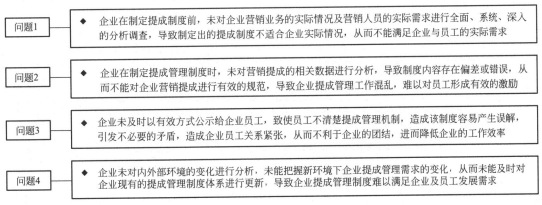

图 6-1　企业营销提成制度设计关键问题一览图

6.1.2 企业营销提成模式问题

在企业中，常见的提成模式主要有"低提成＋高底薪""中提成＋中底薪""高提成＋低底薪"等。企业需根据实际情况及需要选择与设计企业提成模式。企业在开展营销提成模式设计时，需注意图 6-2 所列三大关键问题，以确保提成模式的适用性与有效性。

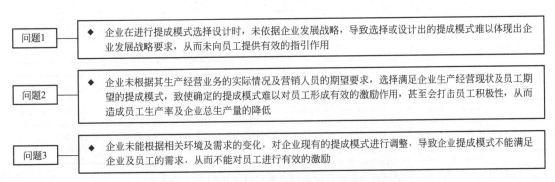

图 6-2　企业营销提成模式设计关键问题一览图

6.1.3 企业营销提成考核问题

企业营销提成考核是对企业营销人员的工作绩效按照提成指标的要求进行考评、确认的工作,其结果是企业提成核算与发放的重要依据。

因此,企业需加强对企业提成考核的管理工作,在进行提成考核体系设计与管理过程中,需注意对图 6-3 所示的关键问题的预防与处理,以确保考核结果的准确性,从而为提成的核算与发放提供有效依据。

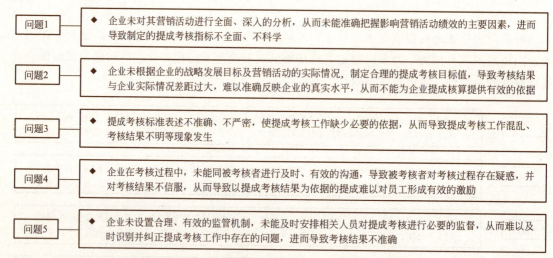

图 6-3　企业营销提成考核设计关键问题一览图

6.1.4 企业营销提成核算问题

企业营销提成核算是依据既定的提成比例与标准,结合提成考核结果,进行提成金额的计算与审核的过程。在提成核算过程中,企业需注意图 6-4 所示的四大关键问题,以确保核算结果的准确性。

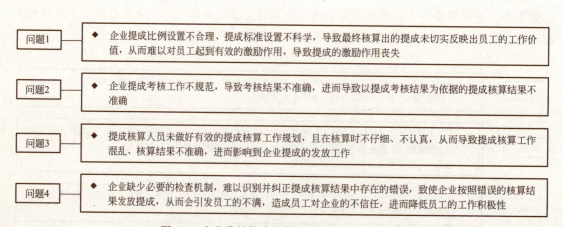

图 6-4　企业营销提成核算设计关键问题一览图

6.2 企业营销提成的关键点

6.2.1 企业营销提成任务设计

企业营销提成任务设计是对企业提成管理的各项工作进行规划设计的过程。在整个过程中，需要注意的关键事项如图6-5所示，以确保企业营销提成任务顺利完成。

提成实施范围确定	◆ 企业需根据其营销活动的发展需要及实际情况，确定进行提成激励的营销业务或营销岗位的类别，以确定提成在企业中的实施范围
提成管理制度制定	◆ 企业应依照提成激励的实施范围要求及企业营销活动的管理要求与实际情况，制定提成管理制度，明确提成管理的要求、管理人员职责、标准等内容
提成模式选择	◆ 企业需根据其发展的内容环境、营销活动的实际要求、相应任务或岗位的实际情况及营销人员的期望，选择符合企业实际情况的提成模式，从而能够对企业营销人员起到有效的激励作用
提成管理程序规范	◆ 企业应根据其营销活动的实际情况，确定规范的提成管理程序，合理规划提成管理各项工作先后顺序及实施要求，确保提成管理工作有效、高效的展开

图6-5　企业营销提成任务设计关键事项示意图

6.2.2 企业营销提成比例设计

营销提成方案设计管理的首要问题就是提成比例的设计问题。企业提成比例主要包括两个方面的比例，即员工提成占企业利润的比例和提成占员工总薪酬的比例。企业开展营销提成比例设计工作时，需注意这两个方面的关键点，以确保提成比例设置的合理性、科学性，具体如图6-6所示。

提成占企业利润的比例设计	◆ 企业需根据自身的战略规划、利润目标、实际发展情况及员工任务价值量或其所在岗位对企业价值实现的贡献程度，确定合理的提成比例，以在满足企业利益需求的同时有效地激励企业员工
提成占员工总薪酬的比例设计	◆ 企业需根据对营销人员的激励需求，确定提成在营销人员总薪酬中所占的比例，以确保企业薪酬结构设置的合理性，同时保证企业提成对员工激励作用的有效性

图6-6　企业营销提成比例设计关键点示意图

6.2.3 企业营销提成标准设计

企业营销提成标准设计是对企业营销提成的核算、支付标准进行分析、规划的过程。企业需加强对营销提成标准设计过程中的三项关键内容（如图6-7所示）的管理，以确保营销提成标准的合理性。

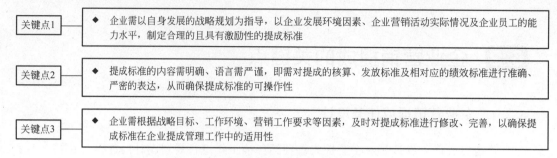

图 6-7　企业营销提成标准设计关键点一览图

6.2.4　企业营销提成核算设计

企业营销提成核算设计是对企业提成的计算、审核等工作进行规划的过程。在提成核算设计中，企业需对提成核算的人员要求、实施程序、审核程序等内容进行合理的规划，以保证企业提成核算工作的规范性及核算结果的准确性。

企业营销提成核算工作的关键点如图 6-8 所示，企业需对其进行重点管理。

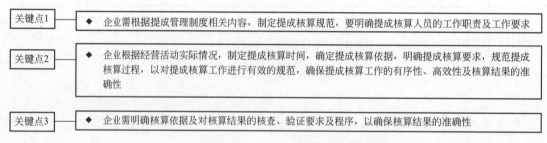

图 6-8　企业营销提成核算设计关键点示意图

6.3　企业营销提成主要方法

6.3.1　绩效考核提成法

绩效考核提成法是指以企业营销人员的工作绩效为依据，确定提成比例与核算标准，并依此进行员工提成核算与发放的方法。该方法要求提成管理工作均需围绕营销人员的工作绩效展开，使营销人员拿到的提成均能客观地反映出员工的工作绩效，从而达到对员工进行有效激励的目的。绩效考核提成法的具体实施如下所示。

（1）确定考核指标

绩效考核提成法首先要求企业确定绩效考核的指标，并以此为核心，展开企业提成管理的候选工作。一般情况下，企业中多使用的绩效考核指标如图 6-9 所示。

（2）制定考核标准

在明确考核指标后，企业需根据其战略发展的目标及企业营销活动的实际情况制定考核

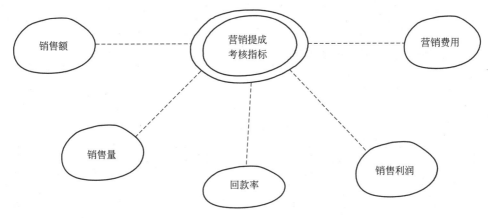

图 6-9 营销绩效考核指标

标准,并需确保考核标准的合理性、可操作性及适用性。

(3) 确定营销提成

企业需根据自身的战略发展要求,建立绩效考核结果与营销提成的对应关系,并编制营销提成考核表(具体示例如表 6-1 所示),使得企业人力资源工作人员可根据员工的工作绩效以及绩效与提成的对应关系,确定员工可得的营销提成。

表 6-1 营销提成考核表示例

员工姓名		员工岗位	
考核指标	考核标准	权重	单项得分
月销售额	◆ 指标值达____万元,该项得满分,为____分 ◆ 指标值每较目标值低____万元,该项扣____分 ◆ 当指标值低于____万元时,该项不得分		
回款率	◆ 指标值达____%,该项得满分,为____分 ◆ 指标值每较目标值低____%,该项扣____分 ◆ 当指标值低于____%时,该项不得分		
销售费用	◆ 指标值达____元,该项得满分,为____分 ◆ 指标值每较目标值高____元,该项扣____分 ◆ 当指标值高于____元时,该项不得分		
合计		100%	
考核人		审核人	
提成标准	◆ 得分≥____分时,提成比例为销售额的____% ◆ ____分≤得分<____分时,提成比例为销售额的____% ◆ ____分≤得分<____分时,提成比例为销售额的____% ◆ 得分<____分时,提成比例为 0		
提成额			
核算人		审核人	

6.3.2 计件计量提成法

计件计量提成法是根据营销活动实现的销售数量确定营销人员提成的方法。该方法适用于产品数量易于确定、产品价格稳定的营销提成管理。

（1）计件计量提成法实施程序

企业采用计件计量提成法确定营销人员提成的程序如图6-10所示。

图6-10 计件计量提成法实施程序图

（2）计件计量提成法实施要求

企业在使用计件计量法确定营销提成时，需遵守图6-11所示的各项要求，以确保提成核算的规范性及提成核算结果的准确性。

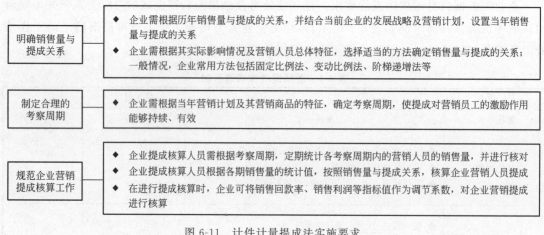

图6-11 计件计量提成法实施要求

6.3.3 任务约定提成法

任务约定提成法是以企业营销任务的完成情况为依据确定营销提成的方法。任务约定法要求企业根据工作任务计划要求，与营销人员签订营销任务与提成提取约定，明确在一定时期内，营销人员需完成的任务；而企业需根据营销任务完成情况，确定营销人员的提成。任务约定提成法适用于营销任务持续时间较长的营销人员的提成核算。

企业使用任务约定提成法确定营销人员提成的具体过程如下所示。

（1）制定任务目标

企业总经理需与营销管理人员，后者需与各级营销人员共同开展营销计划的分析工作，明确企业营销战略计划对营销人员的任务要求，并根据营销人员的实际工作能力，确定任务完成时间以及任务目标。

（2）确定任务与提成关系

企业需根据任务的目标要求，确定合理的任务与提成对应关系，使其能够有效地激励营销人员积极工作，完成营销任务目标，从而获得与之相对的提成。企业在确定任务与提成关系时，需注意图 6-12 所示四个事项，以确保任务与提成关系的合理性。

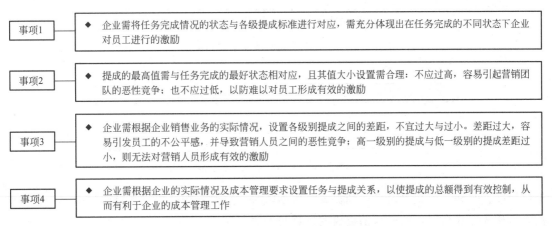

图 6-12　任务与提成关系设置注意事项一览图

（3）确定营销提成

企业在确定任务目标及任务与提成关系后，需完成图 6-13 所示三项任务，以完成企业营销提成的确定工作。

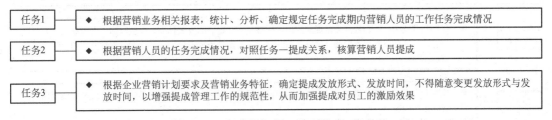

图 6-13　企业营销提成确定工作一览图

6.3.4　谈判约定提成法

谈判约定提成法是指企业与营销人员通过谈判确定企业营销提成的方法。企业使用这一方法确定营销提成能够充分体现出劳资双方的共同意愿，尤其是营销人员的个人期望能够得到充分的表达，从而对其能够形成有效的激励作用。

（1）谈判约定提成法实施过程

企业实行谈判约定提成法首先需明确其适用范围，以此确定谈判对象。在企业中，谈判约定提成法适用于从事核心营销活动的营销人员的提成确定，因此，谈判约定提成法的谈判对象如图 6-14 所示。

确定谈判对象后，企业需组织谈判对象进行提成谈判。谈判双方在谈判过程中，需依照图 6-15 所列内容对提成的发放依据、发放标准、发放时间、发放形式等内容进行详细、明确地讨论，并达成共识，约定营销人员的提成机制。

谈判双方就营销提成事宜达成共识后，谈判双方签订提成支付协议，明确提成的支付依

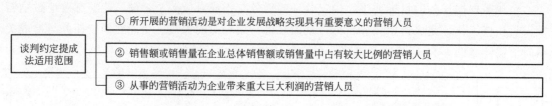

图 6-14 谈判约定提成法的应用范围

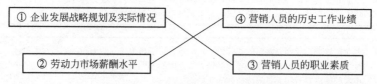

图 6-15 营销提成谈判依据

据、标准、时间、形式等内容。到提成支付期限时，企业需按照提成支付协议内容，根据营销人员任务完成情况，开展营销提成的核算与发放工作。

(2) 谈判约定提成法实施注意事项

企业使用谈判约定提成法进行营销提成方案设计时，需注意图 6-16 所示的关键事项，以确保谈判约定提成法的有效应用。

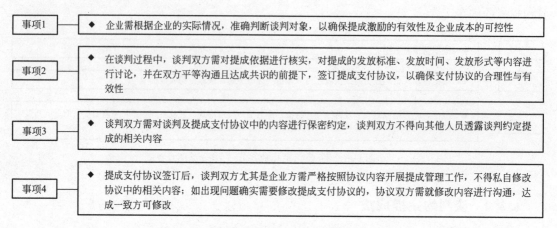

图 6-16 谈判约定提成法实施注意事项一览图

6.4 企业营销提成主要误区

6.4.1 企业营销提成递增误区

企业在计提营销提成时，往往为了能够有效地激励员工，采用递增的形式确定营销人员的提成。但是，企业在进行递增提成方案设计时，需注意下列误区，以防止出现企业实施高额度提成，但激励效果并不佳，反致企业销售利润整体下滑的问题。

(1) 在递增比例设计方面的误区

企业在设计提成递增比例时，未对营销业绩提升的原因进行分析与探究，也没有对员工个人因素与团队因素对业绩的影响程度进行分析，以致以下问题的出现。

① 高估个人因素对业绩的影响程度，忽视团队因素对业绩的影响，从而向员工支付过高的提成，导致企业成本增加，同时也会使高绩效人员感到不公平，从而降低其工作的积极性与工作效率。

② 低估个人因素对业绩的影响程度，过于突出团队因素对业绩的影响，向员工支付的提成未真正体现出其实际工作水平，从而引发高绩效员工的不公平感。

(2) 在递增模式设计方面的误区

企业在进行提成递增模式设计时，未根据企业实际情况，未考虑企业成本因素，一味地根据业绩确定提成额度，会导致员工工资成本高于该员工给企业带来的效益，为企业的持续发展带来不利的影响。

6.4.2 企业营销提成递减误区

企业在设计营销提成的模式时，不仅要考虑营销人员的业绩，还应综合考虑营销人员回款、降低、销售费用支出等因素，以判别这些因素对企业销售利润的抵消程度。因此，企业在以业绩为基础设计营销提成的同时，还应设计出营销提成的递减模式。

企业在进行提成递减模式设计时，需注意避免下列四种误区，以避免企业提成递减模式的激励与约束作用的丧失。

① 在设计提成递减模式时，企业未对其战略发展要求以及营销活动的实际情况进行全面、准确的分析，忽视该模式的适用性，盲目地为了控制企业销售费用而对提成进行递减设计，导致制定出的提成递减机制难以适应企业的实际要求。

② 企业设计的提成发放标准与计提比例未能体现出企业营销战略目标，从而难以对营销人员进行必要的约束。

③ 企业设计的提成发放标准不科学、计提比例不合理，会引发营销人员的不满，进而难以对其起到有效的激励作用。

④ 企业在推行提成递减模式前，未与营销人员就其目的以及提成依据、提成标准、提成比例等内容进行沟通，从而导致营销人员对提成递减模式产生抵触情绪，或对提成依据、标准、比例等内容不了解，难以对营销活动起到指引作用。

6.4.3 营销提成不能兑现误区

企业在进行提成方案设计时，往往会为了对营销人员进行有效的激励，从而制定出不符合企业实际情况的提成方案，导致企业难以按时足额兑现相应的提成，不仅会严重打击营销人员的积极性，还会产生严重的信任危机。

因此，企业在设计营销提成机制时，需注意下列兑现方面的误区，以确保提成的按时、足额兑现。

① 企业未根据营销战略目标、营销业务的实际情况及企业利润要求，设计合理的提成

核算标准与计提比例，导致企业难以按照约定足额向营销人员支付提成，从而引发营销人员对企业的不满和不信任，导致其工作效率的降低，甚至离开企业。

② 企业未能根据企业实际情况约定提成发放时间，导致企业不能按时发放提成，从而引发员工的不满，降低其工作积极性。

③ 企业如因遇到特殊情况而不能按时足额发放提成时，未能及时与营销人员沟通，从而引发员工的信任危机，导致员工工作效率的下降。

6.4.4 营销提成偏重回款误区

企业设计的营销提成模式本来应全面、如实、综合地反映营销人员的业绩和对企业的贡献。然而，有些企业往往为了确保销售回款，而仅以销售回款额作为主要的提成发放依据，而忽视其开展的营销活动对企业未来销售趋势的影响。

在以销售回款为主要依据的提成管理体系中，会存在下列误区，企业应着重规避，以确保企业提成管理体系的有效性。

① 企业没有对其营销活动实际情况进行全面、深入地分析，夸大销售回款对企业盈利目标或价值实现的影响程度，盲目建立以销售回款为唯一依据的提成管理体系，导致该机制难以适应企业实际情况，难以对营销人员形成有效的激励，甚至会打击员工的工作积极性，使其工作效率大幅下降。

② 企业设计提成体系时，未根据往年经验数据、当年销售趋势设计销售回款的目标值，以致设计出不合理的计提比例与发放标准，难以对营销人员形成有效的激励。

Chapter 7

第 7 章

业务层面提成方案设计

7.1 业务提成关键问题

7.1.1 推广业务提成关键问题

推广业务提成是企业根据业务推广绩效，从营销团队实现的利润中按比例拿出一部分，向其产品或服务的推广人员支付的一种激励性报酬。推广业务提成是业务推广人员薪酬的重要组成部分，其设计得是否合理，直接关系到业务推广人员的工作效率。

在设计推广业务提成的过程中，企业需加强对图 7-1 所列 5 大关键问题的预防与管理，以确保推广业务提成激励的有效性。

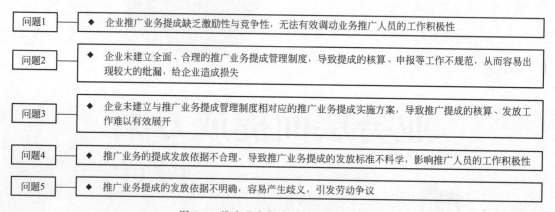

问题1	◆ 企业推广业务提成缺乏激励性与竞争性，无法有效调动业务推广人员的工作积极性
问题2	◆ 企业未建立全面、合理的推广业务提成管理制度，导致提成的核算、申报等工作不规范，从而容易出现较大的纰漏，给企业造成损失
问题3	◆ 企业未建立与推广业务提成管理制度相对应的推广业务提成实施方案，导致推广提成的核算、发放工作难以有效展开
问题4	◆ 推广业务的提成发放依据不合理，导致推广业务提成的发放标准不科学，影响推广人员的工作积极性
问题5	◆ 推广业务提成的发放依据不明确，容易产生歧义，引发劳动争议

图 7-1 推广业务提成关键问题一览图

7.1.2 促销业务提成关键问题

促销业务提成是企业根据促销人员的工作绩效，从营销团队实现的利润中按一定的比例计提，并向促销人员支付的激励性报酬。促销业务提成是促销人员薪酬的重要组成部分，也是企业激励促销人员工作积极性的重要工具。

企业在进行促销业务提成方案设计管理时，需注意图 7-2 所示的问题，以确保促销业务提成标准的合理性、提成支付程序的规范性以及提成支付及时性。

7.1.3 直销业务提成关键问题

直销业务提成是企业向直销人员支付的一种浮动性薪酬，由企业按照一定的比例将所获销售利润分配给直销人员。直销业务提成的核算依据是直销人员的销售业绩，因此，直销业务提成的发放可对直销业务人员形成有效的激励作用。

而在企业进行直销业务提成方案设计管理过程中，容易出现图 7-3 所示的问题，企业需加强预防与管理，以保证直销业务提成激励的有效性。

图 7-2　促销业务提成关键问题一览图

图 7-3　直销业务提成关键问题一览图

7.1.4　投标业务提成关键问题

投标业务提成是在投标人员依照程序安排投标事宜并中标后，企业给予投标人员的一种额外奖励，是企业对投标人员工作认可并予以激励的重要措施。为了确保投标业务提成激励的有效性，企业需注意图 7-4 所示的关键问题。

7.1.5　网销业务提成关键问题

网销业务提成是企业为有效激励网销业务员，从销售利润中按比例提取一部分，作为一种奖励支付给网销业务员的激励性报酬。网销业务提成的核算依据是网销业务员实现的业绩，所以，会对网销业务员起到较强的激励作用。

企业在设计网销业务提成的过程中，需注意图 7-5 所示的四大关键问题，以确保其激励作用的有效性。

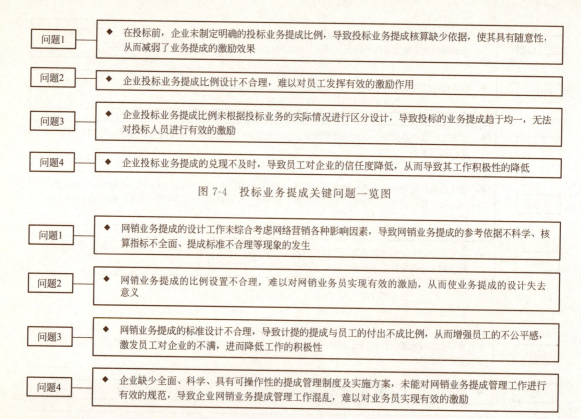

图 7-4 投标业务提成关键问题一览图

图 7-5 网销业务提成关键问题一览图

7.2 业务提成的关键点

7.2.1 推广业务提成关键点

企业在进行推广业务提成方案设计中，需注意图 7-6 所示的四大关键点，以确保推广业

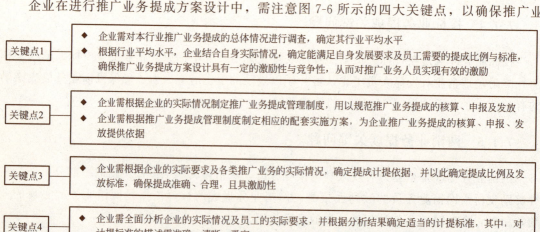

图 7-6 推广业务提成关键点示意图

务提成关键问题的有效解决，从而对业务推广人员实现有效的激励，进而充分调动其工作积极性，不断提高工作效率。

7.2.2 促销业务提成关键点

企业在进行促销业务提成方案设计时，需注意提成管理制度方案、提成体系建立等关键事项（如图7-7所示），以确保促销业务提成方案设计的合理性，从而确保其激励的有效性。

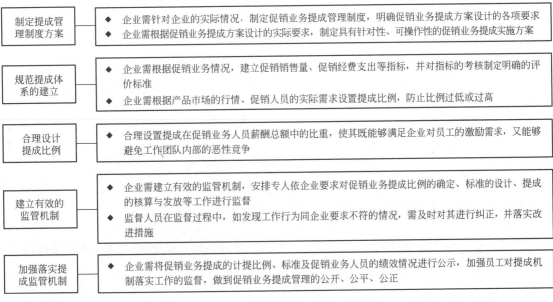

图7-7 促销业务提成关键点示意图

7.2.3 直销业务提成关键点

企业直销业务提成方案设计需注意图7-8所示的四大关键点，确保直销业务提成体系的

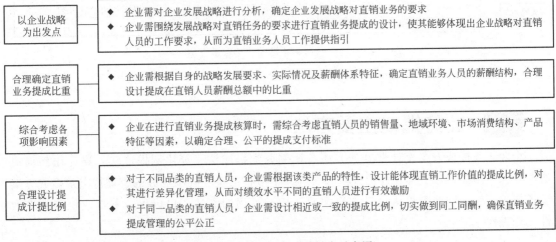

图7-8 直销业务提成关键点示意图

合理性，保证提成机制能起到应当起到的激励作用。

7.2.4 投标业务提成关键点

企业设计投标业务提成时，需对投标业务提成方案设计的关键工作进行重点管理，以确保设计的投标业务提成满足企业的实际要求，能够有效地对投标业务人员进行激励。投标业务提成的关键工作包括提成比例设置、提成发放实施等工作，具体如图7-9所示。

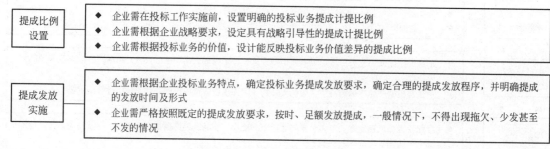

图7-9 投标业务提成关键点示意图

7.2.5 网销业务提成关键点

企业在设计网销业务提成时，需加强对图7-10所列关键点的管理，以有效预防网销业务提成设计工作中问题的产生，确保网销业务提成的合理性。

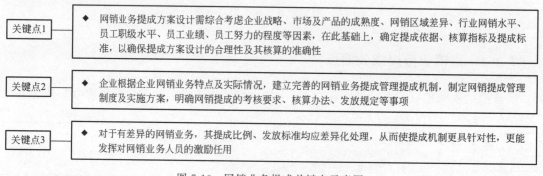

图7-10 网销业务提成关键点示意图

7.3 业务提成主要方法

企业业务提成方案设计常见的方法有比例分配提成法、等比例提成法、累计比例提成法、阶梯比例提成法、等比例提成阶梯法等。本节根据企业各项业务的管理特点及提成方案设计要求，为不同业务提成设计工作配置了相对适用的方法，以确保业务提成机制的有效性、合理性。

7.3.1 推广业务提成方法

企业在进行推广业务提成方案设计时,由于推广业务前景的不确定性,导致企业虽可对推广业务人员的工作业绩进行量化评价,但是难以准确确定推广业务的工作目标及工作定额,因此,企业需以推广业务人员的工作业绩为出发点进行推广业务的提成方案设计。

企业确定推广业务的提成,需根据图 7-11 所示的步骤展开。

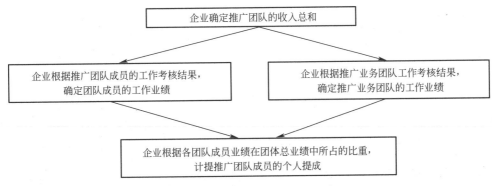

图 7-11 推广业务提成方案设计程序

根据上述设计程序要求,企业推广业务提成的核算公式具体如下所示。

$$推广业务个人实得提成 = 推广业务团队总收入 \times \frac{推广业务个人业绩}{推广业务团队业务总和}$$

其中,推广业务团队总收入=人均绩效工资基数×推广团队人数,而人均绩效工资基数是企业根据实际情况事先确定的固定数字。

企业通过上述方法确定推广业务人员的提成设计方案,可有效控制推广业务人员的提成总额,从而有利于企业成本控制的管理工作。但是,企业在进行提成设计方案实施过程中,需确保获得提成的人数足够多,以有效规避团队成员串通作弊的风险,从而确保提成核算的准确性及其激励的有效性。

7.3.2 促销业务提成方法

企业进行促销业务提成的设计,需围绕促销人员的业绩指标,并根据企业实际发展需要,确定促销人员的提成与其业绩指标的线性正相关关系,以此建立图 7-12 所示的模型,计算促销业务的提成。

企业使用上述模型确定促销业务的提成数额,首先需要员工的业绩指标。一般情况下,企业多使用促销量、促销额、促销利润等单项指标或其合成指标。然后,企业需确定促销人员提成与绩效之间的比例关系。在企业当中,常用的比例确定方法如图 7-13 所示。

最后,企业根据促销人员的业绩及提成计提比例,计算出促销业务的提成额,其计算公式如下所示。

$$促销人员提成 = 员工工作业绩 \times 提成计提比例$$

值得注意的是,企业在运用上述方法核算促销人员提成时,如果某促销人员业绩已经处

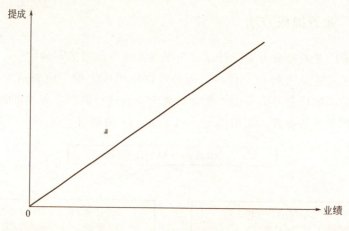

图 7-12　促销业务提成计算模型

经验预估法	统计分析法
企业根据促销管理活动的相关经验，确定促销人员提成与业绩直接的比例关系	企业根据促销人员提成与业绩比例的历史数据，并结合企业当前的销售环境等因素的影响，确定当前的促销人员提成与业绩的比例关系

图 7-13　提成比例确定方法

于一个较高的水平，要想进一步提升业绩，难度会愈来愈大，而企业或忽略这种难度，或未对这种难度的克服给予相应的激励，会打击高绩效促销业务人员的工作积极性，同时，采用这一方法，不利于提成总额的控制，从而不利于企业人工成本水平的控制。

7.3.3　直销业务提成方法

直销业务作为一种新型的销售模式，其业务实施的关键点是直销业务人员的激励管理工作，因此，企业在进行直销业务提成方案设计时，需充分体现出"高业绩=高报酬"思想，从而对直销人员实现有效的激励。在企业中，直销人员的提成一般采用累进提成法。

累进提成法是依照直销人员的提成与业绩间的正相关分段函数关系，确定直销人员提成的方法，其主要内容是将企业直销人员的业绩分为若干个区间，在同一个业绩区间内，直销人员的提成与业绩成正相关的线性关系；而对于不同的业绩区间，直销人员的提成与业绩呈递增趋势，但其斜率不同，具体模型如图 7-14 所示。

企业使用累进提成法计算直销业务人员的提成，其计算公式如下所示。

$$直销业务提成 = 业绩指标完成率 \times 奖金基数 \times 调节系数$$

其中，业绩指标完成率指直销业务指标完成的实际情况与目标比值。一般情况下，直销业务的业绩指标包括销售量、销售额、销售回款额及销售利润等。

奖金基数，是企业根据发展的实际需要及直销业务的实际情况确定的数值。

调节系数，是各业绩的区间函数图形的斜率，用于反映业绩与提成的比例关系，直销业务业绩区间—调节系数对照表如表 7-1 所示。

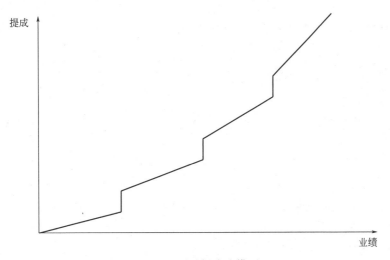

图 7-14　累进提成法模型

表 7-1　直销业务业绩区间—调节系数对照表

业绩区间	…	70%(含)~80%(不含)	80%(含)~90%(不含)	90%(含)~100%(不含)	100%(含)~110%(不含)	…
调节系数	…	0.4	0.6	0.8	1	…

企业使用累进提成法设计直销业务提成时，需有效把握其使用特征，以确保提成核算的准确性、提成激励的有效性。累进提成法的特征具体如图 7-15 所示。

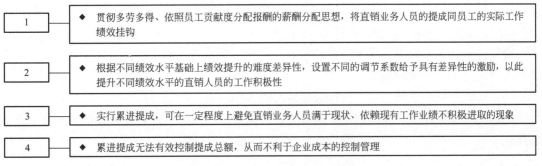

图 7-15　累进提成法特征一览图

7.3.4　投标业务提成方法

投标业务提成方案设计需根据投标人员的业绩量展开工作。由于企业投标业务具有价值量大、价值差异大等特征，企业可采用阶梯提成法。

在这种方法下，投标人员的提成与其完成的工作业绩视为正相关的分段函数关系，即在同一业绩范围内，对于不同的业绩完成情况，企业给予同样的提成激励；当投标人员的工作业绩由一个业绩区间进入较高一级的区间时，其提成则会跳跃式增加，具体模型如图 7-16 所示。

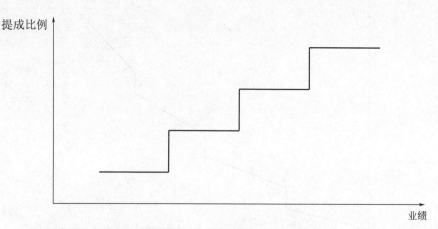

图 7-16　投标业务提成方案设计方法模型

企业投标业务的提成计算公式如下所示。

$$投标业务提成 = 投标业务业绩 \times 提成比例$$

其中，企业投标业务提成比例需依照图 7-17 所示的因素进行设置。

中标业务的价值量	投标人员的工作贡献程度
◆ 企业可以根据中标业务价值量的大小，划定范围，并设计投标业务提成比例 ◆ 处于同一价值量范围内的业务提成比例相同 ◆ 处于不同价值量范围里的业务提成比例需具有明显的差异	◆ 企业需按照各级投标人员对投标业务的工作贡献程度，设计各岗位的投标业务提成比例 ◆ 投标业务各岗位的提成比例需体现多劳多得的分配思想，从而确保投标业务提成分配的公平公正

图 7-17　投标业务提成比例设计依据

阶梯提成法简单易懂、易于操作，并能有效控制业务提成的总额。但是，该方法自身也具有下列两点不容忽视的缺点。

（1）对处于同一业绩区间内投标人员的激励效果不明显。

（2）大部投标人员往往倾向于只达成业绩区间的下限水平，以致企业整体工作效率会大大降低。

7.3.5　网销业务提成方法

根据网销业务销售广、销售潜力大的特点，可选择直线式滑梯法展开工作。

直线式滑梯法要求企业根据企业的战略目标，为网销业务员设置业绩"限定值"，当网销业务员的业绩低于"限定值"时，其业务提成和业绩情形成正相关的线性关系；当网销业务员的业绩高于"限定值"时，其提成额度不再增加，而是固定在一定的水平上，其具体的模型如图 7-18 所示。

根据上述模型，企业在构建网销业务提成方案的模型时，需重点规划图 7-19 所示的三项内容，以确保网销业务提成方案的合理性与有效性。

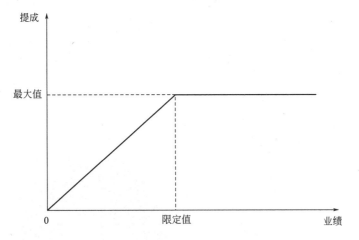

图 7-18 网销业务提成方案设计方法模型

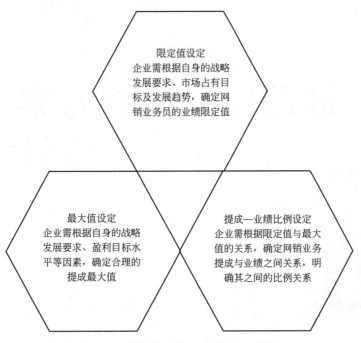

图 7-19 网销业务提成方案要求一览图

Chapter 8

第 8 章

部门层面提成方案设计

8.1 部门提成关键问题

8.1.1 市场部提成关键问题

市场部提成方案设计是企业根据市场部工作特性及其部门发展需求，设计规划整个部门及部门内各岗位的营销提成的过程。企业设计市场部提成时，需注意图 8-1 所示的四大关键问题，以确保市场部提成管理体系的合理性与有效性。

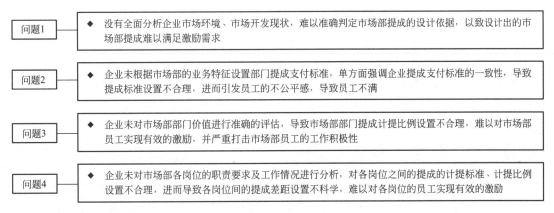

图 8-1　市场部提成关键问题示意图

8.1.2 渠道部提成关键问题

渠道部是企业营销组织结构中的重要组成部分，主要负责企业营销渠道的开拓与维护。在企业中，企业通过建立科学、有效的渠道部提成管理体系对渠道部员工进行激励，不断提高员工的工作效率。企业在设计渠道部提成时，需注意图 8-2 所示的三大关键问题。

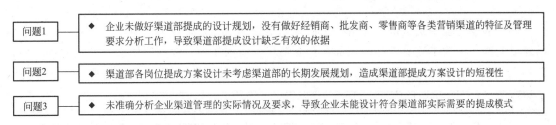

图 8-2　渠道部提成关键问题示意图

8.1.3 销售部提成关键问题

销售部提成方案设计是企业以部门发展需要及各销售岗位的工作特征为依据，规划销售部员工提成的过程。企业设计销售部提成需注意图 8-3 所示的四大关键问题。

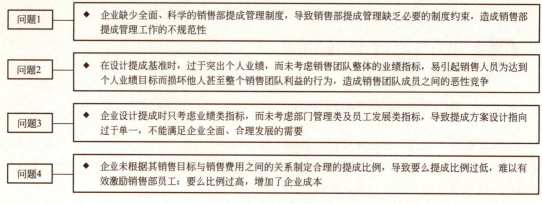

图 8-3　销售部提成关键问题示意图

8.1.4　促销部提成关键问题

促销部主要负责企业产品或服务的各类促销活动的规划与实施，是企业营销体系中的重要组成部分。企业设计促销部提成需加强对图 8-4 所示关键问题的管理，以确保促销部提成方案的合理、可行。

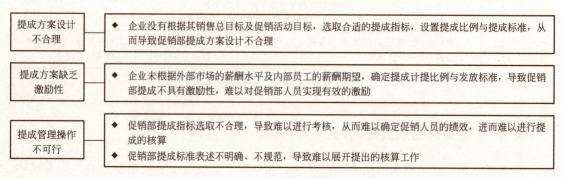

图 8-4　促销部提成关键问题示意图

8.1.5　网销部提成关键问题

网销部是企业中负责电子网络营销业务的主管部门，是企业为适应电子化网络销售趋势而建立的部门。为了充分发挥网销部在企业销售方面的作用，提高网销部的工作效率，企业需建立合理、有效的网销部提成方案对网销部实现有效的激励。企业需加强图 8-5 所示的网

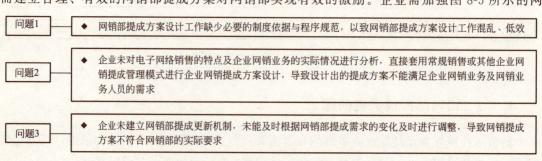

图 8-5　网销部提成关键问题示意图

销部提成关键问题预防与管理工作，以确保网销部提成方案设计科学有效。

8.2 部门提成的关键点

8.2.1 市场部提成关键点

企业设计市场部的提成管理体系需加强对图 8-6 所示的四大关键点的管理，以确保市场部提成管理体系的合理性。

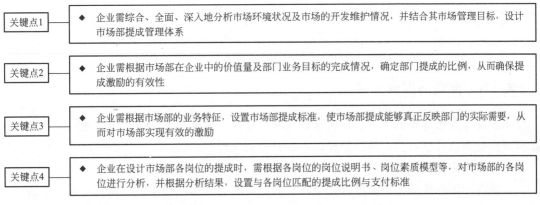

图 8-6　市场部提成方案设计关键点一览图

8.2.2 渠道部提成关键点

企业设计渠道部提成需注意图 8-7 所示的三大关键点，以确保设计的渠道部提成方案能够对渠道部员工实现有效的激励，从而不断提高其工作的积极性及工作效率，进而确保企业营销目标的实现。

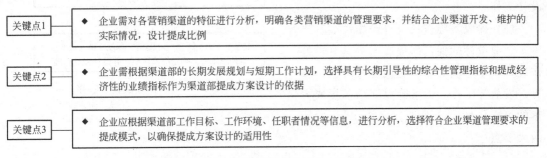

图 8-7　渠道部提成关键点一览图

8.2.3 销售部提成关键点

企业设计销售部提成方案设计需把握图 8-8 所示的关键内容，以确保销售提成方案设计的合理性与有效性。

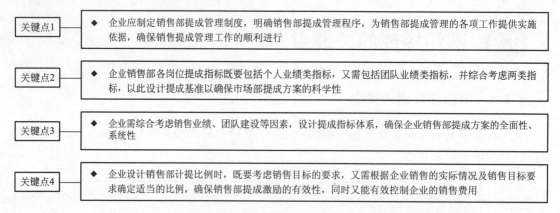

图 8-8　销售部提成关键点一览图

8.2.4　促销部提成关键点

企业设计促销部提成需注意促销部提成的合理性、激励性、可行性等关键内容，以确保促销部提成激励的有效性，从而确保促销部目标的实现。

（1）提成方案设计需合理

企业需详细分析其销售业务的总目标及促销活动的目标，确定能够体现目标要求的一个或多个业绩指标作为促销部的提成指标；然后根据企业的实际情况，设置促销部提成比例；最后综合企业促销目标的要求及企业销售的实际情况，设计促销部提成标准。

（2）提成需具有竞争性

企业设计促销部提成，需确保促销部提成在市场中具有竞争性，以有效激励促销部员工。为了确保促销部提成的竞争性，企业需按照图 8-9 所列程序展开提成设计工作。

（3）提成实施需具有可操作性

企业设计的促销部提成方案具有可操作性，企业才能够顺利完成提成考核、核算、发放等工作。为了确保促销部提成方案的可操作性，企业需注意图 8-10 所示两大要点。

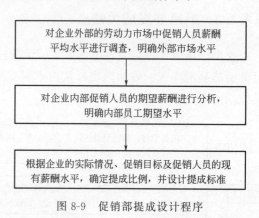

图 8-9　促销部提成设计程序

要点1	◆ 企业在选取提成指标时，需选择符合企业目标需求、能通过考核评估确定其数值的指标
要点2	◆ 企业进行促销部提成标准描述时，需明确说明各级标准对应的考核结果范围、提成比例范围及二者之间的对应关系

图 8-10　促销部提成方案设计要点一览图

8.2.5 网销部提成关键点

企业设计网销部提成需注意图 8-11 所示的三大关键点，以确保网销网销部提成方案设计的合理性。

```
关键点1 ◆ 企业需根据其网络销售的目标要求，建立网销部提成管理体系，制定网销部提成管理制度，明确网销部提成管理程序，为网销部提成的管理实施提供制度保障与程序规范

关键点2 ◆ 企业需对其网销模式与网销业务特点进行分析，设计网销部的提成管理方案，合理选择提成指标，准确设计提成比例与标准

关键点3 ◆ 企业应安排专人对网销部提成需求进行分析，及时掌握其变化情况，及时调整网销部提成方案，使之符合企业提成管理的实际需求
```

图 8-11 网销部提成方案设计关键点一览图

8.3 部门提成主要方法

8.3.1 市场部提成主要方法

企业设计市场部提成方案设计需依据市场的量化指标确定提成方法，并以此展开市场部提成的设计。根据市场量化指标的不同，市场部提成的方法常用的有下列三种，具体内容如图 8-12 所示。

```
市场规模—提成核算法
◆ 根据市场规模的大小，计提市场部提成比例，确定发放标准，并以此确定市场部的提成

市场份额—提成核算法
◆ 以总体市场份额、目标市场份额、相对竞争对手市场份额等指标为依据，确定市场部提成比例与标准，并以此展开市场部提成的核算与发放工作

市场增长率—提成核算法
◆ 根据市场销售量增长率或销售额增长率等指标设计市场部提成的计提比例与标准，以确定市场部的提成
```

图 8-12 市场部提成方案设计方法一览图

8.3.2 渠道部提成主要方法

企业设计渠道部提成常用的方法包括目标分解法与指标设计法两类（如图 8-13 所示）。企业需根据渠道部的业务特征及实际需要，选择合适的方法完成部门提成设计工作。

8.3.3 销售部提成主要方法

销售部提成的设计方法根据提成核算依据的不同，可分为销售收入提成法、销售费用提成法与销售利润提成法三类，具体的内容如图 8-14 所示。

```
┌─────────────────────────────┐                    ┌─────────────────────────────┐
│        目标分解法            │                    │        指标设计法            │
│ ① 根据企业营销发展战略，确定  │  渠道部提成方       │ ① 确定渠道部管理的绩效指标   │
│   渠道部管理目标，并将其进行  │  案设计方法         │ ② 根据渠道部各岗位工作要求， │
│   分解，落实到渠道部每个岗位上│                    │   确定提成考核标准与发放标准 │
│ ② 根据渠道部各岗位的工作目标  │                    │ ③ 依据渠道部各岗位的价值量   │
│   及员工的实际工作情况，确定  │                    │   大小，确定各岗位提成的计   │
│   提成比例及发放标准等        │                    │   提比例                    │
└─────────────────────────────┘                    └─────────────────────────────┘
```

图 8-13 渠道部提成方案设计方法一览图

| 销售收入提成法 | ◆ 根据企业销售目标要求，选取销售量、销售额、销售收入等指标为提成考核指标
◆ 根据销售目标要求及销售实际情况，确定销售部提成比例与标准 |

| 销售费用提成法 | ◆ 根据企业销售目标及销售费用管理要求，确定销售部费用控制目标
◆ 围绕销售费用控制目标，设计相关销售费用类的提成考核指标
◆ 根据企业历年销售费用与提成的对应关系，确定当前销售费用与销售提成的对应关系，并以此确定销售部的提成比例及提成标准 |

| 销售利润提成法 | ◆ 明确企业销售利润目标，设计与利润相关的提成考核指标
◆ 分析企业利润构成，确定销售部各岗利润目标之间的关系，从而确定提成计提比例，并根据企业当前的销售情况，确定提成标准 |

图 8-14 销售部提成方案设计方法一览图

8.3.4 促销部提成主要方法

企业设计促销部提成常用的方法为等比例提成法、累进比例提成法两类，具体内容如表 8-1 所示。

表 8-1 促销部提成方案设计方法一览表

方法	方法概述	方法模型
等比例提成法	◆ 根据企业的促销目标及促销部的实际工作情况，设计促销业绩与促销提成之间的对应关系，确定二者之间的固定比例 ◆ 按照相应的比例，从销售业绩中提取促销提成	提成 = 业绩 × 提成比例
累进比例提成法	◆ 根据企业促销目标及企业促销业务的实际情况，划分业绩区间 ◆ 设计各区间内，业绩与提成之间的比例关系，要求各区间的提成比例呈递增趋势	促销提成 = $\begin{cases} 业绩 \times 提成比例\ K_1 & 业绩 \leq Y_1 \\ 业绩 \times 提成比例\ K_2 & Y_1 < 业绩 \leq Y_2 \\ 业绩 \times 提成比例\ K_3 & 业绩 > Y_2 \end{cases}$

8.3.5 网销部提成主要方法

企业设计网销部提成时，需根据网络销售的业务特点，选取合适的方法进行设计。企业常用的网销部提成方案设计方法主要有等比例阶梯提成法、累进比例阶梯提成法两类，具体内容如表 8-2 所示。

表 8-2 网销部提成方案设计方法一览表

方法	方法概述	方法模型
等比例阶梯提成法	◆ 根据网销目标，设计网销业绩与提成的比例关系 ◆ 根据企业销售费用要求，确定提成最大值(T)及其对应的业绩值(Y)，并规定员工的业绩超过 Y 时，其提成仍为 T，以此有效控制企业的销售费用	网销提成 = $\begin{cases} 业绩 \times 提成比例 & 业绩 \leqslant Y \\ T & 业绩 > Y \end{cases}$
累进比例阶梯提成法	◆ 根据企业网销目标及企业网销业务的实际情况，确定网销业绩区间及各区间内的网销提成与业绩的比例关系 ◆ 根据企业销售费用要求，确定网销提成最大值(T)与其向对应的业绩(M)，并规定业绩超过 Y 时，提成依然为 T	网销提成 = $\begin{cases} 业绩 \times 提成比例 K_1 & 业绩 \leqslant Y_1 \\ 业绩 \times 提成比例 K_2 & Y_1 < 业绩 \leqslant Y \\ T & 业绩 > Y \end{cases}$

Chapter 9

第 9 章

人员层面提成方案设计

9.1 人员提成关键问题

9.1.1 营销总监提成关键问题

营销总监是企业营销管理的最高负责人,主要负责根据企业的发展战略,规划并实施企业整体营销战略,并带领营销团队完成企业的整体营销目标及利润目标。

企业设计营销总监提成需以其岗位职责为出发点,并围绕企业的营销目标,展开销售提成的设计工作。企业设计营销总监提成,需关注图 9-1 所示的可能出现的问题,以确保营销总监提成方案设计的合理性、有效性。

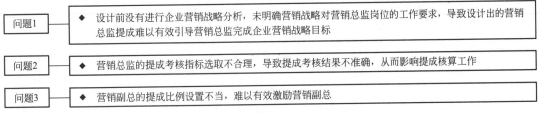

图 9-1 营销总监提成方案设计关键问题一览图

9.1.2 营销经理提成关键问题

营销经理在营销总监的带领下,统筹市场开发管理及产品销售管理等各项工作。企业设计营销经理的提成,需尽力归避图 9-2 所示的关键问题,并采取相应措施预防,以确保营销经理提成方案设计的合理性。

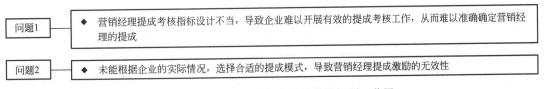

图 9-2 营销经理提成方案设计关键问题一览图

9.1.3 区域经理提成关键问题

区域经理负责所辖销售区域内销售活动及客户管理的相关工作,其提成管理过程中,易出现图 9-3 所示的两大关键问题,企业需特别注意,以保证区域经理提成激励的有效性。

9.1.4 销售代表提成关键问题

销售代表是企业各项销售活动的执行者,其个人收入的主要来源为销售业绩的提成,因此,合理且有竞争性的提成是激励销售代表的重要工具。设计销售代表提成时,需注意销售

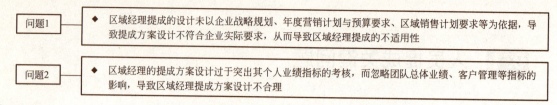

图 9-3 区域经理提成方案设计关键问题一览图

代表提成依据、提成比例与提成标准等问题,具体如图 9-4 所示。

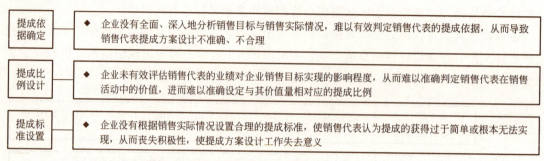

图 9-4 销售代表提成方案设计关键问题一览图

9.2 人员提成的关键点

9.2.1 营销总监提成关键点

企业设计营销总监提成,需注意图 9-5 所示的三大关键内容,以确保营销总监提成方案设计的合理性。

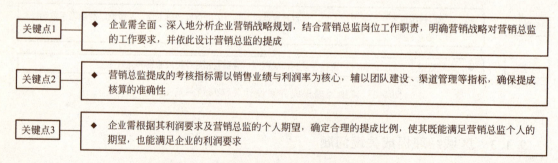

图 9-5 营销总监提成方案设计关键点示意图

9.2.2 营销经理提成关键点

企业设计营销经理提成时,需注意提成指标设计与提成模式的规划工作。

1. 营销经理提成指标设计

企业设计营销经理的提成指标,需按照图 9-6 所示要求展开工作,从而确保提成指标体系的系统性、合理性、有效性。

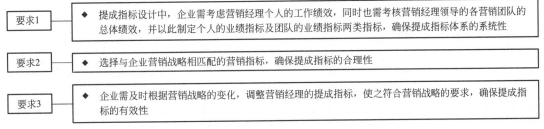

图 9-6 营销经理提成指标设计要求一览图

2. 营销经理提成模式选择

企业需根据其营销工作的实际情况及营销经理的个人预期，选择合适的提成模式，设计营销经理的提成。企业常用的营销经理提成模式包括定额提成与无定额提成两类，具体内容如图 9-7 所示。

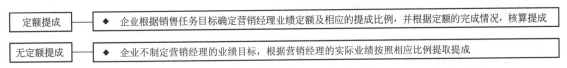

图 9-7 营销经理提成模式一览图

9.2.3 区域经理提成关键点

企业设计区域经理提成，需从战略、团队、个人、客户四个方面入手，以确保区域经理提成方案设计的适用性、合理性、有效性。企业在区域经理提成设计过程中，需注意图 9-8 所示的四大关键点。

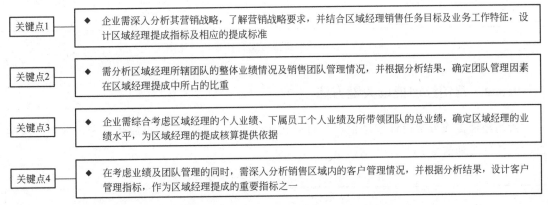

图 9-8 区域经理提成方案设计关键点示意图

9.2.4 销售代表提成关键点

销售代表提成方案设计同样需考虑销售代表提成依据、提成比例以及提成标准这三大关键问题,因此,企业设计销售代表提成需从以上三个关键问题入手,着重对其进行规划与管理,具体内容如图 9-9 所示。

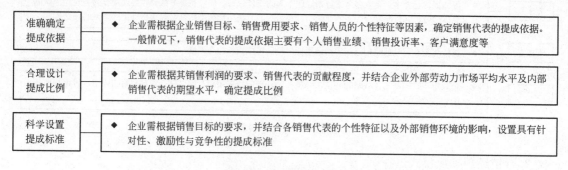

图 9-9　销售代表提成方案设计关键点示意图

9.3　人员提成关键方法

9.3.1　营销总监提成关键方法

营销总监的提成依据是工作绩效,而其工作绩效主要体现在企业的销售业绩和销售利润两个方面,因此,根据提成依据的不同,营销总监的提成方法包括业绩提成法和利润提成法两类,具体如图 9-10 所示。

业绩提成法	利润提成法
① 以企业整体的销售业绩为依据,确定提成的方法 ② 企业分析销售总目标及各个阶段的分目标,并根据销售的实际情况及营销总监的工作职责要求,确定营销总监的提成比例及提成标准	① 以企业利润目标实现情况为依据,确定提成的方法 ② 企业以销售利润目标实现情况为主要依据,分析营销总监的工作情况,确定营销总监工作同销售利润关系,并以此设计营销总监的提成

图 9-10　营销总监提成方案设计方法一览图

9.3.2　营销经理提成关键方法

营销经理提成方案设计方法根据是否存在业绩定额,分为定额提成法、无定额提成法两类,具体内容如表 9-1 所示。

表 9-1　营销经理提成方案设计方法一览表

方法	方法概述	适用范围
定额提成法	◆ 企业需根据营销战略规划、销售目标与实际情况及销售部门的管理情况,确定营销经理的业绩定额 ◆ 营销经理业绩低于业绩定额时,无提成;当营销经理的业绩超过业绩额时,可获得提成,具体计算公式如下: 提成 = $\begin{cases} 0, & 业绩 \leq 业绩定额 \\ (销售业绩 - 业绩定额) \times 提成比例, & 业绩 > 业绩定额 \end{cases}$	◆ 薪酬构成为"底薪+提成"

续表

方法	方法概述	适用范围
无定额提成法	◆ 企业不制定业绩定额，营销经理的提成根据其业绩进行确定 ◆ 无定额提成的比例设置模式常用的为固定提成比例和递增提成比例两种，具体模型如下图所示。 （固定提成比例 / 递增提成比例 示意图）	◆ 薪酬构成只有"提成" ◆ 薪酬构成为"底薪＋提成"但提成占较大比例

9.3.3 区域经理提成关键方法

区域经理提成的设计方法根据提成比例设计方式的不同，可分为固定提成比例法、递增提成比例法与超额递减提成比例法三类，具体如图9-11所示。

固定提成比例法
- 按照固定的提成计比例，确定区域经理提成
- 根据销售区域的销售额、销售量、销售回款及利润率等，设定固定提成比例，计提销售提成

递增提成比例法
- 以递增的提成比例，确定区域经理提成
- 根据企业营销发展战略及销售区域的销售目标，确定各个业绩区间，为各个区间设置呈递增趋势的提成比例
- 此法适用于销售区域处于稳定期的区域经理的提成方案设计

超额递减提成比例法
- 达到定额后，超额部分以递减比例计提区域经理提成
- 企业需依区域销售目标及实际情况，确定区域经理的业绩定额；并根据企业的实际情况，为超过定额的业绩，设计递减趋势的提成比例
- 此法适用于销售区域处于开发期的区域经理的提成方案设计

图 9-11　区域经理提成方案设计方法一览图

9.3.4 销售代表提成关键方法

根据提成比例的确定形式不同，销售代表提成方案设计方法分为权重法、分配法两类。

（1）权重法

权重法要求企业根据销售代表销售产品销售的权重与销售代表的产品销售加权平均完成率等因素，确定提成计提比例，从而确定销售代表的提成，其具体实施过程如下所示。

① 企业需根据其战略规划、年度销售计划及各类产品在企业中的重要程度，确定各类销售产品在企业销售计划中的权重。

② 企业应依照企业战略发展要求及销售目标，确定各类产品的销售任务计划完成量，并确定产品销售加权平均完成率计算公式，具体如下所示。

$$产品销售加权平均完成率 = 甲产品的权重 \times \frac{甲产品销售任务实际完成量}{甲产品销售任务计划完成量} +$$

$$乙产品的权重 \times \frac{乙产品销售任务实际完成量}{乙产品销售任务计划完成量} \quad (\mathrm{I})$$

③ 企业依据其销售目标要求及销售的实际情况，确定产品销售加权平均完成率与销售代表提成比例之间的对应关系。

④ 企业负责统计、核实、确定考核期内销售代表的各类产品销售任务实际完成量，并代入公式（Ⅰ）确定其产品销售加权平均完成率，最后根据产品销售加权平均完成率与提成比例的对应关系，确定销售代表的提成比例。

（2）分配法

分配法是根据销售代表的销售业绩占企业销售总业绩的比例，确定销售代表提成比例的方法。企业使用分配法确定销售代表提成，需加强图 9-12 所示内容的管理，以确保提成方案设计的合理性。

1	◆ 企业需规范销售代表个人业绩的核算工作，确保销售代表业绩的准确性、客观性
2	◆ 企业需根据销售代表的业绩比例，以及销售代表对企业发展的贡献值、销售代表职级等因素，确定销售代表的提成在销售总提成中所占的比例

图 9-12　分配法注意事项一览图

第10章

不同行业的提成方案设计

10.1 行业提成方案设计关键

10.1.1 行业营销提成制度设计

行业营销提成制度是对特定行业的企业销售提成管理工作进行规范化运作的规定，以保证营销提成管理工作能够有效进行。

设计行业营销提成制度应规范的内容如表 10-1 所示。

表 10-1　行业营销提成制度设计应规范的内容

制度规范内容	具体说明
提成方案设计	◆ 根据该行业销售特点、销售渠道、销售业务类型、销售产品特点设计行业营销提成方法、提成比例或标准 ◆ 提成方案设计还应考虑地区差异、消费水平、市场需求、行业销售人员水平等影响因素
提成方案核算	◆ 提成制度需要规定提成核算基准和方法，根据不同行业的特性，核算基准包括销售利润、销售量、销售额或合同额、销售成本费用等 ◆ 根据行业特点、销售周期、回款周期等，规定提成核算时间，可按每月、每季、每年进行营销提成核算 ◆ 提成制度中还应根据企业财务制度、薪酬制度等规范核算人员和程序
提成方案申报	◆ 设计提成制度时应根据企业组织结构和行业销售流程体系，对提成申请报批程序进行规范，并明确相关部门及人员的职责权限
提成发放	◆ 提成制度中应根据行业销售特点和销售产品特点，参照行业和公司相关制度规范，规定提成发放形式、时间及标准 ◆ 同时还应规定营销提成发放的程序
争议处理	◆ 提成制度中还应对行业销售过程中可能出现的争议进行说明，明晰行业销售各种特殊情况的提成处理办法 ◆ 设计提成制度时还可对提成争议处理程序、方式作出相应规定，预见行业可能出现的提成风险或争议问题，制定应对措施

10.1.2 行业营销提成方案设计

（1）行业营销提成方案设计流程

行业营销提成方案通常由企业人力资源部依据本行业营销人员提成情形进行设计，销售部参与修改和具体执行，总经理负责审批，具体设计流程如图 10-1 所示。

（2）行业营销提成方案设计内容

设计规范合理的行业营销提成方案应包括如图 10-2 所示的内容，可根据行业及企业实际有所调整和侧重。

第1步　明确薪酬构成
设计行业营销提成方案首先需明确企业营销人员的薪酬构成，确定营销提成在其薪酬中的作用

第2步　确定提成体系
根据企业营销提成的目的和薪酬体系，选择确定适合本行业及自身发展阶段的提成体系，包括战略型、业绩型、产品型、销售价格型、成本利润型和销售渠道型等，这是设计提成比例或标准的基础

第3步　设计提成方法
依照行业销售特点和所选择的提成体系，设计具体的提成方法，包括提成的标准、比例以及如何计算和分配

第4步　制定管理规范
最后根据企业相关管理制度和工作程序，制定营销提成的管理规范，包括提成审批程序、发放规定等，并对本行业销售可能出现的提成争议和风险进行预测和规划

第5步　修正、审批及实施
人力资源部编制营销提成方案后应由销售部提出修改意见，完善后最终确定，经总经理审批后方可正式执行。在正式执行前也可先进行一段时间的试用，以便发现问题，根据实际情况进行调整修正

图 10-1　行业营销提成方案设计流程

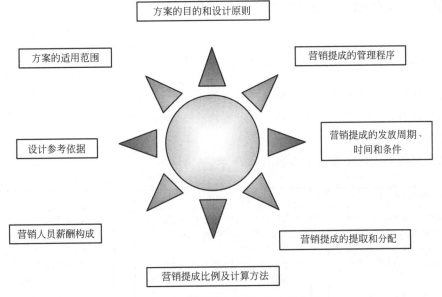

图 10-2　行业营销提成方案的主要内容

10.1.3　行业营销提成方法设计

行业营销提成方法设计应遵循公平公正、科学合理、经济适用、有效激励的原则，从六个方面着重着手，具体如表 10-2 所示。

表 10-2　行业营销提成方法设计关键点

设计关键点	关键点细分
提成维度设计	◆ 产品维度，包括产品属性、产品类型等 ◆ 人员维度，包括销售人员的业绩、职级、底薪及福利待遇等 ◆ 环境维度，包括区域、战略、渠道等
销售目标设计	◆ 根绝行业情况和企业实际设定销售目标并分解 ◆ 可以按照销售区域、销售人员、销售渠道分解销售目标
提成比例设计	◆ 按照职级、销售利润、销售渠道、回款金额、销售业绩、产品价格等，设计不同标准、不同梯度的营销提成比例
提成计算设计	◆ 按照销售额、销售利润、合同量、回款量等为核算基准设计提成计算形式 ◆ 按照团队销售业绩和个人销售业绩设计提成计算形式
提成兑现设计	◆ 设计提成兑现时间 ◆ 设计提成兑现依据 ◆ 设计提成风险防范措施
提成问题处理	◆ 设计销售人员离职后提成问题处理办法 ◆ 设计销售提成税务问题处理办法 ◆ 设计提成争议纠纷的处理方式

10.2　房地产营销提成方案设计

10.2.1　房地产营销提成方法

房地产营销成交金额大，成单率低，销售周期长。房地产企业设计营销提成方法时应根据行业销售特点，同时考虑企业战略、区域经济、市场波动和竞争对手等因素，确保营销提成方案贴合实际，全面合理。

房地产营销提成的主要方法如图 10-3 所示。

比例递增法	合同提成法	辅助考核法
◆ 指根据房地产销售人员完成的不同销售额度，以逐渐递增的提成比例计发提成的方法，能够给予房地产销售人员高效的物质激励	◆ 指以房地产销售合同额为依据进行提成，提成比例根据合同额高低进行不同设置 ◆ 房地产销售提成多为个人提成，以销售人员签订的销售合同为依据	◆ 指除销售额、回款率等业绩指标外，可设置如跟踪频次、客户满意度等工作能力及态度考核指标作为营销提成的辅助考核指标，完善房地产销售人员的绩效考核及薪酬体系

图 10-3　房地产营销提成方法

10.2.2　房地产营销提成关键点

房地产销售机构主要包括房地产企业和房地产中介，虽然其销售性质不同，不过在设计房地产销售人员营销提成方案时都需要注意设计依据、核算基准、比例标准这三个关键点。

房地产营销提成方案设计关键点具体如图10-4所示。

设计依据	◆ 不论哪种房地产销售企业在设计营销提成时均应考虑楼盘所在城市、楼盘所在位置、楼盘升值潜力和新旧楼盘差异这四种因素,虽然需要参考行业水平及竞争对手方案但不能盲目追随效仿
核算基准	◆ 房地产企业通常以房地产销售额或合同额为基准,按照实际到账金额核算 ◆ 房地产中介通常是以销售或租赁中介费为基准,按相应比例核算计发提成
比例标准	◆ 房地产营销提成比例应根据企业实际销售房产类型(如住宅、商铺),分别设置标准 ◆ 提成比例设置应通过体现差异来促进销售人员努力提升业绩,同时不宜过大,以免影响团队精神造成内部不当竞争
争议处理	◆ 房地产营销提成方案设计中应对撞单、抢客、转单、内部员工介绍、退房等情况的提成处理作出详细规定,规范房地产销售流程。同时,还需规范客户跟踪确认、提成核算审批及发放的程序,避免发生提成争议

图10-4 房地产营销提成关键点

10.2.3 房地产企业营销提成制度范例

下面是某企业制定的房地产企业营销提成制度范例。

制度名称	房地产企业营销提成制度				
制度版本		受控状态	□ 受控 □ 非受控	制度编号	
第1章 总则	第1条 目的 为了完善公司营销管理机制,规范房地产营销提成管理,提高房地产销售人员的工作积极性以提升业绩,结合公司实际,特制定本提成制度。 第2条 适用范围 本制度适用于公司所有房地产销售人员的提成管理工作。 第3条 职责分工 1.总经理负责审批房地产营销提成发放。 2.销售经理负责统计房地产销售人员的销售业绩,处理销售争议。 3.财务部负责核算房地产营销提成分配,根据审批按时发放提成。				
第2章 提成方法 及细则	第4条 底薪提成制 1.房地产销售人员均采用"底薪+提成"的薪酬结构。 2.销售代表底薪为____元/月,销售主管底薪为____元/月。 第5条 提成方式 1.根据完成销售任务额度设置固定提成比例计提房地产销售人员的提成。 2.计算公式:房地产销售提成=月销售额×提成比例。 第6条 提成比例 房地产销售提成根据完成销售任务额度和销售房产类别设置不同的提成比例,具体标准如下表所示。				

续表

	房地产销售提成标准		
第2章 提成方法 及细则	类别	销售任务(销售额度)	提成比例
	住宅及车位	300万元(含)以下	1.6%
		300万(不含)~600万元(含)	1.7%
		600万元(不含)以上	1.8%
		繁忙时段销售主管及以上管理人员售出的	1.6%
	商铺	500万元(含)以下	1.0%
		500万(不含)~800万元(含)	1.1%
		800万元(不含)以上	1.2%
		繁忙时段销售主管及以上管理人员售出的	1.0%
	第7条 提成计提时间 1. 住宅及车位销售提成,一次性付款的在应付总款到账并签订《商品房/车位买卖合同》后计提;按揭付款的在应付首期款到账并签订《商品房/车位买卖合同》及《银行按揭合同》后计提。 2. 商铺销售提成,一次性付款的在应付总房款50%到账并签订《购房合同》后计提;按揭付款的在已付首期房款到账并签订《购房合同》及《银行按揭合同》后计提。		
第3章 提成争议 处理规定	第8条 低价出售的提成处理 房地产销售人员出售房价低于其权限并经销售经理批准而成功售出的,其销售提成只能按提成比例的90%提取。 第9条 撞单后成功售出的提成处理 客人第一次来访由甲销售人员接待推销,第二次来访由乙销售人员或第三者接待推销,成交后的提成主要参考以下三方面的内容来决定提成归属,由销售经理协助协商并最终确认。 1. 以销售人员跟踪次数、努力程度以及是否最终促成客户成交为主要参考要素,占60%。 2. 以成交客户的口述情况及评价为参考要素,占25%。 3. 以销售经理签核的《每日来访客户登记表》的内容为参考要素,占15%。 第10条 因抢客造成客户流失的处理 在销售过程中,由于销售人员因先后接待同一个客人,双方未能达成友好共商而引起争议,导致目标客户流失,因此而造成销售直接经济损失的,公司将对当事销售人员扣罚当月薪酬____元的处理。 第11条 退房或转卖的提成处理 已提取提成的商品房,因某种原因经公司同意作退房的,销售人员已领的提成将在当月薪酬中扣除,此套房源重新卖出后再按规定计提。 第12条 经其他部门员工介绍成功出售的提成处理 1. 公司其他部门员工介绍过来的客人自始至终不经销售人员而成功售出的,介绍员工按销售额的3‰计提提成。 2. 公司其他部门员工介绍过来的客人转交销售人员接待推销并成功售出的,则销售提成介绍员工按2.5‰计提,经手销售人员按0.5‰计提。		
第4章 提成发放审批	第13条 提成申请审批流程 1. 每月____日前,销售经理统计各销售主管及销售代表的销售业绩并编制房地产销售提成表,上交财务部审核。 2. 财务部审核房地产销售提成表,上报总经理审批,审批通过后方可发放提成。 第14条 提成发放规定 财务部于每月____日向房地产销售人员发放上月房地产销售提成,随底薪一同发放。		

续表

第 5 章 附则	第 15 条 其他 1. 本制度自颁布之日起实施。 2. 本制度由人力资源部负责制定,解释权归人力资源部所有。		
编制部门		审批人员	审批日期

10.2.4 房地产营销提成方案范例

下面是某企业制定的房地产营销提成方案范例。

房地产营销提成方案

编　号：　　　　编制部门：　　　　审批人员：　　　　审批日期：＿＿＿年＿＿月＿＿日

一、目的

为了激励房地产中介经纪人的工作热情,提高各店面的营销业绩,依照公正公平与合理激励的原则,结合公司实际,特制定本提成方案。

二、设计原则

1. 公平合理的原则。
2. 有效激励的原则。
3. 良性竞争的原则。

三、经纪人薪酬构成及岗位级别

1. 房地产中介经纪人均采用"底薪＋提成＋补助"的薪酬形式。
2. 房地产中介经纪人分为四个岗位级别,分别是见习经纪人、正式经纪人、高级经纪人和金牌经纪人,其底薪及补助标准如下表所示。

房地产中介经纪人底薪及补助标准

岗位级别	底薪标准	交通补助标准	餐补标准
见习经纪人	＿＿＿元/月	＿＿＿元/月	＿＿＿元/月
正式经纪人	＿＿＿元/月		
高级经纪人	＿＿＿元/月	＿＿＿元/月	
金牌经纪人	＿＿＿元/月		

四、营销目标

房地产中介经纪人每月销售任务目标如下表所示。

房地产中介经纪人月销售任务目标

岗位级别	见习经纪人	正式经纪人	高级经纪人	金牌经纪人
月销售任务	＿＿＿套	＿＿＿套	＿＿＿套	＿＿＿套

五、提成比例

1. 房地产中介经纪人完成当月销售任务目标,每套房按收取中介费的＿＿＿%进行提成;超额完成销售任务量,每超出 1 套,超出部分提成比例增加 5%;超出 2 套,超出部分提成比例再增加 5%,以此类推,最高不超过 50%;未完成月销售任务量,每少完成 1 套,提成比例下浮 5%,以此类推。
2. 房地产中介经纪人房屋租赁业务按照中介费的 30%进行通提。
3. 店长提成根据所负责店面每月营销总额进行计提,具体标准如下表所示。

续表

房地产中介店长提成标准	
整店月营销额	提成比例
___元以下	3%
___元至___元	4%
___元至___元	5%
___元以上	6%

六、提成发放
1. 房地产中介经纪人营销提成以销售款额实际到账为准进行核算,每月发放一次,随底薪一同发放。
2. 各店店长于每月___日前统计下属房地产经纪人营销业绩,并编制房地产经纪人营销提成表,上交财务部审核。
3. 财务部审核各店房地产经纪人营销提成后上报总经理审批,于公司规定日发放。

七、其他
1. 本方案由人力资源部制定,解释权归人力资源部所有。
2. 本方案自颁布之日起实施。

实施对象: 　　　　　　　　　　　　　　　　　　　　　　　实施日期: ___年___月___日

10.3 餐饮营销提成方案设计

10.3.1 餐饮营销提成方法

餐饮行业与其他行业相比,回款周期短,生产成本、利润空间差异较大,竞争激烈,受需求程度、地域季节等影响较大,设计营销提成方法时应更注重外部环境因素的影响。

餐饮营销主要采用两种提成方法,如图10-5所示。

累计提成法
① 餐饮营销人员完成营销任务目标值部分按照固定比例提成,超出营销任务目标的部分可以累计计算提取提成
② 示例:餐饮营销提成=超出目标值第一个10%内的销售额×提成比例+超出第二个10%内的销售额×提成比例+…,需设置提成上限,比例应呈阶梯式,以强调激励性

职级比例法
① 经理级别从当月完成的餐饮销售回款总额中提取,个人独立完成部分按照高级销售主管提成比例提取
② 主管级别从下属人员完成的餐饮销售回款总额中提取,个人独立完成部分按照高级销售专员提成比例提取
③ 销售专员级别按其历史销售业绩划分,其餐饮销售业绩增长和级别上升,相应提高其底薪和提成比例

图10-5 餐饮营销提成方法

10.3.2 餐饮营销提成关键点

餐饮行业由于具有资金流动性快,竞争激烈,外部环境影响大的特点,其营销提成方案应设计合理的提成比例,全面、公正、公平的考核标准和核算方式,以及规范的统计方法程序。

餐饮营销提成方案设计关键点,如图10-6所示。

提成比例	◆ 同档次、同种类进口食材的营销提成比例可设置较高 ◆ 特殊营养食品、酒类的营销提成比例一般设置较高 ◆ 需求弹性小，供应相对稳定的食品的营销提成比例设置较低 ◆ 受需求、营销活动和销售人员水平影响较大的一般设置较高营销提成比例
考核标准	◆ 餐饮营销提成的考核标准设置应充分考虑到地域、淡旺季、特殊节庆活动等的影响，不同时期考核标准应相应调整，保证公正性和适用性 ◆ 制定餐饮营销提成的考核标准时还应考虑营销人员的能力水平，工作条件等
核算方式	◆ 餐饮营销提成的核算应遵循公正全面的原则，选取合适的计算基准，通常采用销售回款额和销售费用率作为核算基准
统计发放程序	◆ 餐饮营销业绩的统计程序设计应严谨规范，防范造假、顶替，以免造成企业损失和员工提成纠纷 ◆ 餐饮行业销售回款相对较快，营销提成应及时按时发放，以起到适时激励的作用

图 10-6　餐饮营销提成方案设计关键点

10.3.3　餐饮营销提成制度范例

下面是某企业制定的餐饮营销提成制度范例。

制度名称		餐饮部营销提成制度			
制度版本		受控状态	□ 受控　□ 非受控	制度编号	

第 1 条　目的
为规范餐饮部营销提成管理工作,进一步提升餐饮营销人员工作积极性和创造性,提高餐饮部经营业绩,结合餐饮部营销工作实际,特制定本制度。
第 2 条　适用范围
本制度适用于餐饮部所有员工的餐饮营销提成管理工作。
第 3 条　职责分工
1. 总经理负责审批餐饮营销提成申请表。
2. 餐饮部经理负责审核餐饮部员工营销业绩统计台账,编制餐饮营销提成申请表。
3. 前台负责人负责登记餐饮营销业绩,统计餐饮部员工营销业绩。
4. 财务部负责审核餐饮营销提成申请表,并根据审批发放餐饮营销提成。
第 4 条　提成比例
1. 餐饮营销提成分为餐饮部整体营销提成和餐饮部员工个人提成。
2. 餐饮部整体营销提成部分根据员工绩效考核得分按比例分配,目标值及提成标准如下。
(1) 餐饮部每月整体销售额目标值为＿＿＿元,完成目标值时按销售额的 2% 计提提成。
(2) 餐饮部每月整体销售额超出目标值时,原目标值部分仍按 2% 进行提成,超出部分按照销售额的 3% 计提提成。
(3) 餐饮部每月整体销售额未达到目标值的 50% 时,餐饮部无整体营销提成。
(4) 餐饮部每月整体销售额达到目标值的 50% 未超目标值时,提成按销售额的 1% 计提;超过 50% 时,每增长 5% 提成比例增加 0.1%。
3. 餐饮部员工个人提成。餐饮部员工凭个人营销工作招徕团队用餐或宴会预订[指＿＿＿桌(含)以上],按照销售额的＿＿＿%进行提成;推销价格＿＿＿元以上的酒类,按＿＿＿元/瓶提成。
第 5 条　管理规定
1. 餐饮部设立餐饮营销统计台账,由前台负责人如实准确登记每天餐饮营销业绩,要求详细记录客人信息和营销人员姓名,不允许事后补录和更改,餐饮部经理每天签字确认。
2. 餐饮部员工个人餐饮营销业绩的统计应在 2 日内报餐饮部经理签字确认,超时作废。
3. 餐饮部经理联合人力资源部于每月＿＿＿日对餐饮部员工上月工作进行绩效考核,根据考核结果分配餐饮部整体营销提成。

续表

4.餐饮部经理于每月____日之前,编制餐饮营销提成表交财务部审核。 5.财务部核查餐饮销售款额到账情况,对餐饮营销提成表进行签字确认,上报总经理审批后,于次月____日前随工资统一发放餐饮营销提成。 第6条 附则 1.本制度由总经理审批签字后,于____年____月____日起执行。 2.本制度由人力资源部负责制定,解释权归人力资源部所有。					
编制部门		审批人员		审批日期	

10.3.4 餐饮营销提成方案范例

下面是某企业制定的餐饮营销提成方案范例。

餐饮营销提成方案

编　号：　　　　　编制部门：　　　　　审批人员：　　　　　审批日期：　　年　月　日

一、目的

为了提高酒店餐饮经营业绩,切实做好全员营销,激励酒店全体员工的营销意识和竞争意识,结合酒店餐饮销售实际,特制定本营销提成方案。

二、原则

1.全员营销、共同参与的原则。

2.激励与约束相结合的原则。

3.效益与利益相结合的原则。

三、营销提成方法

1.散客销售。散客指同行____名(含)以下或少于____桌的就餐客人,每月提成标准具体如下表所示。

散客餐饮营销提成比例

月累计销售额	提成比例	备注
5 000元(含)以下	3%	折扣低于____折,不计提成
5 000(不含)~10 000元(含)	3.5%	折扣低于____折,不计提成
10 000(不含)~15 000元(含)	4%	折扣低于____折,不计提成
15 000(不含)~20 000元(含)	4.5%	折扣低于____折,不计提成
20 000元(不含)以上	5%	折扣低于____折,不计提成

2.宴会预定,指预订桌数在10桌以上(含10桌)的宴会。以收押金的员工姓名为准,提成比例为消费额的3%(不含酒水)。

3.旅行社团队餐。餐标在30元/位(含30元)以下的,提成比例为2%;餐标在30元/位以上的按照散客销售提成标准累计提成(如有导游返款,一律按2%进行提成)。

4.酒水推销提成。服务员推销价格在____元以上的酒类,每瓶可提成____元的开瓶费。

5.咖啡厅员工提成。咖啡厅每月完成营销指标____元之后,当月营销的产品可给予提成,由咖啡厅全体员工平均分配,具体提成标准如下:

(1)价格在____元以上的红酒每瓶提成____元。

(2)价格在____元及以上的咖啡或茶可提成____元/杯。

(3)价格在____元以上的果盘或简餐可提成____元/份。

四、营销业绩统计方法

1.主管(领班)、经理及以上管理人员、总台人员、餐厅收银员,通过个人营销工作招徕的团队用餐、宴会预订可以作为营销业绩计提提成,客户自己上门联系的不计算营销业绩。

2.餐饮部员工接受预订和接待散客就餐、个人招徕的团队用餐和宴会预订可以计入营销业绩提取提成,客户自己上门联系的团队及宴会不计入营销业绩。

3.其他部门(财务部、行政管理部、客房部、保安部等)员工接受散客预订和招徕团队用餐、宴会预订可计入营销业绩提取提成,需提前报餐饮部经理确认,否则视为无效;客人自己上门联系的不计入营销业绩。

续表

> 五、提成发放
> 1. 餐饮营销提成由各部门主管进行核算,经餐饮部经理、财务部审核后,上报总经理审批。
> 2. 餐饮销售提成在营销款额到账后结算,一月一结,财务部在每月____日随工资统一发放。
> 六、其他
> 1. 本方案由人力资源部制定,解释权归人力资源部所有。
> 2. 本方案自颁布之日起实施。

实施对象: 　　　　　　　　　　　　　　　　　　　　　　　　　　实施日期: ___年__月__日

10.4 汽车营销提成方案设计

10.4.1 汽车营销提成方法

如今汽车行业的营销不仅仅是汽车本身的销售,还包括汽车周边产品和服务的营销,因此汽车营销提成方案设计应根据企业本身业务类型,考虑行业水平、消费水平和市场需求,制定科学合理的汽车营销提成方法。

汽车行业营销提成的主要方法如图10-7所示。

汽车营销提成方法

- **业绩导向提成法**
  ① 汽车营销提成根据企业汽车销售业务类型设计提成比例和核算基准,完全根据销售业绩计提提成
  ② 汽车行业营销业务包括汽车销售、保险销售、装饰及配件销售、售后维修服务销售等,应根据业务特点,选择提成考核指标,参考行业竞争对手设计提成比例

- **目标比例提成法**
  ① 根据企业汽车销售业务类型设定的不同阶段的销售业绩目标按照相应比例计提提成
  ② 提成比例应根据销售目标的难易、市场情况、销售渠道、产品种类设计成不同梯度,保证其激励性和竞争力

图 10-7 汽车营销提成方法

10.4.2 汽车营销提成关键点

企业设计汽车营销提成方案时,应根据销售战略、产品定位、业务领域、地区差异等制定企业汽车营销体系,确定方案内容,确保提成方案设计符合企业实际。

汽车营销提成方案设计关键点如图10-8所示。

- **提成体系**
  - 企业设计汽车营销提成方案时,首先应根据其汽车销售业务实际,建立企业营销提成体系,完善企业薪酬制度
  - 汽车行业通常以区域业绩、产品类型和销售价格为依据来制定营销提成体系

- **方案内容**
  - 汽车营销提成方案中应包含提成范围及种类、提成比例、提成核算方法和提成发放规定等内容
  - 除上述基本内容外,汽车营销提成方案还应对营销提成争议、产品标准价格及折扣优惠等作出统一规定,并严格规范提成相应的审批程序

图 10-8

比例设计	◆ 汽车行业营销提成比例通常根据业务及产品类型进行设计,对汽车销售、汽车保险、新上牌照、装饰精品、售后维修等分别设计不同的提成比例和分配方法。其中汽车销售还可根据产品品牌、销售价格、营销区域设置不同的提成比例

图 10-8 汽车营销提成方案设计关键点

10.4.3 汽车营销提成制度范例

下面是某企业制定的汽车营销提成制度范例。

制度名称	汽车营销提成制度			
制度版本	受控状态	□ 受控　□ 非受控		制度编号
第1章 总则	第1条　目的 　　为了规范汽车营销提成管理工作,进一步提升汽车营销人员的工作积极性和创造性,开拓公司三个新系列汽车的销售市场,结合公司实际,特制定本提成制度。 第2条　适用范围 　　本制度适用于公司 A、B、C 三个系列汽车营销提成管理工作。 第3条　职责分工 　1. 总经理负责审批汽车营销提成申请表。 　2. 销售经理负责考核汽车营销人员业绩,审核汽车营销提成申请表,处理提成争议。 　3. 销售主管负责编制汽车营销提成申请表。 　4. 财务部负责核算汽车营销提成分配,根据审批按时发放提成。			
第2章 提成方法 及细则	第4条　相关说明 　1. 结算价指公司汽车标准报价,此基础上 A 系列可减____元,B 系列可减____元,C 系列可减____元。汽车销售提成均以达到结算价为基准提成,低于最低结算价,营销人员需负担低卖部分的20%,由提成扣减。 　2. 报价,指公司规定的对外汽车报价,汽车营销人员营销过程中不得擅自加高报价。 第5条　新车销售提成办法 　汽车营销人员根据销售台数计提汽车销售提成,具体标准如下表所示。 **汽车销售提成标准** 	A 系列		B 系列		C 系列	
---	---	---	---	---	---
台数	提成标准	台数	提成标准	台数	提成标准
第1台	____元	第1台	____元	第1台	____元
第2台	____元	第2台	____元	第2台	____元
第3台	____元	第3台	____元	第3台	____元
第4台	____元	第4台	____元	第4台	____元
第5台及以上	____元/台	第5台及以上	____元/台	第5台及以上	____元/台 | 第6条　新车保险提成办法 　1. 销售新车保险交强险无提成,商业险销售专员提成2%,全保商业险销售专员提成3%。 　2. 销售主管负责的团队全保率达35%至39%,提成0.3%;全保率达40%至49%,提成0.6%;全保率达50%至59%,提成1%;全保率达60%以上,提成1.2%。 　3. 除批售客户、政府部门采购外,其他购车客户如不在本公司上保险,销售专员每辆扣____元,销售主管每辆扣____元。 第7条　新车上牌提成办法 　1. 新车上牌按公司标准收费,每台提成____元。			

续表

第2章 提成方法 及细则	2. 新车上牌未按公司标准收费,则由营销人员补差价,无提成。 3. 新车如未在公司上牌,营销人员每台扣____元。 第8条 装潢提成办法 营销人员在新车销售后推销装潢件,公司提供结算价及建议售价,之间利润100%归属营销人员。
第3章 提成实施 管理规定	第9条 提成考核 1. 销售主管以前3个月平均销售业绩作为基本目标,结合实际情况,制定下月团队及个人销售任务目标,于每月____日前报销售经理审核,总经理审批。 2. 正式销售专员每月最低销售目标为A系列____台、B系列____台、C系列____台。 3. 每月____日至____日,销售经理根据月目标任务对汽车营销人员上月销售业绩进行考核,未达到目标按80%发放提成,达到目标按100%发放提成。 4. 当月业绩为零者扣基本工资____元;连续3个月业绩为零者一般情况下予以辞退。 第10条 统一让价规定 1. 在报价基础上,销售专员让价权限为____元,幅度超过此标准的,必须报销售主管参与价格协商谈判,否则销售提成减半。 2. 低于结算价卖卖必须提前申请,由销售主管报销售经理审核,总经理审批,不可擅自低卖,否则不计销售业绩。 3. 特殊客户需要赠送装潢、返利的,计算销售价格要减去装潢和返利等成本。 第11条 提成争议解决办法 1. 结合所在销售区域,以时间先后为准,要及时通报,已书面通报的,其他营销人员不得报价和销售,否则罚款____元并取消业绩;已通报的客户15天内有效,超过期限无跟踪回访记录,则该客户原则上分给其他营销人员继续跟踪,以销售经理签字确认为准。 2. 跨区域老客户续购或转介绍,必须提前通报同时不得低于最低结算价销售,如低于最低结算价销售,划归客户所在区域业绩。 3. 禁止内部抢客户现象,发现由于抢客户而低卖情况将严肃处理,低卖差价需补回,由负责销售专员承担60%,销售主管承担40%,并取消业绩。 第12条 提成发放规定 1. 汽车营销提成以销售开票日为准计算,交车前必须收回全部车款。 2. 汽车销售提成每月随底薪一起发放,由财务部扣除个人所得税后于每月____日发放。
第4章 附则	第13条 其他 1. 本制度自颁布之日起实施。 2. 本制度由人力资源部负责制定,解释权归人力资源部所有。
编制部门	审批人员　　　　　　　　审批日期

10.4.4 汽车营销提成方案范例

下面是某企业制定的汽车营销提成方案范例。

汽车营销提成方案

编　号：　　　　编制部门：　　　　审批人员：　　　　审批日期：____年__月__日

一、目的

为了提升汽车销售顾问的工作积极性,体现多劳多得的分配原则,通过提高汽车营销工作效率和质量创造业绩,结合公司实际,特制定本提成方案。

二、相关说明

汽车销售顾问采用"底薪+销售提成+销售明星奖励"的薪酬形式,底薪统一为____元;销售提成包括整车销售提成、精品销售提成、代办入户费提成和按揭手续费提成。

三、销售提成标准

1. 整车销售提成。汽车销售顾问根据销售车型及台数提取整车销售提成,具体标准如下表所示。

续表

汽车销售顾问整车提成标准表

车型	销售台数	提成标准	考核方式
A型车(价格在____万~____万元)	1~5台	____元/台	保险完成率≥100%,未达到标准扣整车提成的20%
	6~10台	____元/台	保险完成率≥80%,未达到标准扣整车提成的20%
	11台及以上	____元/台	保险完成率≥70%,未达到标准扣整车提成的20%
B型车(价格在____万~____万元)	1~5台	____元/台	保险完成率≥100%,未达到标准扣整车提成的20%
	6~10台	____元/台	保险完成率≥80%,未达到标准扣整车提成的20%
	11台及以上	____元/台	保险完成率≥70%,未达到标准扣整车提成的20%

2.精品销售提成。汽车销售顾问的精品销售提成根据月单车精品销售额平均值(计算公式为单车精品销售额平均值 $=\dfrac{\text{精品销售总额}}{\text{汽车销售台次}}$)进行计提,具体标准如下表所示。

汽车销售顾问精品提成标准表

单车精品销售额平均值X(元/台)	X<____元	____元≤X<____元	____元≤X<____元	X≥____元
提成比例	1%	3%	5%	8%

3.代办入户费提成,每次提成____元。
4.按揭手续费提成,购车按揭手续费为____元/年,按手续费总额的10%进行提成。
四、销售明星奖
1.月度销售之星,指完成当月整车销售、精品销售及保险销售任务的总销售额最高者,奖励____元。若当月违反部门或公司销售纪律规范,则取消当月评奖资格。
2.季度销售之星,指完成当季整车销售、精品销售及保险销售任务的总销售额最高者,奖励____元。若当季违反部门或公司销售纪律规范,则取消当季评奖资格。
3.年利润之星,指年度创造最高汽车销售利润的汽车销售顾问,奖励____元。
五、末位淘汰制
连续三个月销售额最低者免去其汽车销售顾问职务,退回实习顾问,实习顾问不参与汽车销售提成,直至考核通过重回岗位。
六、其他
1.本方案由人力资源部制定,解释权归人力资源部所有。
2.本方案自颁布之日起实施。

实施对象:　　　　　　　　　　　　　　　　　　　　　　　　　　　实施日期:____年__月__日

10.5 服装营销提成方案设计

10.5.1 服装营销提成方法

服装行业利润高、竞争激烈,设计营销提成时应明确企业服装销售战略、服装营销人员薪酬体系,调查行业及竞争对手提成水平,分析服装销售的成本利润,确定合理的提成方法及比例。

服装营销提成的主要方法如图10-9所示。

第 10 章　不同行业的提成方案设计

渠道导向提成法	总提成分配法	促销临时提成法
◆ 指根据服装销售渠道的不同设置不同的提成比例和兑现方法 ◆ 服装营销渠道包括批发、代理、经销、零售、品牌直营等，根据企业已有服装销售渠道建立提成体系	◆ 企业为不同销售渠道或不同销售团队设置总的提成比例，统一发放 ◆ 由渠道或团队负责人根据其营销区域、业绩实际，自行分配整体提成	◆ 服装行业受季节、流行等因素影响较大，经常打折促销，因此可以根据企业促销政策和战略，制定相应的提成比例标准，作为辅助提成方法

图 10-9　服装营销提成方法

10.5.2　服装营销提成关键点

服装行业营销提成方案应根据企业发展战略、产品特性、销售渠道等进行设计，重点关注服装营销提成依据、提成比例和提成形式的设计，确保适合企业实际销售业务情况。

服装营销提成方案设计关键点如图 10-10 所示。

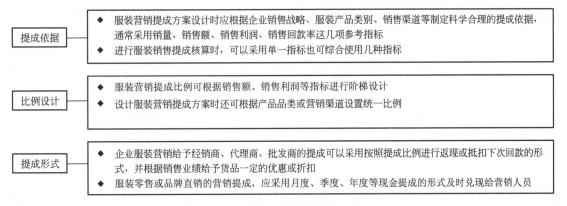

图 10-10　服装营销提成方案设计关键点

10.5.3　服装营销提成制度范例

下面是某企业制定的服装初期营销提成制度范例。

制度名称		服装企业初期营销提成制度			
制度版本		受控状态	□ 受控　□ 非受控	制度编号	

第 1 条　目的
为了拓展服装销售市场，提高服装销售业绩，规范服装营销管理，结合我公司发展初期的实际，特制定本提成制度。
第 2 条　适用范围
本制度适用于我公司所有营销人员的提成计提和管理工作。
第 3 条　职责分工
1. 总经理负责审批服装营销提成申请表。
2. 销售经理经理负责统计考核服装营销业绩，编制营销提成申请表。
3. 财务部负责审核服装营销提成申请表，并根据审批发放提成。
第 4 条　提成计算
服装营销提成计算公式为：服装营销提成＝销售额×提成比例。

续表

其中,总销售额=当月实际到账服装销售总额－运费;
个人销售额=当月个人销售实际到账总额－运费;运费由财务部根据相关报表核算。

第5条 提成比例

1.服装销售管理人员(主管及以上)提成比例标准如下表所示。

服装营销管理人员提成比例表

总销售额	提成比例
10万(含)~30(含)万元	0.50%
30万(不含)~50(含)万元	0.54%
50万(不含)~80(含)万元	0.56%
80万(不含)~100(含)万元	0.58%
100万元(不含)以上	0.60%

2.服装销售专员提成比例标准如下表所示。

服装销售专员提成比例表

个人销售额	提成比例
3万(含)~10(含)万元	1.00%
10万(不含)~20(含)万元	1.05%
20万(不含)~30(含)万元	1.10%
30万(不含)~50(含)万元	1.20%
50万元(不含)以上	1.25%

第6条 额外奖励

1.团队业绩突破奖金,由销售团队平均分配,具体奖励标准如下。
(1)当月超额完成团队销售目标,超过目标值20%以上,一次性奖励该团队____元。
(2)当月超额完成团队销售目标,超过目标值50%以上,一次性奖励该团队____元。
(3)当月超额完成团队销售目标,超过目标值80%以上,一次性奖励该团队____元。
2.季度销售冠军奖,指以季度为单位,当季销售业绩第一名的个人,额外给予奖金____元,以示勉励。

第7条 提成发放规定

1.服装营销提成以入账回款为准进行核算计提,由销售经理于每月____日前编制营销提成申请表,报财务部审核,总经理审批后方可发放。
2.财务部于每月____日发放上月服装营销提成,服装营销人员中途离职当月提成不予发放。

第8条 附则

1.本制度为适应公司服装销售业务初期发展需要,设置提成比例较高,当公司服装销售达到一定规模时,提成方案需重新调整。
2.本制度由总经理审批签字后,于____年____月____日起执行。
3.本制度由人力资源部负责制定,解释权归人力资源部所有。

编制部门		审批人员		审批日期	

10.5.4 服装营销提成方案范例

下面是某企业制定的服装营销提成方案范例。

服装营销提成方案

| 编　号： | 编制部门： | 审批人员： | 审批日期：＿＿年＿月＿日 |

一、目的

为了充分调动服装导购人员销售的积极性，创造更高的服装销售业绩，结合公司实际，特制定本营销提成方案。

二、原则

1. 业绩导向原则。
2. 按劳分配原则。
3. 激励原则。

三、薪酬构成

服装导购人员薪酬＝基本工资＋销售提成，基本工资统一为＿＿元，销售提成包括月度销售提成和年度销售提成两部分。

四、月度销售提成方法

服装导购人员月度销售提成由公司财务部以其每月服装销售利润为基准进行计提，根据服装类别及服装销量设置不同提成比例，具体标准如下表所示。

服装导购人员提成比例表

服装类别	服装销量	提成比例
甲类	100(含)件以下	15％
	100(不含)～200(含)件	16％
	200(不含)～300(含)件	17％
	300(不含)件以上	18％
乙类	50(含)件以下	16％
	50(不含)～100(含)件	18％
	100(不含)～150(含)件	20％
	150(不含)件以上	22％

说明：产品类别由公司综合市场需求、成本价格和利润空间等因素确定。

五、年度销售提成方法

1. 服装导购人员的年度销售提成按照年度销售总额进行平均计算。
2. 计算公式：年度销售提成＝全年销售总额/12×提成比例，其中提成比例统一为2％。

六、提成的统计和发放

1. 服装销售主管根据每天服装销售单对服装导购人员的销售业绩进行统计记录，于每月＿＿日前上报公司财务部，财务部审核服装导购人员营销提成。记录的表单可参考以下模板设计。

服装导购人员每日销售业绩统计表

导购编号	导购姓名	产品编号	产品类别	销售数量	销售单价	销售总额	合计

2. 服装导购人员月度销售提成随基本工资一同发放，本月发放上月提成，于每月＿＿日之前由财务部交银行存入员工个人账户卡。
3. 年度销售提成由财务部于下一年度1月＿＿日前采用现金形式发放，中途离职者不计提年度销售提成。

七、其他

1. 本方案由人力资源部制定，解释权归人力资源部所有。
2. 本方案自颁布之日起实施。

| 实施对象： | | 实施日期：＿＿年＿月＿日 |

10.6 商场营销提成方案设计

10.6.1 商场营销提成方法

商场营销人员的知识水平、服务水平一般不高，人员流动性大，营销队伍不稳定，提成方法通常以销售业绩为基准，同时参考同行业竞争对手的提成方案。

商场营销提成方案设计根据提成目的的不同，有以下四种提成方法如图10-11所示。

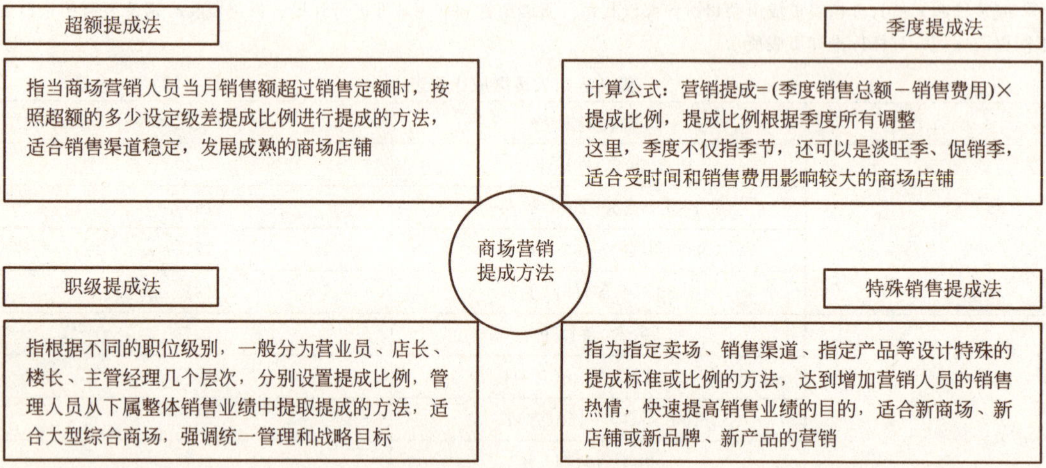

超额提成法
指当商场营销人员当月销售额超过销售定额时，按照超额的多少设定级差提成比例进行提成的方法，适合销售渠道稳定，发展成熟的商场店铺

季度提成法
计算公式：营销提成=(季度销售总额－销售费用)×提成比例，提成比例根据季度所有调整
这里，季度不仅指季节，还可以是淡旺季、促销季，适合受时间和销售费用影响较大的商场店铺

职级提成法
指根据不同的职位级别，一般分为营业员、店长、楼长、主管经理几个层次，分别设置提成比例，管理人员从下属整体销售业绩中提取提成的方法，适合大型综合商场，强调统一管理和战略目标

特殊销售提成法
指为指定卖场、销售渠道、指定产品等设计特殊的提成标准或比例的方法，达到增加营销人员的销售热情，快速提高销售业绩的目的，适合新商场、新店铺或新品牌、新产品的营销

图10-11　商场营销提成方法

10.6.2 商场营销提成关键点

商场营销提成方案的设计主要依据竞争对手的提成方案、销售业绩指标、绩效考核办法和营销人员特点这几方面。

设计商场营销提成时，应考虑商场本身的营销内外环境，选择合适的提成方法，防范商场经营风险，具体关键点如图10-12所示。

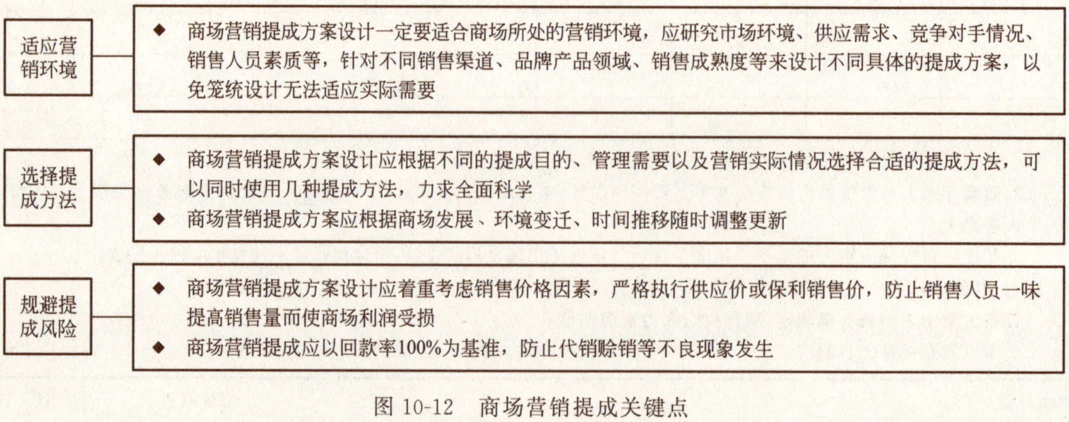

适应营销环境
- 商场营销提成方案设计一定要适合商场所处的营销环境，应研究市场环境、供应需求、竞争对手情况、销售人员素质等，针对不同销售渠道、品牌产品领域、销售成熟度等来设计不同具体的提成方案，以免笼统设计无法适应实际需要

选择提成方法
- 商场营销提成方案设计应根据不同的提成目的、管理需要以及营销实际情况选择合适的提成方法，可以同时使用几种提成方法，力求全面科学
- 商场营销提成方案应根据商场发展、环境变迁、时间推移随时调整更新

规避提成风险
- 商场营销提成方案设计应着重考虑销售价格因素，严格执行供应价或保利销售价，防止销售人员一味提高销售量而使商场利润受损
- 商场营销提成应以回款率100%为基准，防止代销赊销等不良现象发生

图10-12　商场营销提成关键点

10.6.3 商场营销提成制度范例

下面是某电器商场营销提成制度范例。

制度名称		电器商场营销提成制度			
制度版本		受控状态	□ 受控　□ 非受控	制度编号	

第1条　目的
为了提高商场营销人员工作的积极自主性,促进商场电器销量,规范商场营销提成管理工作,结合本商场实际,特制定本提成制度。

第2条　适用范围
本制度适用于商场所有电器营销人员的提成管理工作。

第3条　职责分工
1. 总经理负责审批商场各卖场营销提成申请表。
2. 各店长负责统计每月销售业绩,编制营销提成申请表。
3. 财务部负责审核商场营销提成申请表,并根据审批发放提成。

第4条　薪酬结构
本电器商场所有销售人员(包括店长)均实行无底薪纯提成制的薪酬形式。

第5条　销售目标确定
1. 各店长根据商场发布的年度销售目标,结合产品种类、品牌、销售季节及上月销售情况,制定下月度的销售任务计划,于每月____日前将下月销售任务目标上报总经理审批。
2. 各店长根据月度电器销售任务目标,分配销售人员个人销售目标,并作为提成考核依据。

第6条　销售提成比例
1. 白电类(包括洗衣机、冰箱、冷柜、陈列柜、空调机等),保点为17%,按当月白电总销售额的2%给予提成。
2. 黑电类(包括电视机、音响、DVD等),电视机保点为10%,按照电视销售总额的2%给予提成;音响、DVD等保点为20%,按照销售总额的5%给予提成。
3. 高级电子产品(包括电脑、手机、数码相机、摄像机、打印机等),保点为20%,按照销售总额的5%给予提成。
4. 厨卫电器(包括热水器、消毒柜、抽油烟机、浴霸等)保点为20%,按照厨卫电器销售总额的3%给予提成。
5. 小家电(包括电磁炉、电饭锅、微波炉、饮水机、豆浆机等)保点为15%,按照小家电总销售额的5%给予提成。

第7条　销售提成方法
1. 销售人员完成当月销售任务未达到目标的80%,按照规定提成比例下浮____%计提;完成当月销售任务达到80%至100%的,按照规定提成比例计提;超额完成当月销售任务目标的,超过部分按照规定提成比例上调____%进行计提。
2. 店长除个人销售提成外,整店能超额完成销售任务目标的,店长按照超额部分销售利润____%计提额外提成奖励。

第8条　提成审批程序
1. 各店长于每月____日前,统计上月所属销售人员的销售业绩,编制营销提成申请表,附销售小票上报商场财务部。
2. 财务部核对销售小票和账款,将审核确认无误的营销提成申请表上报总经理审批。
3. 总经理审批后,由财务部按时统一发放营销提成。

第9条　提成发放规定
1. 销售提成以入账回款为准进行核算计提,低于保点销售不计提销售提成。
2. 财务部于每月____日发放上月营销提成,中途离职当月提成不予发放。

第10条　附则
1. 本制度由总经理审批签字后,于____年____月____日起执行。
2. 本制度由人力资源部负责制定,解释权归人力资源部所有。

编制部门		审批人员		审批日期	

10.6.4 商场营销提成方案范例

下面是某商场营销提成方案范例。

商场营销提成方案

编　号：　　　　　　编制部门：　　　　　　审批人员：　　　　　　审批日期：＿＿＿年＿月＿日

一、目的

为了加强商场终端卖场管理，实现商场经营良性循环，提高商场营销人员积极性，结合本商场实际，特制定本营销提成方案。

二、薪酬构成

1.商场终端卖场营销人员除兼职促销人员外均采用"底薪＋营销提成＋卓越奖金"的薪酬形式，底薪分配标准如下表所示。

商场终端卖场营销人员底薪标准表

职位	店长	正式店员	试用期店员
底薪标准	＿＿＿元/月	＿＿＿元/月	＿＿＿元/月

2.商场兼职促销人员采用无底薪纯提成的薪酬形式。

三、提成方法

1.提成计算公式如下：

店长营销提成＝个人销售额×2％＋团队销售利润×5％；

店员营销提成＝个人销售额×2％。

2.营销人员完成当月销售任务80％以上，公司核发当月提成，以示勉励；若连续两月未完成销售任务的80％，将扣发其提成，并视情况给予处罚。

3.完成月销售目标任务80％以下的团队，公司将扣除店长团队提成部分；连续两月未完成销售任务80％的团队，公司将扣发团队所有人员提成，并视情况给予处罚。

4.在完成团队销售任务的基础上，公司对完成个人销售任务超过180％以上的个人，以底薪标准为基础的双薪，作为卓越奖金；连续三个月任务完成超过180％以上的个人，公司将给予晋升职位级别并发放卓越奖金的奖励。

5.兼职促销人员提成标准如下表所示。

商场终端卖场兼职促销人员提成标准表

当月促销销售额	1 000元以下	1 001～3 000元	3 001～5 000元	5 000元以上
提成标准	＿＿＿元/件	＿＿＿元/件	＿＿＿元/件	＿＿＿元/件

四、提成审批及发放

1.每月＿＿＿日前，各店长将上月销售任务单、销售业绩统计记录及销售小票上报公司人力资源部（一单多人的小票，由店长在小票上注明参与提成的个人）。

2.人力资源部在每月＿＿＿日前，对上月销售业绩统计记录进行审核，核算营销提成分配后交财务审核。

3.财务部核对销售小票和账款后，确认商场营销人员的提成核算分配上报总经理审批。

4.总经理审批后，财务部于每月＿＿＿日，统一发放上月营销提成。

五、其他

1.商场各终端卖场的每年度销售任务、每月销售任务及上月销售任务完成率，由公司另行公示。

2.本方案由总经理审批签字后，于＿＿＿年＿＿＿月＿＿＿日起执行。

3.本方案由人力资源部制定，解释权归人力资源部所有。

实施对象：　　　　　　　　　　　　　　　　　　　　　　　　　　实施日期：＿＿＿年＿月＿日

10.7　文化行业营销提成方案设计

10.7.1　文化行业营销提成方法

文化行业的营销通常是直销形式，除了有形产品外，更多的是思想、创意、宣传、品牌、文化等无形产品或服务的营销，因此文化行业企业的营销人员的提成方案设计应注重文化行业的特点，在基本提成的方法上设计更适合自身营销业务和市场实际的提成方案。

文化行业营销中常见的提成方法如图10-13所示。

超额提成法	全额提成法	兼职佣金法
◆ 扣除一部分或保留其基本工资作为固定工资部分 ◆ 规定需完成的销售额或利润，超额完成部分再按一定的比例提取提成	◆ 取消固定的基本工资或取消销售目标定额，文化行业营销人员的提成完全随回款额或利润浮动，可以设置阶梯比例	◆ 文化行业营销经常雇佣兼职业务人员，不用正常上班出勤，采取纯佣金制，根据个人业务回款利润计提提成

图10-13　文化行业营销的提成方法

10.7.2　文化行业营销提成关键点

由于文化行业营销的内容与传统行业营销不同，设计文化行业企业的营销提成方案时需特别注意提成考核指标和提成比例的问题，同时兼顾文化行业营销业务模式特点，规避提成风险。

文化行业营销提成方案设计关键点如图10-14所示。

选择提成考核指标	◆ 由于文化行业营销的内容范围很广，更多的是无形产品或服务的营销，在选择提成考核指标上与传统产品营销不同，应根据不同种类的文化业务和营销内容，选择易于测量评价的考核指标，常见的有业务利润额、销售回款率等
设定合理提成比例	◆ 在设计文化行业的营销提成方案时，应根据不同营销业务对企业战略贡献的不同，设定不同的提成比例 ◆ 在设计文化行业的营销提成方案时，还应根据不同销售渠道合理地设定各渠道的提成比例，协调渠道之间的提成冲突
明确提成分配兑现	◆ 文化行业营销与传统行业营销相比更多依靠团队的营销力量，因此设计文化行业的营销提成方案时应注意平衡营销人员个人和团队的提成分配，做到既提升个人销售热情又培养团队销售精神 ◆ 由于文化行业的营销业务周期一般较长，设计文化行业的营销提成方案时，需明确提成兑现的时间和依据，避免提成风险和提成纠纷

图10-14　文化行业营销提成方案设计关键点

10.7.3　文化行业营销提成制度范例

下面是某文化传媒公司营销提成制度范例。

制度名称	文化传媒公司营销提成制度				
制度版本		受控状态	□ 受控　□ 非受控	制度编号	
第1章 总则	第1条　目的 为规范我公司业务营销提成管理工作，拓展公司的文化传媒市场份额，促进营销人员提高业绩，结合公司具体实际，特制定本提成制度。				

续表

第1章 总则	第2条 适用范围 本制度适用于公司所有业务营销人员,包括兼职营销人员。 第3条 职责分工 1. 总经理负责提成发放的审批。 2. 人力资源部负责业务营销人员的绩效考核,并核算分配文化营销提成。 3. 财务部负责审核业务营销提成申请,并根据审批按时发放提成。	
第2章 提成方法细则	第4条 提成计提基准 1. 公司所有业务(包括商业活动演出、展会设计及承办、宣传画册设计制作、影视制作及租赁、网站设计制作)的营销提成计提基准均为按业务核算的利润总额。 2. 业务利润总额=业务收入-人工费用-业务成本-销售费用-营业税金。 其中,人工费用包括但不限于业务人员工资、差旅费、设计费、交通及食宿补助等; 业务成本包括但不限于材料采购费、场地费、制作费、设备租金等; 销售费用包括但不限于业务招待费、中介佣金和公司产品赠送费用等。 第5条 提成标准 1. 商业活动演出。一般商业活动演出按利润总额的____%,大型商业活动演出(合同额高于____万元)按照利润总额的____%,计提给该业务的营销负责人,由其在营销小组内进行分配,报总经理批准后方可发放。 2. 展会设计及承办。主动营销承接的展会业务,按照利润总额的____%,计提给该业务的营销负责人,由其在营销小组内进行分配,报总经理批准后方可发放;公司承接的展会业务无提成提取。 3. 宣传画册和网站设计制作业务,直接业务营销人员按照利润总额的____%计提提成,其所在营销小组按照____%进行提成。 4. 影视制作及租赁。合同额低于(含)____万元的,按照利润总额的____%计提提成;合同额高于____万元按照利润总额的____%计提提成给该业务的营销负责人,由其在营销小组内进行分配,报总经理批准后方可发放。 第6条 提成核算发放 1. 业务提成核算时间必须与公司财务结账周期保持一致,即每月15日至次月14日,并以实际回款额为准。 2. 提成以回款额进行计算,并随工资统一发放,发放日期为每月16日,如遇国家法定节假日或公休日则提前发放。 3. 上述业务提成属于税前提成,由公司财务部按国家有关法规代扣代缴个人所得税。	
第3章 奖惩规定	第7条 考核奖励办法 1. 在业务营销提成的计提和支付之外,实施季度、年度销售明星奖励政策,参加考核评比的仅限于公司正式营销人员,不包括兼职营销人员。 2. 季度和年度销售明星奖限1人/次,人力资源部根据营销人员及其所在小组的季度、年度营销考核指标完成情况进行考核,第一名给予相应的现金奖励,季度销售明星为____元,年度销售明星为____元。 第8条 罚款、扣款规定 1. 超期回款罚款规定。有合同的营销业务,按合同规定计算回款期;无合同的营销业务,金额在1万元(含)以上的回款期不超过30天,金额在1万元以下的,回款期不超过15天。 (1)回款超期____天以内,对责任人处以应收款额0.2%的罚款。 (2)回款超期____~____天,对责任人处以应收款额0.5%的罚款。 (3)回款超期____天以上,对责任人处以应收款额1.0%的罚款。 2. 呆账、死账罚款。出现呆账、死账时由该营销业务负责人承担主要责任。对营销合同出现的呆账、死账,公司需要进行法律诉讼的由该营销业务负责人承担50%的诉讼费用,如胜诉收回全部款项,则退还其承担的诉讼费用,业务提成按规定发放。	
第4章 附则	第9条 其他 1. 本制度自颁布之日起实施。 2. 本制度由人力资源部负责制定,解释权归人力资源部所有。	
编制部门	审批人员	审批日期

10.7.4 文化行业营销提成方案范例

下面是某文化传播公司营销提成方案范例。

文化传播公司营销提成方案

| 编　号： | 编制部门： | 审批人员： | 审批日期：＿＿＿年＿月＿日 |

一、目的

为了进一步拓展我公司营销业务，完善业务营销人员的激励机制，提升公司广告招商和文化产品营销业绩，结合公司及文化行业实际，特制定本营销提成方案。

二、原则

1. 保证员工和公司共同利益，倡导全员销售。
2. 精神激励与物质激励相结合，突出物质激励。
3. 压力与动力相协调，强调文化营销特点。

三、适用范围

本方案适用于公司市场拓展部、销售业务部以及兼职业务人员等全体营销人员的营销提成计提和管理工作。

四、营销提成方法

(一)销售任务目标

1. 市场拓展部整体年度营销目标为开发广告招商新客户＿＿＿名，其中优质大客户(合同额超过＿＿＿万元)不少于＿＿＿名。部门内业务人员营销目标由部门主管计划分配。
2. 销售业务部整体年度营销目标为公司文化产品销售额达＿＿＿万元，销售利润不低于＿＿＿万元，部门内按照业务人员数量和职位等级分配任务目标及提成系数，具体如下表所示。

销售业务部营销目标及提成系数

职位等级	营销目标(销售额)	提成系数
销售主管	＿＿＿元/月	＿＿＿%
销售代表	＿＿＿元/月	＿＿＿%
销售专员	＿＿＿元/月	＿＿＿%

3. 兼职业务人员无定额营销目标。

(二)营销提成方法

1. 市场拓展部新增广告招商新客户为优质大客户的，按合同款税后15%提成；为中小客户的，按税后8%提成。
2. 销售业务部员工营销提成根据其当月完成目标计划营销任务为基准提成，具体标准如下表所示。

销售业务部营销提成方法

营销目标完成情况	营销提成方法
完成目标的30%以下	无提成，发放基本工资的60%
完成目标的30%(含)～60%(不含)	无提成，发放基本工资的80%
完成目标的60%(含)～100%(含)	发放全额工资，提成＝销售额×提成系数
超额完成目标(＞100%)	超额部分按照原提成系数的1.5倍计提额外奖励

3. 兼职业务人员，每月完成回款利润＿＿＿元(含)以下的，按回款利润的15%提成；每月完成回款利润＿＿＿元以上的，按回款利润的20%提成。

五、营销提成发放

1. 市场拓展部的营销提成按年度(每年度1月1日至12月31日)进行考核计算，于次年2月＿＿＿日前统一发放，根据部门人员年度绩效考核结果按比例进行分配。
2. 销售业务部及兼职业务人员的营销提成按月度(每月25日之前)进行考核计算，于次月＿＿＿日前随工资统一发放。

续表

六、提成申报审批
1.营销提成由部门主管进行考核核算后编制营销提成申请表,上报人力资源部。
2.人力资源部审核各部门主管提交的营销提成申请表后,上报总经理。
3.总经理审批营销提成申请表后,由财务部按照相关规定进行提成发放。
七、营销人员考核机制
1.营销人员由部门主管根据公司营销人员绩效考核实施方案有关规定进行考核;部门主管由主管副总联合人力资源部进行绩效考核。
2.市场拓展部实施季度和年度绩效考核,销售业务部和兼职业务人员实施月度绩效考核。
3.营销人员在试用期内无任何有效营销业绩的予以淘汰;正式营销人员在试用期后三个月内无任何营销业绩的按照公司规定予以处罚。

实施对象：　　　　　　　　　　　　　　　　　　　　　　　实施日期：＿＿＿年＿＿月＿＿日

10.8 酒店营销提成方案设计

10.8.1 酒店营销提成方法

酒店行业主要是通过卓越营销和满意服务来经营发展的,对营销人员的营销手段和能力要求较高。酒店设计营销提成时应考虑提成方法能充分激励营销人员乃至全体员工。

酒店营销提成的主要方法如图10-15所示。

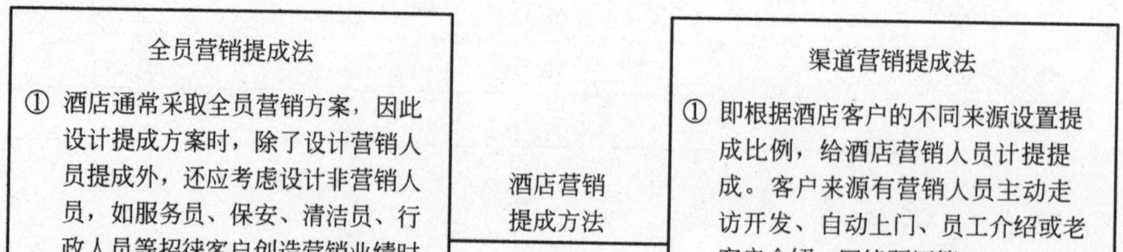

酒店营销提成方法

全员营销提成法
① 酒店通常采取全员营销方案,因此设计提成方案时,除了设计营销人员提成外,还应考虑设计非营销人员,如服务员、保安、清洁员、行政人员等招徕客户创造营销业绩时的提成
② 非营销人员提成比例通常低于营销人员提成比例,但核算依据通常高于营销人员,以保证有效激励

渠道营销提成法
① 即根据酒店客户的不同来源设置提成比例,给酒店营销人员计提提成。客户来源有营销人员主动走访开发、自动上门、员工介绍或老客户介绍、网络预订等
② 对于有其他营销渠道的酒店,如网络预订、旅行社合作等,还应为营销渠道设置提成的比例或标准

图10-15　酒店营销提成的主要方法

10.8.2 酒店营销提成关键点

酒店营销提成方案应该主要从提成比例设计、业绩考核确认、提成发放程序这三个方面进行设计,充分考虑酒店经营管理实际,确保提成方案的适用性和有效执行。

酒店营销提成方案设计的关键点如图10-16所示。

10.8.3 酒店营销提成制度范例

下面是酒店营销提成制度范例。

提成比例设计	◆ 酒店营销提成比例可以根据营销人员职级、营销任务目标、营销淡旺季等因素进行分类制定，注意应对非营销人员的营销提成比例单独设置 ◆ 酒店营销提成通常以实际到账营销额、酒店营销利润为基准进行核算
业绩考核确认	◆ 酒店设计营销提成方案时应对营销业绩确认的方法作出明确规定，并规范业绩考核确认的程序 ◆ 非营销人员的营销业绩确认、提成方案设计时应尤为注意，以免产生提成争议
提成发放程序	◆ 酒店设计营销提成方案时须明确提成发放审批程序，规范有关部门及人员的权责 ◆ 酒店营销提成通常按照月度或季度发放，主要采取货币形式支付兑现，同时可以辅以其他非物质形式，作为激励补充手段

图 10-16　酒店营销提成方案设计关键点

制度名称	酒店营销提成制度				
制度版本		受控状态	□ 受控　□ 非受控	制度编号	
第1章 总则	第1条　目的 　　为了充分调动酒店员工工作的积极性，主动开拓客源，切实做好全员营销，从而提高酒店营业收入和经济利润，根据激励与约束、效益与利益相结合的原则，结合酒店实际，特制定本提成制度。 第2条　适用范围 　　本制度适用于酒店全体员工的客房销售、会场预订和物业租赁的营销提成管理工作。 第3条　职责分工 　　1.总经理负责审批营销提成的发放。 　　2.人力资源部负责统计核算酒店员工的营销提成。 　　3.营销部负责提供酒店员工营销提成的依据。 　　4.财务部负责审核和发放酒店营销提成。				
第2章 提成范围及 营销任务	第4条　提成范围 　　1.酒店营销部人员以年初下达的各月营销任务目标完成情况为依据，对于完成目标80%及以上的营销人员，按照相应比例计发提成。 　　2.酒店其他部门人员以合格完成自己本职工作为前提，在不影响所在部门工作的情况下，可自己为酒店联系客户，以实际消费金额为基准按照相应比例计发提成。 第5条　营销任务目标 　　酒店营销部年度销售任务目标为____万元，营销部经理根据实际工作情况制定月度销售计划和分配营销人员个人任务目标，上报总经理批准后实施。				
第3章 全员营销 提成方法	第6条　客房销售提成标准 　　酒店客房销售提成根据楼型、销售房价不同设置提成比例，以实际回款到账销售额为基准进行计提，具体标准如下表所示。 **客房销售提成标准表** 	楼型	销售价	提成比例
---	---	---
主楼	低于360(不含)元/间	不计提
	360(含)～380(不含)元/间	____%
	380(含)～400(不含)元/间	____%
	400元/间(含)以上	____%
副楼	低于160(不含)元/间	不计提
	160(含)～200(不含)元/间	____%
	200(含)～280(不含)元/间	____%
	280(含)元/间以上	____% | 说明： 　　1.非营销部营销人员按以上提成标准减半执行。 　　2.属于酒店老客户的按以上提成比例减半计算。				

续表

第3章 全员营销 提成方法	第7条　会场预订提成标准 1. 提成＝会场销售额×提成比例 2. 会场按照酒店标准价预订销售的，提成比例为____%；按照酒店优惠价预订销售的，提成比例为____%；低于酒店提成底价预订销售的不予提成。 3. 酒店会场提成底价由公司根据会场面积、容纳人数、出租成本等因素综合确定。 4. 属于酒店老客户的按规定提成比例减半计提提成。 第8条　物业租赁提成标准 物业租赁营销提成按照营销利润的3%计提，营销人员从客户承租后接受租金的第一个月起计提提成，截至承租客户退租当月停止。
第4章 提成统计 发放办法	第9条　营销提成统计 1. 营销部须建立酒店营销统计台账，营销部经理于每月____日前统计本部门员工上月营销业绩，交至人力资源部。 2. 人力资源部于每月____日前，统计除营销部门外各部门员工上月营销业绩，有营销经理确认签字方予以认可。 第10条　营销提成审批 人力资源部编制营销提成明细表，交至财务部审核后，上报总经理审批。 第11条　营销提成发放 财务部根据审批于每月____日统一发放上月营销提成，打入员工银行卡账户内，如遇节假日或休息日，则顺延至下一工作日发放。
第5章 相关规定	第12条　营销业绩确认规定 1. 营销部预订人员必须如实、准确地进行每日业绩登记，要求营销统计台账上必须详细记录客人资料和营销人员姓名，不允许事后补录和更改。 2. 非营销部门人员的营销业绩应于客人预订两日内，到营销部经理处进行签字确认，过期则不予计算提成。 第13条　提成处罚规定 酒店员工有以下行为者将取消其当月提成的计发，并给予严肃处理。 1. 利用职务之便将本部门营销业绩倒卖或馈赠给其他部门员工的。 2. 接受他人利用职务之便馈赠营销业绩的。 3. 因争抢客户造成客户不满、客户流失的。 4. 因利益或私人恩怨怠慢客户，遭到投诉____次以上的。 5. 以营销任务为借口透露酒店营销方案，给酒店带来不良影响的。
第6章 附则	第14条　其他 1. 本制度自总经理审批签字后实施。 2. 本制度由人力资源部负责制定，解释权归人力资源部所有。
编制部门	审批人员　　　　　　　　　　　审批日期

10.8.4　酒店营销提成方案范例

下面是酒店营销提成方案范例。

酒店客房营销提成方案

编　号：　　　　　编制部门：　　　　　审批人员：　　　　　审批日期：____年__月__日

一、目的
为了充分调动酒店营销人员的工作积极性，提高员工的销售意识，增加酒店客房入住率，结合酒店实际，特制定本提成方案。
二、设计原则
本着公平、合理、良性竞争、有效激励的原则，设计酒店全员营销提成计提机制。

续表

三、适用范围
本方案适用于酒店全体员工客房营销提成的管理工作。
四、提成范围
1. 可计入提成的业绩包括以下三个方面。
(1) 在酒店客房入住的无预订散客。
(2) 酒店的贵宾卡客户、储值卡客户。
(3) 酒店的长包房客户。
2. 不可计入提成的客户包括以下三个方面。
(1) 媒体在酒店入住冲抵广告费用。
(2) 酒店供应商在酒店入住冲抵货款。
五、营销目标
酒店年营销目标为销售额1 200万元,根据淡旺季不同具体分解如下表所示(单位为万元)。

酒店营销目标表

季节		淡季	平季	旺季
月份		12、1、2、3	11、4、5、6	7、8、9、10
份额		15%	35%	50%
目标		180	420	600
月目标	营销部	30	70	100
	前厅部	15	35	50
	合计	45	105	150

六、营销部提成方法
1. 以协议价销售的提成=房价×3‰×天数;
以高于协议价销售的提成=[(协议价×3%)+(房价价差×30%)]×天数;
经总经理特批后,低于协议价销售的客房,按照总房价的2%计提成。
2. 月租房和年包房统一按照总房价的____%计提成。
3. 营销部人员走出去开发新客源计入个人业绩提成,单独计提;领导介绍、主动上门的客户均为营销部整体业绩,计提部门提成。
4. 营销部每月部门整体提成部分由营销部主管根据月度绩效考核结果,按照比例分配;营销人员个人提成归个人所有。
5. 所有客房销售额,以营销部下单,前台收款签字确认为准,未收回销售款项的不能计提提成。
七、前厅部提成方法
1. 前厅部营销提成,以来自散客和无预订入住宾客为主,黄金周期间销售额不予提成。
计算公式:提成=前台价×天数×3%,前台价每降低1个百分点,提成比例降低0.1%,前台价最低不能低于协议价。
2. 升级营销提成,以有预订的宾客为主,经前厅部推介升级入住的,按照房价差价的____%进行提成,不受黄金周的限制。
3. 前厅部提成包括以上两项,为部门整体提成,由前厅部主管根据员工月度绩效考核结果,按比例进行分配。
八、其他员工提成方法
1. 其他非营销人员,通过个人渠道介绍而来的客户,提成方法按照前厅部销售提成方法执行。
2. 酒店其他部门主管及以上管理人员按照普通员工提成比例的50%计提成。
九、提成发放
1. 营销部和前厅部主管每月末核算分配本部门酒店客房营销提成,人力资源部核算其他部门酒店客房营销提成,经财务部审核后,上报总经理审批。
2. 酒店客房营销提成按月度兑现,财务部根据审批于每月____日随工资统一发放上月提成。

实施对象:　　　　　　　　　　　　　　　　　　　　　　　　　　实施日期:____年__月__日

10.9 快递营销提成方案设计

10.9.1 快递营销提成方法

快递行业根据其业务性质，其营销提成可以分为派送快件提成和收揽快件提成，其中收揽快件为快递公司收入和利润的主要来源，其提成比例或标准设置应比派送快件提成比例或标准要高。

派送快件提成主要是给予基层快递业务人员，收揽快件提成除了快递业务员外更主要的是给予专职快递营销人员。

快递营销提成的主要方法如图10-17所示。

按照快件数量提成	按照快件类型和重量提成	按照快递订单金额提成
◆ 即按照每派送或收揽一份快件计提一定金额提成的方法 ◆ 通常用于基层快递业务人员的提成方案	◆ 将快件分为文件和包裹两种类型分别设置提成比例，其中包裹可按重量分级设置 ◆ 对于重要文件或贵重物品可适当提高提成比例	◆ 即以客户的快递订单金额为基准，按照一定提成比例计提成 ◆ 适用于核算快递签约客户的提成，主要用于专职快递营销人员的提成方案

图 10-17　快递营销提成的主要方法

10.9.2 快递营销提成关键点

快递营销提成方案应以快递企业组织结构、运营体系、业务范围为依据，坚持公平合理、业绩导向的原则进行设计，以达到有效激励快递业务人员和营销人员，拓展快递业务的目的。

快递营销提成方案设计的关键点如图10-18所示。

提成范围	◆ 快递企业业务分为派送快件和收揽快件两方面，设计营销提成时应根据企业实际界定提成范围 ◆ 收揽快件是快递企业收入和利润的主要来源，营销提成方案设计必须包括收揽快件提成且提成比例相对较高，而派送快件提成则可以根据情况弱化
提成标准	◆ 企业需根据自身业务情况、经营规模和发展规划选择合适的提成方法，对于基层快递业务人员和专职快递营销人员及管理人员可以制定不同的提成方法和标准 ◆ 快递营销提成标准可根据地区和市场拓展情况进行设置和调整，最好不要一刀切
提成发放	◆ 快递营销提成通常按月度发放，对于基层快递业务人员还应设计年终奖励和交通、餐食补贴等，提高其薪酬竞争力 ◆ 快递营销提成通常以货币形式兑现支付，应保证按时足额发放，以起到预期的激励效果

图 10-18　快递营销提成方案设计关键点

10.9.3 快递营销提成制度范例

下面是快递营销提成制度范例。

制度名称			快递业务员提成制度		
制度版本		受控状态	□ 受控　□ 非受控	制度编号	

第1条　目的
为了充分激励基层快递业务员,扩大快递业务范围和营销业绩,提高公司基层快递业务人员的薪酬竞争力,结合公司实际,特制定本提成制度。

第2条　适用范围
本制度适用于公司所有基层快递业务人员的提成管理工作。

第3条　职责分工
1. 总经理负责审批快递业务员提成的发放。
2. 各区域经理负责考核统计快递业务员的工作业绩。
3. 人力资源部负责核算快递业务员的提成分配额。
4. 财务部负责审核和发放快递业务员提成。

第4条　薪酬构成
快递业务员薪酬采用"底薪+提成+各种补贴"的薪酬形式,其中正式快递业务员的底薪统一为____元/月,试用期快递业务员底薪为____元/月。

第5条　提成范围
快递业务员提成分为派件业务提成和收件业务提成两部分。

第6条　派件业务提成方法
快递业务员根据派件类型和数量计提提成,具体标准如下表所示。

派件业务提成标准表

派件任务完成情况		提成标准
完成月度派件任务	文件	____元/份
	包裹	每派送一件2千克以下包裹,提成____元,所派送包裹重量每增加1千克,提成增加____元
未完成月度派件任务	文件	____元/份
	包裹	每派送一件2千克以下包裹,提成____元,所派送包裹重量每增加1千克,提成增加____元
备注	1. 派送快件若有丢失或损坏,由快递业务员负责赔偿,不可抗力原因除外 2. 若因快递派送延迟等问题遭到客户投诉,每投诉一次扣罚快递业务员提成____元	

第7条　收件业务提成方法
1. 对于零散客户,快递业务员每收1份快件,按照所收取的快递费用的____%计提提成。
2. 对于大客户(一次性快递订单金额超过____元或一个月内累计快递订单金额超过____元),快递业务员每收1份快件,按照快递订单金额的____%计提提成。
3. 与公司签有长期快递服务协议的客户,快递业务员的收件提成按照零散客户提成标准执行。

第8条　提成审批发放
1. 每月____日,各区域经理将所属快递业务员当月的业绩统计结果交至人力资源部。
2. 人力资源部核算快递业务员提成,交至财务部审核后,上报总经理审批。
3. 财务部于每月____日随底薪一起向快递业务员发放提成,遇节假日或公休日提前至最近的工作日发放。

第9条　附则
1. 本制度由总经理审批签字后,于____年____月____日起执行。
2. 本制度由人力资源部负责制定,解释权归人力资源部所有。

编制部门		审批人员		审批日期	

10.9.4 快递营销提成方案范例

下面是快递营销提成方案范例。

快递大客户营销提成方案

编　号：　　　　　　编制部门：　　　　　　审批人员：　　　　　　审批日期：　　年　月　日

一、目的

为了有效提升快递营销人员的工作积极性和创造性，进一步开发快递大客户提高公司业务收入，结合公司实际，特制定本提成方案。

二、原则

1. 业绩导向原则。
2. 按劳分配原则。
3. 员工与公司双赢互利原则。

三、适用范围

本方案适用于公司所有专职快递营销人员的提成管理工作。

四、提成计算公式

$$营销提成 = 快递订单额 \times 提成比例 \times \frac{绩效考核得分}{100}$$

其中，快递订单额以月度大客户快递订单的实际到账金额为准进行计算。

五、提成比例设计

快递大客户营销提成比例范围为____%~____%，可根据各营销区域和分公司的实际情况进行设定，由营销经理确定上报总经理批准后执行。

六、快递大客户标准

1. 营销人员成功签约一定月结金额的所有快递客户，在提成周期内创造的快递订单额（只计算当月达到大客户标准的客户快递订单额），都认定为有效的营销业绩。不同城市快递大客户标准如下表所示。

快递大客户标准表

区域类别	直辖市及省会城市	其余一线城市及二线城市	三线城市及以下
快递大客户标准	月结金额≥____元	月结金额≥____元	月结金额≥____元

2. 营销人员开发从未与公司合作过的或中止合作半年以上的快递客户，属于新客户开发，其提成标准可在快递大客户标准的基础上下调15%。

七、提成时间

1. 营销人员成功签约月结快递客户后有三个月的考察期，自达到快递大客户标准之日起，12个月内(含当月)可计提提成。
2. 针对单个客户可享受最长15个月内连续12个月的提成，期间未达到提成标准的月份，该客户的快递订单额不计提成。
3. 举例来说：

甲客户1月份签约月结，2月份其快递订单额达到快递大客户标准开始计提提成，直至次年1月。

乙客户1月份签约月结，4月份其快递订单额达到快递大客户标准开始计提提成，直至次年3月。

丙客户1月份签约月结，6月份其快递订单额达到快递大客户标准开始计提提成，直至次年3月。

八、提成考核

营销经理于每月末____日至____日，组织对快递营销人员进行绩效考核，具体指标如下表所示。

快递营销人员绩效考核指标

考核指标	说明	权重
销售目标达成率	指快递大客户销售完成情况	70%
快递客户开发率	指已签约快递客户与快递客户总数之比	10%
营销回款率	指已开发快递客户在账期内收回账款占应收账款的比率	10%
客户拜访	每次客户拜访都有完整记录，经抽查准确、真实	5%
日常工作	考勤、日常工作表现及与其他工作的配合情况	5%
说明：考核得分=Σ各个指标评分×权重		

续表

九、提成发放 1.每月____日前,营销经理将快递营销人员当月的业绩统计和绩效考核结果交至人力资源部。 2.人力资源部核算快递营销人员提成,资料交至财务部审核后,上报总经理审批。 3.财务部于每月____日随底薪一起向快递营销人员发放上月提成,如遇节假日或公休日提至最近的工作日发放。 十、其他 1.本方案由人力资源部制定,解释权归人力资源部所有。 2.本方案自发布之日起试行3个月,3个月后正式实行。

实施对象: 　　　　　　　　　　　　　　　　　　　　　　　实施日期:____年__月__日

Chapter 11

第11章

渠道成员提成方案设计

11.1 渠道成员提成关键问题

11.1.1 代理商提成关键问题

代理商是代企业打理生意，并赚取企业代理佣金的商业单位。代理商一般不买断企业产品，而是由企业给予一定的佣金额度，所代理的商品的所有权属于厂家而不是代理商。

因此，对代理商的佣金提成方案设计，十分关键。在代理商提成设置的过程中，主要存在以下 4 项关键问题，如图 11-1 所示。

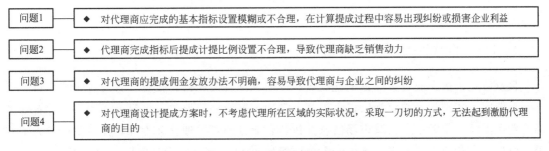

图 11-1　代理商提成关键问题说明图

11.1.2 经销商提成关键问题

经销商是对商品拥有所有权，进行多品种经营并获得经营利润的独立经营机构，它与供货方责权对等，且在经营活动过程中不受或很少受到供货商的限制。

由于经销商买断商品所有权，承担经营风险，并在经营过程中获取经营利润。因此，经销商的提成一般不以"提成"方式来展现，而是通过红包、返利、以及其他销售支持的形式呈现。

在这些过程中，主要存在 5 个方面的问题，具体如图 11-2 所示。

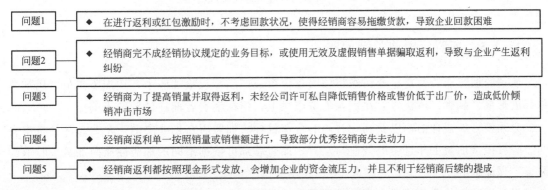

图 11-2　经销商提成关键问题说明图

11.1.3 批发商提成关键问题

批发商是指向生产企业购进产品,然后转售给零售商、产业用户或各种非营利组织的商业机构。批发商位于商品流通的中间环节,一般情况下不直接服务于个人消费者。

批发商一边联结产品生产企业,一边联结零售商,是商品流通链的重要组成部分。一般情况下,批发商提成方案设计中,易存在如图11-3所示的关键问题。

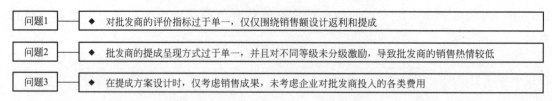

图11-3 批发商提成关键问题说明图

11.1.4 直营店提成关键问题

直营店是指由企业直接经营的连锁店,即由总部直接经营、投资、管理各个零售点。

直营店、特别是品牌旗舰店很大程度上是为了展示公司形象、彰显公司实力,并有效了解消费者需求,帮助企业获取市场信息并执行企业各类营销理念和方针,并不单单是为了利润,所以在直营店提成方案设计时,需要注意如图11-4所示的设计问题。

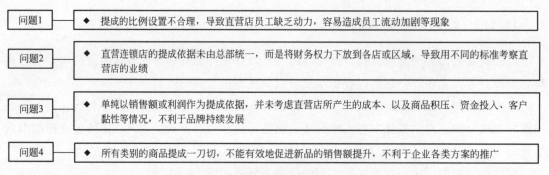

图11-4 直营店提成关键问题说明图

11.1.5 加盟店提成关键问题

所谓的加盟店,就是企业组织将该服务标章或产品授权给加盟主,让加盟主可以用加盟总部的形象、品牌、声誉等,在商业消费市场上,招徕消费者前往消费的店铺。

必须签订加盟合约,以获利为共同的合作目标。加盟店在创业之前,企业总部会将本身的经验教授给加盟主并且协助创业与经营。加盟总部可依据不同的加盟性质向加盟主收取加盟金、保证金等。

设计加盟店的营销提成方案时,容易存在以下三个方面的问题,具体如图11-5所示。

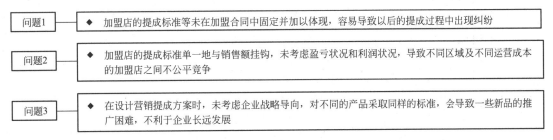

图 11-5　加盟店提成关键问题说明图

11.2 渠道成员提成的关键点

11.2.1 代理商提成关键点

综合考虑代理商与企业的关系及提成过程中出现的各类问题，在设计代理商提成方案时，应注意以下 4 个关键点，如图 11-6 所示。

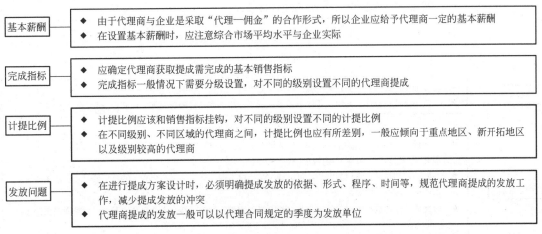

图 11-6　代理商提成关键点示意图

11.2.2 经销商提成关键点

根据经销商经营的特点，在设计经销商提成方案时，应注意如下的关键点，具体如图 11-7 所示。

11.2.3 批发商提成关键点

由于批发商是渠道的重要环节，是企业完成商流链的关键所在，所以对批发商设置提成时，应注意以下关键点，具体如图 11-8 所示。

提成形式	◆ 经销商提成和一般的"提成"有所不同，应当以返利、返点或红包、折让、兑换货、堆头展示、广告补贴等形式来呈现 ◆ 应在签订经销合同时，与经销商确定具体的提成形式
任务系数	◆ 应确定经销商获取返利应完成的任务系数：销量+产品结构+回款额 ◆ 任务系数确定应合理，是经销商通过努力可以完成的，切不可如"镜中花、水中月"，久而久之使得经销商失去销售热情
返利时间	◆ 返利时间一般可分为现返利、月度返利、季度返利、年度返利及活动性的返利等，应与经销商协商好返利时间 ◆ 较长的返利时间有利于企业资金周转，但是可能会使经销商失去热情
计提比例	◆ 返利比例应当和销售量、销售额、利润、产品结构及回款等因素挂钩，应采取分级返利的形式 ◆ 对完成任务的经销商进行分级激励，对未完成任务的经销商采取惩罚措施，以提升经销商的销售热情
区别对待	◆ 对重点和难点区域的经销商，应加大投入，在价格、市场、售后、人员及返利政策上给予适当的倾斜与照顾，这样可防止经销商区域之间窜货 ◆ 对于主产品可以通过返利内容、时间、形式等予以侧重，塑造主产品
提成发放	◆ 对经销商应按照约定的时间和方式发放提成 ◆ 对于高比例返利等提成，应当设置一定的门槛，除了销量或销售额等方面的要求外，还应要求经销商不能有严重违规的行为，否则应扣减或取消返利

图 11-7 经销商提成关键点示意图

提成形式	◆ 批发商提成和经销商的较为类似，应当主要以返利、折让等形式呈现 ◆ 与批发商建立合作关系时，应以书面形式确定提成类型及发放时间等，以减少日后合作的纠纷
销售目标	◆ 应对批发商制定一定的销售目标，销售目标的确定受到经济形势、行业政策、竞争对手情况、企业发展状况等的影响，其确立需要运用科学的方法 ◆ 经验估计法是最为常用的方法，可以通过综合批发商、客户、经营负责人的意见等，在分析潜在需求的基础上确定销售目标 ◆ 对比法，是通过对比行业标杆企业、竞争对手的销售目标，结合企业自身情况加以调整而得出销售目标的方法 ◆ 还可以根据各种统计方法，在过去数据基础上推测出合理的销售目标
计提比例	◆ 提成比例是营销提成方案的核心内容。对批发商设置提成比例时，应当考虑产品特性、行业管理、市场开发程度、产品需求程度、销售季节、产品质量、销售难易程度、销售费用、销售战略的侧重点、不同区域的开发程度等 ◆ 计提比例需要以阶梯形式来呈现，以更好地激励重点批发商
兑现时间	◆ 提成兑现时间是批发商关注的重要内容 ◆ 一般情况下，提成兑现可以按照月度、季度、年度等自然时间设计，适用于销售周期不长，回款较为迅速的产品 ◆ 对于项目回款周期长的产品，其提成可依据回款时间，在当月或次月兑现 ◆ 也可根据合同的情况，在合同签订或截止日期当时、次月兑现提成

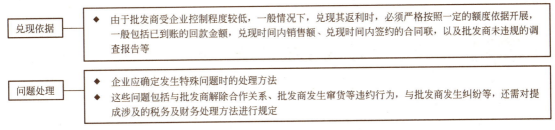

图 11-8 批发商提成关键点示意图

11.2.4 直营店提成关键点

直营店的所有权归企业自己,所以一般情况下直营店的提成并非给店铺,而是发放给店铺员工的,在设计时应确定以下关键点。如图 11-9 所示。

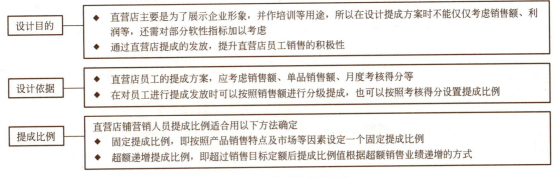

图 11-9 直营店提成关键点

11.2.5 加盟店提成关键点

根据加盟店经营的特点,加盟店的提成一般采用奖励或分红的形式,在加盟店提成的设计过程中,应注意如下的关键点,如图 11-10 所示。

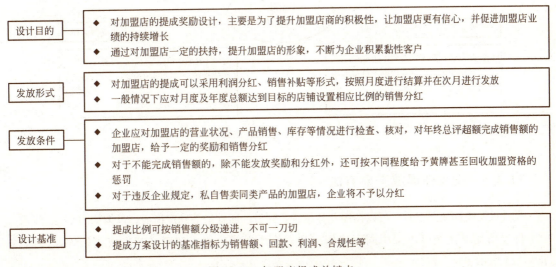

图 11-10 加盟店提成关键点

11.3 渠道成员提成主要方法

11.3.1 代理商提成主要方法

代理商的营销提成可以采用如下三种方法，具体如图11-11所示。

无定额营销提成	定额营销提成	超定额营销提成
◆ 对代理商无销售定额目标，根据其实际销售业绩提取提成 ◆ 此种方法适合无基本薪酬的代理商	◆ 对代理商设置阶梯式销售目标 ◆ 根据完成目标销售定额的情况按比例提成	◆ 设定代理商销售的最低目标值，当销售额超过目标后，根据超过定额目标的销售业绩计算提成

图11-11 代理商提成的主要方法示意图

11.3.2 经销商提成主要方法

经销商提成主要是以返利形式兑现。在返利设计过程中，主要有以下四种方法，具体说明如图11-12所示。

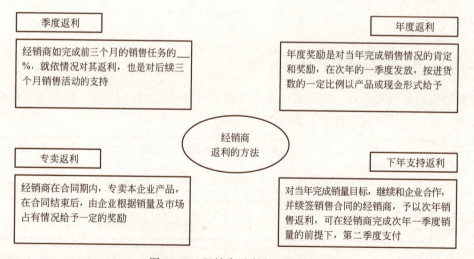

图11-12 经销商返利方法说明图

11.3.3 批发商提成主要方法

设计批发商提成方案时，可以按照业务量、合同量、回款量等确定提成，具体如图11-13所示。
批发商提成比例可以采用固定比例、超额递增提成比例、超额递减提成比例等，具体如图11-14所示。

第 11 章 渠道成员提成方案设计

按照业务量	按照合同量	按照回款量
◆ 按照产品的销售总额或产品的销售总数作为提成及核算的依据 ◆ 适合需要快速拓展市场的企业	◆ 按照批发商与企业签订合约的总金额或者签约销售量作为提成计算的依据 ◆ 适用于信誉度高的批发商	◆ 将回款量作为提成计算的依据，这里的回款量是指已经划拨到企业资金账户上的销售款项 ◆ 适用于大部分企业

图 11-13　批发商提成的主要方法示意图

固定提成比例	按销售特点设定固定提成比例值
超额递增提成比例	超过项目销售目标定额后，提成比例根据超额业绩递增的方式设计
超额递减提成比例	适合最初市场销售难度较高，随着运营拓展销售额激增的情况，适合新产品或开拓新市场时使用

图 11-14　批发商提成比例确定方法示意图

11.3.4　直营店提成主要方法

直营店是企业所有的，对直营店设计提成主要是针对其员工，在此主要可以运用三种方法，具体说明如图 11-15 所示。

纯佣金制	底薪+提成	底薪+提成+奖金
◆ 无固定工资，以营销提成为全部薪酬 ◆ 适合开拓性的产品销售	◆ 采取固定工资加营销提成作为直营店员工薪酬结构 ◆ 适用于绝大多数的直营店	◆ 给予直营店员工一定的底薪，完成基础目标后可以按超额部分给予提成 ◆ 完成目标达到一定程度后发放奖金

图 11-15　直营店提成的主要方法说明图

11.3.5　加盟店提成主要方法

根据加盟店经营的特点，加盟店的提成一般有两种方法，具体如图 11-16 所示。

赚取完成任务后的销售收入		赚取货差+奖励
◆ 店主付出一定的加盟费 ◆ 企业给予加盟店主少量的基本工资 ◆ 在销售任务目标内的收入上交总部，完成一定的销售任务后，销售所得归加盟店所有 ◆ 连续n次完不成销售任务取消加盟资格 ◆ 此种方法适合服务型商品销售	成本领先战略	◆ 店主付出一定的加盟费用 ◆ 店主出资从总部进货，并销货赚取差额 ◆ 店主每月完成任务达到一定量后，总部付给店主一定的奖励，奖励可以以现金或折扣方式兑现 ◆ 此种适合实物销售型加盟店

图 11-16　加盟店提成方法说明图

11.4 渠道成员提成管理制度

11.4.1 代理商营销提成制度

下面是代理商营销提成制度。

制度名称	代理商营销提成制度			
制度版本	受控状态	□ 受控	□ 非受控	制度编号
第1章 总则	第1条 目的 为了提升代理商及其员工销售的积极性,建立合理而公正的薪酬体系,特制定本制度。 第2条 适用范围 本制度适用于公司各代理商及其市场管理人员。			
第2章 代理商员工的 薪资制度	第3条 成员薪级 代理商市场管理人员的薪资分四个档级,以网点达成率和销售任务完成率两项指标进行考核。 第4条 考核形式 1.考核于每年的7月份和次年1月份开展,连续两个季度计划考核指标达成率同时在90%或以上者,可以申请向公司底薪上调一个档级。 2.连续两个季度计划考核指标达成率同时低于70%者,薪资将下调一个档级,连续两个季度计划考核指标达成率同时低于60%的业务人员,自动辞职。			
第3章 代理商季度提成 政策及发放	第5条 季度提成考核指标 以代理商合同的季度销售任务指标和代理商合同季度内提货额指标为基准,计算销售达成率。达成率百分制形式并保留2位小数。 第6条 考核时间 季度提成考核时间为代理商合同季度终了之日起15日内。 第7条 代理商提成标准 代理商提成按照合同季度任务进行考核。 1.代理商的销售达成率低于70%,不享受提成,可以参与年度考核。 2.代理商的销售达成率大于100%的,超过100%的部分给予提成,标准为超出部分的___%,公司预留20%作为年度提成基金,暂不发放。 第8条 季度提成发放时间 1.代理商季度提成发放时间为代理商合同季度终了月份的次月15号。 2.每个代理商季度提成先行发放80%,剩余20%公司预留作为提成基金,待年终发放。			
第4章 年度提成与 发放管理	第9条 年度考核指标 1.以代理商合同的年度销售任务指标和代理商合同年度内提货额指标计算销售达成率,达成率百分制形式并保留2位小数。 2.用代理商合同的年度形象网点拓展任务指标和代理商合同年度内实际形象网点拓展指标,计算形象网点拓展达成率,达成率百分制显示并保留2位小数。 第10条 考核时间 代理商年度提成考核时间为代理商年度合同终了之日起25日内。			

续表

第4章 年度提成与 发放管理	第11条 提成发放时间 提成发放时间为代理商年度考核结束月份的次月25号。 第12条 年度提成发放标准 年度提成发放标准如下表所示。 年度提成发放标准表	

指标	指标值	方案
年度销售 达成率	70%≤年度销售 达成率<100%	年度提货额____%的提成
	年度销售达 成率≥100%	任务内,提取年度销售任务指标____%的提成, 超出销售任务的部分,提取提货额____%的提成
代理商形象网点 拓展达成率指标	代理商形象网点拓展达成率指标≥100%,给代理商发放下面网点销售额 总额____%的提成	
	代理商形象网点拓展达成率低于70%,年度考核补提提成,九折发放	
	代理商形象网点拓展达成率低于50%,年度考核补提提成,七折发放	

注:形象网点的认定条件如下。
1. 具有公司统一形象的日化标准前柜、背柜或商场半岛或全岛柜台。
2. 柜台内货品摆放整齐,不得摆放其他品牌产品。
3. 柜台灯箱片为公司最新形象灯箱片。
4. 柜台标识齐全。
5. 网点柜台形象须经营销部审核通过后方可确认为公司形象网点。

第5章 附则	第13条 其他 1. 本制度由营销部制定,经总经办审批后通过。 2. 本制度自发布之日起实施。
编制部门	审批人员　　　　　　审批日期

11.4.2 经销商销售返利制度

下面是经销商销售返利制度范例。

制度名称	经销商销售返利制度			
制度版本	受控状态	□ 受控　□ 非受控	制度编号	
第1章 总则	第1条 目的 　　为了有效指引经销商销售返利工作,调动经销商的销售热情,控制窜货、压价现象的发生,特制定本制度。 第2条 适用范围 　　本制度适用于本企业所有级别的经销商。 第3条 职责分工 1. 营销部对返利工作进行整体控制。 2. 财务部对各项返利依据进行核算。			

续表

第2章 经销商返利的 基本形式	第4条　推行多样化的返利形式 　　为了配合企业的返利政策能够彻底地贯彻实施,实现每项政策应达到的目的,本公司需采用多样化的返利形式。 第5条　现金形式 　　1.公司直接以现金支付经销商应得的返利。 　　2.此种返利形式最为原始、最为简单,并且容易操作,易于管理,但是会增加本公司的现金压力,并缺乏对渠道成员后续控制,所以营销渠道管理人员应谨慎采用。 第6条　货款折扣形式 　　1.返利不以现金的形式支付给经销商,而是让经销商在下次提货时享受折扣。 　　2.这种形式可以减少本公司的现金压力,同时可以在经销商的返利拉力上形成环环相扣的局面,不进下一批货就无法得到这笔返利。 第7条　实物形式 　　1.实物形式是指本公司以等价值的实物支付经销商应得的返利。 　　2.一般情况下,实物应为配送车辆、电脑(含管理软件)、终端等经销商用得上的实物。 　　3.用实物形式发放返利时,必须能够有利于经销商配送、业务管理等能力的提升。 第8条　市场宣传及培训形式 　　1.此种形式是将返利的资金作为经销商的培训费用和当地经销商的广告宣传费用来使用的一种形式。 　　2.此种形式可以为经销商开展市场活动、广告宣传,帮助经销商扩大影响快速销货,并提升经销商的业务能力、经营管理水平,为增加产品销量打下基础。 　　3.营销渠道管理人员应提升这一类型返利的使用频率。 第9条　联谊活动形式 　　1.此种形式包括观光、旅游、联欢等。 　　2.此种形式能够缓解经销商的工作压力,制造机会增加沟通、加深感情,有利于淡化利益,改善厂商关系。
第3章 经销商返利的 具体政策	第10条　季度营销返利 　　1.只要经销商在每个季度完成当年度销售任务总量的25%,即可享受销售季度返利政策。 　　2.季度返利不同品种按不同比例执行,具体根据每年营销部下发的文件执行。 　　3.季度返利在下一季度的第一个月末兑现,返利将采用实物或培训、观光旅游等形式给予。 　　4.此种返利可促成经销商按时完成每季度的销售任务,有利于市场拓展前期的快速铺货、渠道覆盖以及分销网络的建设,并有利于将年度的大目标化小,化整为零,增强经销商完成年度目标的信心。 第11条　年度返利政策 　　1.经销商在完成当年各自的年度销售任务总量之后,不论经销商规模大小,按统一标准享受返利。 　　2.不同的产品按照不同的比例返利,具体标准根据营销部每年下发的文件执行。 　　3.年度返利由本公司在第二个销售年度的第一个月末以现金的形式向经销商支付。 第12条　回款返利政策 　　1.每批及时结清货款的经销商,按月享受当月回款总额0.5%的及时回款返利。 　　2.全年无应收账款的经销商,享受年度销售总量0.5%的回款返利。 　　3.以上返利为累加返利,经销商可重复享受。 　　4.返利金额通过实物、学习培训、观光旅游的形式支付。 第13条　产品专卖返利政策 　　1.在同类产品中,如经销商只销售本公司的产品,即可享受该项产品的单项返利。 　　2.返利在第二个销售年度以进货价格折扣形式兑现。 　　3.如经销商中途经营其他同类产品,该返利自动取消。 第14条　新产品推广返利政策 　　1.如经销商按要求组织新产品上市推广,迅速铺货,并且开展终端促销等工作,可以享受新产品销售额＿＿＿的返利。 　　2.新产品推广返利在年终结算,在第二个销售年度第一个月末以商品实物形式返还。

续表

第4章 返利注意事项	第15条　返利应遵循的原则 公司在设计返利政策时,必须在返利周期安排、返利项目设计上巧妙处理,注意突出返利侧重点的突出,并区分返利点数的档次。 第16条　灵活制定返利周期 返利周期应分为月度、季度、半年、年度,以利于阶段性的目标达成,及时发现经销商在合作过程中的不足之处,从而明确工作整改的突破口。 第17条　综合设计返利项目 1.在设计返利项目时,不能单纯考虑销量。 2.应设置进度返利、回款返利、专销返利、新品推广返利等返利政策,使得返利真正成为一种控制和规范市场的一种手段。 第18条　根据不同营销阶段调整返利侧重点 营销管理人员应根据本公司不同的主打品种设计不通过的返利点,不能一刀切。 第19条　制定合理的返利点数 1.营销管理人员应确定合理的返利点数,确保返利具有诱惑性。 2.所有返利叠加累计后,产品的返利应达到4%~8%之间,以调动经销商的积极性。	
第5章 附则	第20条　其他 1.本制度由营销部制定,经总经办审核通过后生效 2.本制度自颁布之日起实施	
编制部门	审批人员	审批日期

11.4.3　直营店营销提成制度

下面是某企业制定的直营店营销提成制度。

制度名称	直营店营销提成制度			
制度版本		受控状态	□ 受控　□ 非受控	制度编号
第1章 总则	第1条　目的 为了提高专卖店内导购员的工作积极性,通过业绩提成的方式更好地落实专卖店的经营管理政策,体现人性化管理风格,促进导购员的团结协作,特制定本营销提成方法。 第2条　适用范围 本制度适用于公司各直营店铺的人员营销提成工作。			
第2章 店铺人员职责分工	第3条　店长职责 1.店长全面负责本店的日常工作及销售管理,完成公司下达的每月销售任务。 2.店长每周组织一次销售会议,做好周工作计划和周工作总结,下达公司的工作安排和任务,并贯彻执行。 3.店长应做好店面导购员管理,将工作细分,责任到人,并做好店面人员的培训工作。 4.保持团队安定团结,维护公司制度,增强团队凝聚力和战斗力。 5.负责清洁和收取陈列产品,对滞销和有特殊质量问题的产品及时统计并上报公司。 6.做好客户资料整理、登记工作,记录规范、清楚、详细准确,以备公司检查。 7.每日下班前作好订单统计,并向公司营销部服务中心报单,做到报单不隔夜。 8.针对店面的实际情况,提出店面布置建议和改进方式,在每周工作报告中反映。 9.负责客户质量投诉登记、接待和现场勘察,对了解的情况作好记录并及时向区域销售经理汇报。 10.做好本店导购员考核与其他管理工作。 第4条　导购员职责 1.仪容仪表端庄大方,标准着装与佩戴工作牌。			

续表

第2章 店铺人员职责分工	2. 按时上下班，工作时间不会私客，不串岗、逃岗，不做与工作无关的事情。 3. 服从店长的工作安排，保质保量完成店长下达的工作任务，接受店长的帮助、指导、监督。 4. 保持店面和地面、展架等清洁卫生，产品摆放整洁、充实。 5. 热情接待顾客，根据顾客需要正确引导购买，并对顾客提出的问题作细致解答，发现特殊情况及时上报店长。 6. 熟悉产品的各种规格、性能、安装方法、售价及活动内容。 7. 掌握产品陈列知识，正确陈列产品。产品要做到一货一签，货签对位，保证商品排列合理整齐，可根据情况提出样品摆放调整方案。 8. 严格按照公司制度与客户签订销售或订货协议，字迹工整，订单各项内容填写完整分明，严禁有任何遗漏。 第5条　技术支持人员职责 1. 技术支持人员负责售前和售后的技术支持。 2. 技术支持人员要对重点、难点技术进行攻克，预备各种软件供客户安装，常见机型的刷机和解锁。 3. 技术支持人员同时还需要对导购人员提供必要的技术支持和技术培训。 第6条　收银员 1. 收银员负责收银开票，并管理店铺财务，做好每日账面。 2. 收银员需要对销售人员进行开票操作培训，以便销售人员可单独开票。 3. 做好店铺库存管理，每月进行库存盘点。	
第3章 直营店铺 销售目标	第7条　提成条件 1. 所有销售必须联网开单，没来得及开单的第二天前一定补单，缺少补单的交易不计入提成。 2. 开单时，必须使用销售导购员的名称，不能开错。 3. 销售单黄色底联由导购员自己留存，月末算提成使用。 第8条　提成比例 直营店提成额按照直营店的毛利润计算，具体提成比例如下表所示。 **直营店铺提成比例说明表** | 销售毛利润（单位：元）	提成比例
---	---
销售毛利润<15 000	0
15 000≤销售毛利润<30 000	7%
30 000≤销售毛利润<50 000	10%
50 000≤销售毛利润	15% | 第9条　导购员个人提成计算 个人提成＝个人销售业绩（毛利润）×提成比例。 例如，店铺月销售毛利润为23 000元，张三完成销售毛利润为8 000元，那么张三的提成为8 000×7%＝560（元）。 第10条　技术支持人员提成计算 技术支持人员，按店铺毛利润的2%提成。 第11条　收银员提成 收银员的月度提成按照整店毛利润的1%提成。	
第4章 附则	第12条　其他 1. 本制度由营销部、人力资源部制定，经总经办审核通过后生效。 2. 本制度自颁布之日起实施。	
编制部门	审批人员	审批日期

11.4.4 零售商营销提成制度范例

下面是某企业制定的零售商营销提成制度。

制度名称	零售商营销提成制度				
制度版本		受控状态	□ 受控　□ 非受控	制度编号	
第1章 总则	第1条　目的 　　为了提高各类零售商的销售热情,落实公司各合作单位的销售政策,增加公司产品的销售额,特制定本制度。 第2条　适用范围 　1.本制度适用于公司各类零售商的营销提成,具体包括以下3类零售商。 　　(1)本公司各专柜所在的百货公司、商场。 　　(2)与本公司有合作关系的大中型超市。 　　(3)本公司在各地的直营专卖店及加盟专营店等。 　2.各类小型便利商店及折扣商店一般从代理商及经销商进货,不享受本制度规定的提成政策。				
第2章 百货公司及商场 提成政策	第3条　百货公司及商场提成形式 　1.公司商品在百货公司及大商场中设立的专柜,所产生的销售由商场收银负责收款,按照收款的总数扣除商场的提成。 　2.商场提成后的金额,由商场根据合同约定支付本公司。 　3.商场应定期对本公司所有的品牌商品进行宣传。 第4条　百货公司及商场提成比例 　　由于百货公司及商场的政策不同,本公司给予百货公司及商场的营销提成比例以本公司销售总额来计算,具体比例以本公司与商场签订的租赁合同为依据来确定。				
第3章 大中型超市提成政策	第5条　大中型超市合作形式 　　本公司与大中型超市合作形式包括以下两种。 　1.本公司产品缴纳入场费用,超市买断公司产品的所有权,赚取零售价格与进价的差价。公司应根据销售额的情况,额外给予超市一定比例的提成。 　2.本公司产品在超市寄卖,缴纳一定的入场费用,超市负责收银,并抽取一定的提成比例后,将其余金额结算给本公司。 第6条　买断商品的提成政策 　　买断商品的所有权归超市,超市营销提成的依据为单月进货额,具体提成比例如下表所示。 超市买断产品提成比例说明表 	产品	达标最低销售额	提成比例
---	---	---
A	＿＿元	＿＿%
B	＿＿元	＿＿%
C	＿＿元	＿＿%
D	＿＿元	＿＿% | 第7条　寄卖商品的提成政策 　　本公司在超市寄卖的商品,以与超市签订的合作合同为准,一般情况下提成比例不得超出销售额的＿＿%,否则区域销售经理不得签订合作合同。 第8条　其他提成 　1.除普通商品的提成外,对于超市大力支持并宣传的新产品,本公司还会额外给予新产品销售额＿＿%的提成。 　2.能够及时回款的超市,本公司会给予按期回款总额＿＿%的提成。				

续表

第4章 直营店及加盟 专营店的提成 政策	第9条 直营店的提成政策 1. 直营店为本公司所开立,商品所有权及营业收入均归本公司所有,提成主要对直营店员工发放。 2. 直营店提成依据为店铺毛利润,具体的提成比例如下表所示。 **直营店营销提成说明表** | 销售毛利润(单位:元)	提成比例
---	---
销售毛利润<____	____%
____≤销售毛利润<____	____%
____≤销售毛利润<____	____%
____≤销售毛利润	____% | 3. 直营店的提成金额计算出来后,由全店员工根据销售贡献按比例分配。 第10条 加盟专营店的提成政策 1. 加盟专营店从本公司进货,销售商品赚取差价,提成依据为进货额、回款额、新产品销售额等指标。 2. 销货提成根据进货额计算,具体提成办法如下表所示。 **加盟专营店销货提成说明表** | 进货金额(单位:元)	提成比例
---	---
进货额<____	____%
____≤进货额<____	____%
____≤进货额<____	____%
进货额<____	____% | 3. 回款奖励提成按照及时回款的总额确定,为按时回款总额的1%,与销货提成累加发放。 4. 加盟专营店如大力推广新产品,本公司将给予一定的新产品销售奖励提成,提成比例为新产品销售额度(需达到最低销售额标准)的____%。	
第5章 附则	第11条 其他 1. 本制度由营销部制定,经总经办审核通过后生效。 2. 本制度自颁布之日起实施。	
编制部门	审批人员	审批日期

11.5 渠道成员提成管理方案

11.5.1 代理商营销提成方案

下面是某企业制定的代理商营销提成方案。

代理商营销提成方案

| 编　号： | 编制部门： | 审批人员： | 审批日期：＿＿年＿月＿日 |

一、目的

为了促进本公司产品的销售，特制订本代理商营销提成方案。

二、代理商申请条件

1. 申请代理需具备如下基本条件。

(1) 有软件营销能力，能独立承担一定责任的公司或个人。

(2) 必须完全自愿加盟。

2. 代理办法。

(1) 符合申请条件并一次性交清代理费用＿＿＿元即可成为本公司软件销售的企业代理商。

(2) 符合申请条件并一次性交清代理费＿＿＿元即可成为个人级的代理商。

(3) 成为代理商的需与本公司签订代理合同。

3. 代理商任务。

负责向对路单位销售本公司开发的管理信息系统，具体合作事宜见代理合同。

三、代理商提成标准

不同的代理商提成标准及条件不同，具体如下表所示。

代理商提成标准一览表

代理等级	标准提成方案 （成交额不含本公司后期服务费）		备注
	业绩（可累积）（单位：元）	提成比例	
普通代理	1～10 000（含）	6%	成交额累积到3万元及以上，可在"代理申请进阶区"申请成为"金牌代理"，审核通过后从审核通过日起成交的金额提成比例按照金牌代理比例执行
	10 000（不含）～50 000（含）	10%	
金牌代理	10 001（含）～50 000（含）	12%	成交额达累积到7万元，可在"代理申请进阶区"申请成为"钻石代理"，审核通过后从审核通过日起成交的金额提成比例按照钻石代理比例执行
	50 000（不含）以上	14%	
钻石代理	70 000（不含）以上	16%	钻石代理默认的提成比例都是16%
区域代理	成交金额不限	12%	不升级，只能做双方协定区域内的商品

四、代理商提成发放条件

1. 年度内存在违规行为的代理商，取消当年度提成权利。

2. 应收账款额累积达到＿＿＿万元的代理商，暂停其提成资格，待应收账款收回后方可进行提成。

3. 应收账款超过＿＿＿个月的客户，公司将通过法律渠道收款，所产生的费用在代理商提成中扣除。

| 实施对象： | 实施日期：＿＿年＿月＿日 |

11.5.2　经销商销售返利方案

下面是某药企的经销商返利方案，供读者参考。

经销商销售返利方案

| 编　号： | 编制部门： | 审批人员： | 审批日期：＿＿＿年＿月＿日 |

一、目的

为了增加经销商的销售热情，对经销商进行一定程度的扶持，加速货款回收，推进市场建设，保证公司和经销商的共同发展，特制定本方案。

二、返利类型

本公司返利共采取五种形式，具体如下图所示。

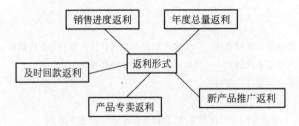

返利方案类型说明图

三、具体返利方案

（一）销售进度返利

1. 只要经销商在每个季度完成当年度销售任务总量的25％，即可享受该项政策。
2. 不同品种的进度返利按不同比例执行，"胃灵丸""宝宝脐贴""降压片"的进度返利点数分别为1.5％、1％、0.5％。
3. 进度返利在下一季度的第一个月末兑现，返利采用安排经销商销售人员外出观光旅游等形式给予。

（二）年度总量返利

1. 经销商在完成当年各自的年度销售任务总量之后，不论经销商规模大小，按统一标准享受返利。
2. "胃灵丸"按照2％、"宝宝脐贴"按照1.5％、"降压片"按照1％的标准返利。
3. 返利由本公司在第二个销售年度第一个月末以现金形式向经销商支付。

（三）及时回款返利

1. 每批及时结清货款的经销商，按月享受当月回款总额0.5％的及时回款返利；连续180天无应收账款的经销商，享受180天回款总额1％的回款返利；全年无应收账款的经销商，除以上两项之外，另外享受年度销售总量0.5％的回款返利。
2. 以上返利为累加返利，经销商可重复享受；但如出现一次拖欠货款行为即取消所有回款返利。
3. 返利金额作为组织经销商参加高级学习培训班的费用。

（四）产品专卖返利

1. 在同类产品中（如上海某厂家的"珍菊降压片"、湖北某厂家的"宝宝一贴灵"、深圳某厂家的"仲景胃灵片"），如经销商自愿只销售本公司的三个对应产品，即可享受该项返利政策。
2. 返利在第二个销售年度以进货价格折扣形式兑现；经销商中途经营其他同类产品，该返利自动取消。
3. 专卖返利标准为"胃灵丸"1.5％、"宝宝脐贴"1％、"降压片"0.1％，可与其他返利相叠加。

（五）新产品推广返利

1. 如本公司有其他新品上市，配合密切的经销商（按要求积极组织召开新产品上市推广会、快速进行铺货、开展终端促销维护工作）除了享受以上四项常规返利之外，还额外享受新产品销售额3％的返利。
2. 新产品推广返利在年终结算，在第二个销售年度第一个月末以实物形式返还。

四、返利执行说明

以上返利政策为累计返利，达到各个项目的标准即可享受；一旦经销商有破坏价格、跨区销售的行为，所有返利自动取消。

| 实施对象： | 实施日期：＿＿＿年＿月＿日 |

11.5.3　批发商销售奖励方案

下面是某汽车公司对其配件批发商的销售奖励方案。

批发商销售奖励方案

编　号：	编制部门：	审批人员：	审批日期：＿＿年＿月＿日

一、目的

为了规范批发商销售配件附件业务，激励批发商向公司用户提供高品质的产品和服务，进一步拓展盈利模式，增加服务亮点，并加强对批发商优秀售后员工的激励，特制定批发商配件及附件销售奖励商务政策。

二、奖励的类型

本商务政策由指标完成奖和各项单项奖励组成，具体如下表所示。

批发商奖励类型一览表

奖项		奖励对象	方式
指标完成奖		批发商	配件折扣
单项奖励	优秀配件业务奖	批发商	配件/整车折扣
	优秀附件业务奖	批发商	配件/整车折扣
	优秀配件经理奖	员工	奖金
	优秀附件经理奖	员工	奖金
	最佳配件进步奖	员工	奖金
	最佳附件进步奖	员工	奖金
	最佳新车装潢奖	员工	奖金
市场活动奖励	售后市场营销活动奖	批发商/员工	配件折扣/奖金

三、奖励条件

要获得本公司的批发商销售奖励，必须满足以下的条件。

1. 完成年度配件附件总体销售指标。
2. 未发生影响本公司品牌形象的有责投诉事件。
3. 符合本公司关于配件附件外采购管理的有关规定。
4. 年度油漆及化工品采购额不得低于纯配件的3.8%。
5. 非养护类附件产品单车采购额不得低于300元/车。
6. 2013年开业批发商将在售后开业后分配指标，可参加指标完成奖评奖，最低奖励系数为2%。同时也可以参与评选优秀配件业务奖和附件业务奖。

四、奖励设置

(一)指标完成奖

奖励系数一览表

指标(百万元) \ 完成率	年度系数		季度系数
	≥105%	≥100%	≥100%
≥10.0	4%	2%	0.5%
5～10	3%	1.5%	0.5%
0～5	2%	1%	0.5%

注意：1. 以不含税采购额为计算基础。

2. 指标＝配件指标＋附件指标。
3. 总奖励额＝采购额×(年度奖励系数＋∑季度奖励系数)。
4. 年度配件指标或年度附件指标未完成，扣除0.5%的奖励系数。
5. 月度指标不完成次数不得超过3次，每多一次，扣除0.5%的奖励系数。

(二)优秀配件业务奖

优秀配件业务奖用配件采购额及配件指标完成率综合评定的方式，每个销售区域第一名获得一等奖，第二名自动入围，其余18个获奖名额在全国范围其他批发商中按排名产生。

续表

优秀配件奖项设置标准表

奖励级别	名额	奖励	奖励方式
一等奖	6人	100 000元	整车折扣
二等奖	10人	80 000元	配件折扣
三等奖	14人	60 000元	配件折扣

(三)优秀附件业务奖

每个销售区域的第一名获得一等奖,并对其按整车折扣发放。每种附件批发的第二名自动入围,其余获奖名额在全国范围内其他批发商中按排名产生。二、三等奖根据所有入围经销商的得分排名评定,并通过配件折扣账户发放。

优秀附件奖项设置标准表

奖励级别	名额	奖励	奖励方式
一等奖	6人	100 000元	整车折扣
二等奖	10人	80 000元	配件折扣
三等奖	14人	60 000元	配件折扣

(四)其他单项奖励

其他单项奖的设置及发放标准如下表所示。

其他单项奖项设置标准表

奖项	名额	奖额	奖励对象	奖励方式	评奖标准
优秀配件经理奖	30人	20 000元	服务总监	奖金	与优秀配件业务经销商奖、优秀附件业务经销商奖一致
优秀附件经理奖	30人	20 000元	服务总监	奖金	
最佳配件进步奖	30人	20 000元	服务总监	奖金	指标完成率达40% 采购额增长率60%
最佳附件进步奖	30人	20 000元	服务总监	奖金	
最佳新车装潢奖	30人	20 000元	总经理	奖金	装潢类产品销量达40%

(五)市场活动奖励

1. 该奖励用于支持批发商为提升配附件销售业务而开展的区域售后市场营销活动。
2. 批发商开展区域售后市场营销活动发生的费用最高可按50%由该奖励补贴。
3. 该奖励预算按照配件附件总体采购额的0.5%计算,将根据各区域的配件附件总体采购额分配到各个区域,并按实际发生费用使用。
4. 具体售后区域市场营销活动方案需在每次活动开展之前通过区域申报审批。

实施对象:	实施日期:____年__月__日

11.5.4 连锁店营销提成方案

下面是某企业对其连锁店制定的营销提成方案。

连锁店营销提成方案

| 编　号： | 编制部门： | 审批人员： | 审批日期：＿＿＿年＿月＿日 |

一、目的
为了激励连锁专卖店的营销,扶持各连锁店的成长,提升连锁店利润,进而提升本公司品牌知名度,特制订本提成方案。

二、提成要求
连锁店要想获得公司给予的营销提成,必须满足如下的要求。
1.店面不低于30平方米。
2.连锁店订货价格不低于产品零售价的5折。
3.没有拖欠加盟保证金和货款的情况。
4.已经享受每月度产品销售补贴的,不再发放营销提成。
5.产品退货金额不高于进货金额的＿＿＿%。

三、提成标准
销售额达到以下的目标,并满足提成要求的连锁店及代理,可以获得提成。

连锁店及代理提成一览表

级别	月度市场业绩考核	提成
会员	销售3千元(含)~1万(不含)元产品	2%
连锁店	销售1万(含)~2万(不含)元产品	4%
一级代理	销售2万(含)~6万(不含)元产品	6%
二级代理	培养5个以上一级代理或销售28万元产品	8%
三级代理	培养5个以上二级代理或销售120万元产品	10%

四、兑现形式
1.一级代理享受国内游,二级代理享受国外游,三级代理奖励家庭轿车一辆,三级代理商24个月达标奖励商务公寓一套。
2.连锁形象店可享受全国销售总业绩的1%加权平均分配(月业绩1万以上)。
3.达标代理商分红(以月度全国营业额计):一、二、三级代理分别享受1%平均分红。
4.招商分红:直推店可享首次进货额5%的分红。

| 实施对象： | 实施日期：＿＿＿年＿月＿日 |

11.5.5　网络商城推广提成方案

下面是某综合电商网站对其联盟成员网络推广的提成方案。

某网代理成员推广提成方案

| 编　号： | 编制部门： | 审批人员： | 审批日期：＿＿＿年＿月＿日 |

一、目的
为了增加本公司网站代理成员进行商品推广的积极性,增加网站销量,促进联盟成员和网站共同成长,特制订本提成方案。

二、适用对象
本方案适用于所有的某网线上及线下代理成员,包含以下三类。
1.网站联盟成员:有自己的网站,申请本网站联盟后,将本网站的联盟广告投放到注册的网站上即可。如有会员点击广告,并在24小时内发生有效购买,都算作联盟成员的业绩。
2.联盟代购会员:必须拥有自己的网店,如淘宝、易趣、拍拍、有哇等这类电子商店,在网店上投放本网站的商品,当有客户在网店下单后,代替客户在本网站进行下单,以赚取佣金提成。
3.校园代理:必须是在校学生、教师或家长,在所申请的校园内推广本网站的商品,通过吸引教师学生购买而赚取提成。这里的购买有两种方式,一是把自己的链接发给教师或学生,让他们通过自己的链接进行购买。二是帮别人下单,收货人写自己或购买人都可,但是收货地址必须是申请代理的所在学校。

三、提成标准及发放办法
(一)提成标准
每类商品支付的提成额度不同,具体如下表所示。

续表

各类商品提成标准一览表

商品分类	普通会员提成比例	VIP会员提成比例	特殊商品提成比例	订单金额（X）说明（单位：元）
图书、杂志、教育音像	3.00%	1.50%	1.00%	1. $1.0 < X \leq 30$ 的订单不提成 2. $X > 30$ 的订单提成比例如左表
音乐、影视制品	3.00%	1.50%		
游戏、软件	3.00%	1.50%		
玩具	7.00%	3.50%	1.00%	1. $1.0 < X \leq 100$ 的订单不提成 2. $X > 100$ 订单提成比例如左表
美妆	7.00%	3.50%		
食品	7.00%	3.50%		
手表饰品	7.00%	3.50%		
运动健康	7.00%	3.50%		
服装	7.00%	3.50%		
鞋包	7.00%	3.50%		
母婴用品	4.00%	2.00%		
家居日用	3.00%	1.50%		
汽车用品	2.00%	1.00%		
家具装饰	2.00%	1.00%		
电脑办公（除笔记本、上网本、电脑整机外）	3.00%	1.50%		
家电（大家电除外）及百货其他	6.00%	3.00%		
手机数码（除双卡手机、双模手机、3G手机、CDMA手机、GSM手机外）	3.00%	1.50%		
笔记本、上网本、电脑整机	0.00%	0.00%		
双卡手机、双模手机、3G手机、CDMA手机、GSM手机	0.00%	0.00%		
大家电	0.00%	0.00%		

（二）支付条件

代理成员具有以下行为时，网站有权拒绝支付提成。

1. 客户的购买行为发生在距离最初点击进入网站 24 小时之后。
2. 客户中途曾经关机或访问其他网站，导致 cookie 丢失。
3. 客户以电话、传真或其他线下形式订购本网站商品。
4. 由于不可抗力导致销售数据丢失的（包括服务器意外关机、网络意外中断等）。
5. 联盟代理会员采取任何措施使客户对本网站产生误解的，例如代理或联盟成员试图影响本网站功能或交易过程中的搜索、浏览等。
6. 联盟成员在本公司网站内部发布返点广告或联盟成员网站链接广告的。
7. 在各搜索引擎与本公司品牌关键字进行排名竞价操作的。
8. 网站框架内容模仿本公司网站内容的。

续表

（三）支付形式 1. 每月 1 日（遇节假日顺延至工作日第一天），以网站联盟平台提供的业务数据为基础，核对上个自然月应付联盟成员及代理的服务费用，并于当月 30 日前支付提成。 2. 如当月提成不满 50 元则累积到下一个结算周期。 3. 如联盟会员或代理为法人、组织或商业公司，需要合作前与本网站签署广告合作协议，结算前开具正式发票给本公司，无任何税金。如联盟成员、代理为个人时，本公司将按国家规定代扣代缴个人所得税。 4. 发放校园代理的提成时，应注意订单商品配送地址必须与加入代理时登记的校园地址相符。 5. 平台类百货商户商品不能参与提成，只有本网站自营的商品参与提成。

实施对象：　　　　　　　　　　　　　　　　　　　　　　　实施日期：＿＿＿年＿月＿日

Chapter 12

第12章

项目提成方案设计

12.1 项目提成关键问题

12.1.1 项目团队营销提成关键问题

项目营销团队负责项目产品、服务等可交付成果的经营销售,为项目企业及整个项目组织创造利润。企业人力资源部应根据项目及项目营销的特点设计项目团队营销提成方案,激发项目营销团队的工作热情,使其创造更高的项目价值。

项目营销团队提成方案设计应关注的关键问题,如图12-1所示。

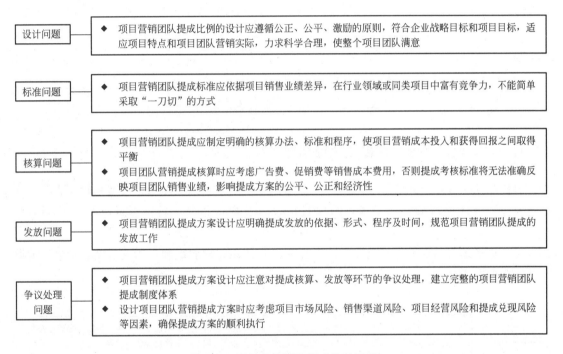

图12-1 项目营销团队提成关键问题

12.1.2 项目总监营销提成关键问题

项目总监是企业项目管理的总负责人,全面统筹项目的企划、计划、实施工作并指导、监督、检查企业各个项目的具体实施。

在项目营销方面,项目总监需要制定项目销售目标,优化项目营销资源,进行合理的销售人员、任务安排,运用项目管理及项目营销的专业知识,提高企业项目的销售业绩。

项目总监营销提成应根据项目总监的项目销售职责进行设计,具体关键问题如图12-2所示。

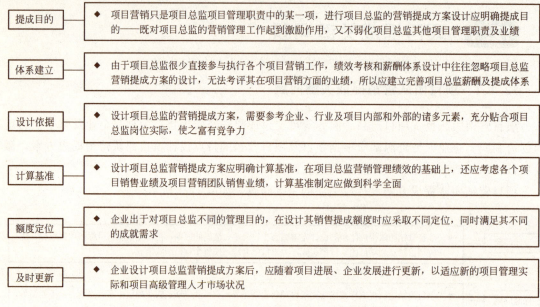

图 12-2　项目总监营销提成关键问题

12.1.3　项目经理营销提成关键问题

项目经理作为企业具体项目的负责人，组织领导具体项目的计划、实施和控制工作，负责领导实施具体项目的营销工作，给项目销售人员提供指导支持，保证项目销售目标的实现。

对项目经理营销提成方案的设计应关注其项目营销管理职能和个人项目销售业绩，具体关键问题如图 12-3 所示。

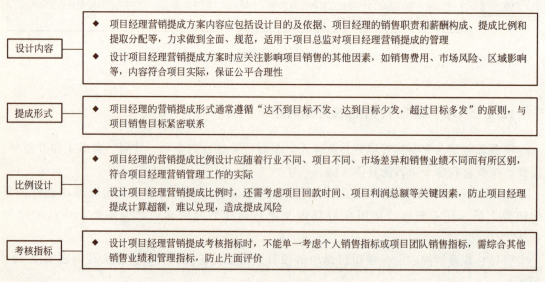

图 12-3　项目经理营销提成的关键问题

12.1.4 项目销售专员提成关键问题

项目销售专员在项目经理的领导下，执行项目的销售方案和销售计划，开展项目销售工作，是提升项目销售业绩、创造项目利润的直接实施人员。

项目销售专员的提成方案应能够充分激发项目销售专员的工作积极性和创造性，体现项目人员和销售人员双重的职位特点。

项目销售专员提成关键问题如图12-4所示。

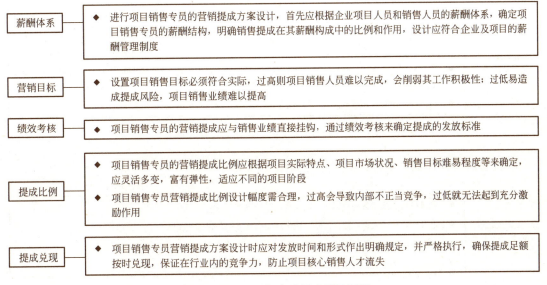

图12-4　项目销售专员提成关键问题

12.2　项目提成的关键点

12.2.1 项目团队营销提成关键点

项目营销团队的销售提成，以团队的项目销售业绩为基础来设计，应根据项目特点和项目营销团队的特殊性，明确项目团队营销提成的比例、计算和兑现，以及提成问题的处理办法。

项目团队营销提成方案设计关键点如图12-5所示。

12.2.2 项目总监营销提成关键点

项目总监的营销提成方案，应以其负责的所有项目的营销管理绩效为依据，结合企业项目营销方案、项目高级管理人才市场供应状况、项目总监职业发展规划需求来进行设计，提高项目总监薪酬结构的竞争力，以起到激励项目总监促进企业项目销售目标实现的作用。

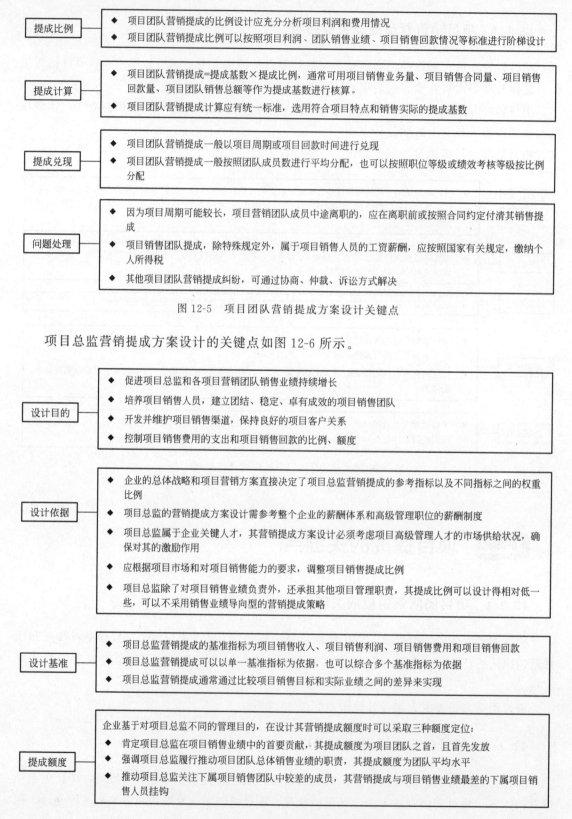

图 12-5 项目团队营销提成方案设计关键点

项目总监营销提成方案设计的关键点如图 12-6 所示。

图 12-6 项目总监营销提成方案设计关键点

12.2.3 项目经理营销提成关键点

项目经理营销提成方案的设计，应与项目经理负责项目的销售团队的销售业绩和个人销售业绩相联系，同时兼顾其对项目销售团队的管理职责，方案应公平、合理、规范，且易于操作和管理。

项目经理营销提成方案设计关键点如图 12-7 所示。

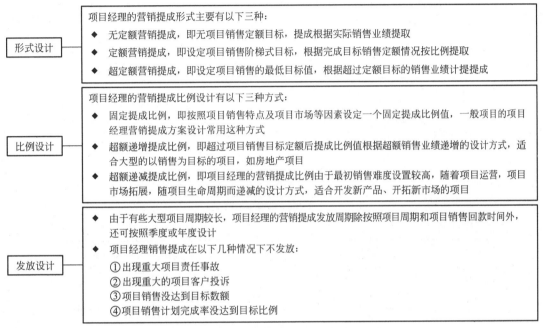

图 12-7　项目经理营销提成方案设计关键点

12.2.4 项目销售专员提成关键点

项目销售专员作为项目销售体系中的基层人员，是项目营销工作的具体执行者，其营销提成应与其执行过程和销售业绩挂钩，通过绩效考核来实现。

项目销售专员提成方案设计关键点如图 12-8 所示。

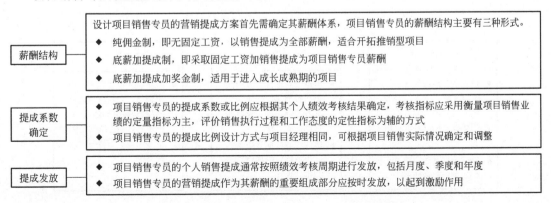

图 12-8　项目销售专员的提成方案设计关键点

12.3 项目提成主要方法

12.3.1 项目团队营销提成方法

根据项目类型、可交付成果、项目市场和项目营销难易程度的不同,项目团队营销提成的方法也不同。项目团队营销提成的主要方法如图 12-9 所示。

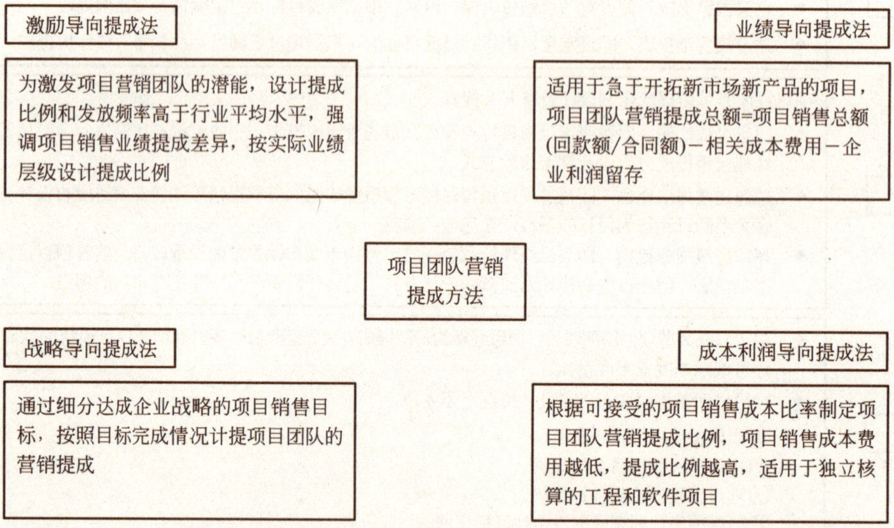

激励导向提成法
为激发项目营销团队的潜能,设计提成比例和发放频率高于行业平均水平,强调项目销售业绩提成差异,按实际业绩层级设计提成比例

业绩导向提成法
适用于急于开拓新市场新产品的项目,项目团队营销提成总额=项目销售总额(回款额/合同额)-相关成本费用-企业利润留存

战略导向提成法
通过细分达成企业战略的项目销售目标,按照目标完成情况计提项目团队的营销提成

成本利润导向提成法
根据可接受的项目销售成本比率制定项目团队营销提成比例,项目销售成本费用越低,提成比例越高,适用于独立核算的工程和软件项目

图 12-9 项目团队营销提成方法

12.3.2 项目总监营销提成方法

项目总监的营销职责仅为其工作职责的某一项,其营销提成占薪酬结构的一小部分。与项目的直接销售人员不同,项目总监的营销提成方案设计更注重其对企业项目营销工作的管理贡献和项目总监营销管理的能力和经验。项目总监营销提成的主要方法如图 12-10 所示。

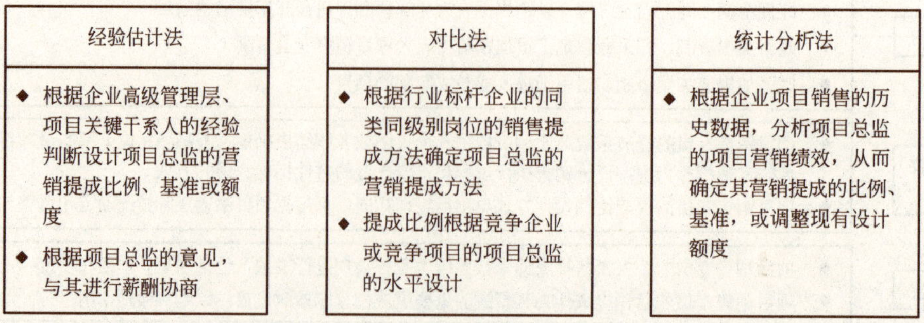

经验估计法
- 根据企业高级管理层、项目关键干系人的经验判断设计项目总监的营销提成比例、基准或额度
- 根据项目总监的意见,与其进行薪酬协商

对比法
- 根据行业标杆企业的同类同级别岗位的销售提成方法确定项目总监的营销提成方法
- 提成比例根据竞争企业或竞争项目的项目总监的水平设计

统计分析法
- 根据企业项目销售的历史数据,分析项目总监的项目营销绩效,从而确定其营销提成的比例、基准,或调整现有设计额度

图 12-10 项目总监营销提成方法

12.3.3 项目经理营销提成方法

项目经理作为项目销售的组织负责人,其营销提成方案设计应综合考虑个人销售业绩和项目团队销售业绩,突出项目经理在项目销售执行过程中的管理监督指导作用。

项目经理营销提成的方法主要有两种,如图 12-11 所示。

```
                    ┌─ 目标分解法
                    │  1. 根据企业战略和项目目标确定项目
                    │     销售目标并按照时间、区域或渠道
                    │     进行分解,确定项目经理营销提成
                    │     考核指标,如销售额、项目利润、
    项目经理营销 ───┤     回款率等
    提成方法         │  2. 根据分解的项目销售目标确定项目
                    │     经理营销提成的计提范围和标准
                    │
                    └─ 阶梯设计法
                       1. 根据项目经理的职位等级、项目团
                          队销售业绩和个人销售业绩确定营
                          销提成计提比例,比例设计应反映
                          项目销售业绩层级差异
                       2. 根据项目特点和项目经理在项目销
                          售中的主要职能确定个人业绩和团
                          队业绩的计提权重
```

图 12-11 项目经理营销提成方法

12.3.4 项目销售专员提成方法

项目销售专员的营销提成主要是以其项目销售业绩为核算依据,通过不同的基准指标进行计算提取和分配。对项目销售专员的营销提成方案进行设计时应充分考虑项目销售专员岗位的特点和薪酬结构,采用灵活多样的提成方法。

项目销售专员营销提成的常见方法如图 12-12 所示。

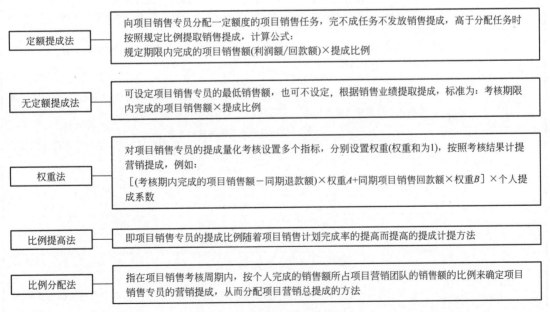

图 12-12 项目销售专员的营销提成方法

12.4 项目营销提成实务设计

12.4.1 项目营销提成管理制度

下面是某企业制定的项目营销提成管理制度。

制度名称	项目营销提成管理制度			
制度版本	受控状态	□ 受控 □ 非受控		制度编号
第1章 总则	第1条 目的 　　为激发项目营销人员工作积极性和创造性,规范公司项目营销提成管理工作,保障公司和项目营销人员的利益,特制定本制度。 第2条 适用范围 本制度适用于公司项目总监、项目经理和负责该项目的所有销售专员。 第3条 职责分工 1.总经理负责审批项目营销提成的考核结果和发放申报。 2.公司主管总监负责考核项目总监的项目营销绩效,确定其项目营销提成比例,交人力资源部。 3.项目总监负责考核项目经理及项目销售专员的项目营销绩效,确定项目营销提成比例,上交公司人力资源部。 4.人力资源部负责审核项目营销提成考核结果并核算分配项目营销提成。 5.财务部负责审核项目营销提成的核算分配,并根据审批按时向有关部门及人员发放项目营销提成。			
第2章 项目营销 提成方案	第4条 项目总监营销提成 1.项目总监的营销提成方法是以项目销售目标利润额为基数,在资金收回情况下进行提成。 2.完成项目销售目标80%的业绩,并且在资金收回的情况下,按照目标利润额的____%进行提成。 3.完成项目销售目标100%的业绩,并且在资金收回的情况下,按目标利润额的____%进行提成;如此逐步递增,每超额完成20%,便递增____个百分比。 第5条 项目经理营销提成 项目经理对项目营销执行和管理负责,根据项目经理营销提成考核结果进行提成计提,具体标准和比例设置如下表所示。 **项目经理营销提成标准表** 	考核等级	提成比例
---	---
A	基本工资×2.0＋个人销售额×3%＋团队销售额×1%
B	基本工资×1.5＋个人销售额×3%＋团队销售额×0.5%
C	基本工资×1.0＋个人销售额×3%
D	个人销售额×3%－基本工资×0.2
E	个人销售额×3%－基本工资×0.4 | 第6条 项目销售专员提成 1.项目销售专员按时完成当期销售指标,得标准提成奖励____元;未完成当期销售指标,则无销售提成。 2.项目销售专员超额完成销售指标的,除标准提成奖励外,按照其超出部分销售额的____%计提额外提成奖励。			

续表

第3章 项目提成 申报审批	第7条 项目营销提成的申报 1.项目总监按照项目经理绩效考核结果,项目销售专员销售业绩,确定其提成比例,上报人力资源部审核。 2.公司主管副总根据项目总监的营销绩效确定其提成比例,报人力资源部审核。 第8条 项目营销提成的审核及审批 1.公司人力资源部审核项目营销提成考核结果及确定的比例,核算分配项目营销提成,编制项目营销提成报表,交财务部审核。 2.财务部审核项目营销提成报表无误后,上报总经理审批并签字确认。
第4章 项目提成 发放规定	第9条 发放条件 当月发生的项目销售款必须全部收回后方可发放提成,如有余款未回,不得发放提成。 第10条 发放时间 经确认审批的项目营销提成由财务部于当月____日统一发放。
第5章 附则	第11条 其他 1.本制度自颁布之日起实施。 2.本制度由人力资源部负责制定,解释权归人力资源部所有。公司可在相关法律及公司规定范围内根据项目实际情况对本制度进行修改,修改后于次月1日自动生效,当月内提成事项仍按修改前规定执行。

编制部门		审批人员		审批日期	

12.4.2 产品项目总监提成方案

下面是某企业制定的新产品项目总监提成方案。

新产品项目总监提成方案

编　号：　　　　　编制部门：　　　　审批人员：　　　　　　审批日期：____年__月__日

一、目的
为增加新产品市场份额,提升新产品项目总监的工作积极性和创造性,结合本公司实际情况,特制定本提成方案。
二、原则
本方案制定遵循公平、公正、公开,员工和公司双赢的原则。
三、项目总监提成方法
1.提成时间。新产品项目提成周期为两年,从产品正式全面上市时间起开始计算,每年计提发放一次,试销时间及试销金额不予提成。
2.提成核算。项目总监的提成计算公式为:
项目总监营销提成=(新产品销售毛利润额-销售费用)×提成比例。
3.提成比例设计。项目总监营销提成比例的具体标准如下表所示。

项目总监营销提成比例的具体标准

项目周期	计划目标部分	超额部分
第一年	1%	0.6%
第二年	0.6%	0.3%

四、提成管理程序
1.每年12月__日至__日,由项目部填写项目总监营销提成申请表,交公司人力资源部审核。
2.财务部负责核算项目总监营销提成金额并填写相关内容。
3.项目总监营销提成申请表由人力资源部、财务部审核后交总经理审批。
4.每年3月__日之前,由财务部按照审批统一发放项目总监营销提成。
五、其他
1.本方案由人力资源部制定,总经理审批后执行。
2.公司对此方案的未尽事宜,将根据新产品项目实际需要予以调整并公示涉及部门及人员。

实施对象：　　　　　　　　　　　　　　　　　　　　　　　实施日期：____年__月__日

12.4.3 工程项目经理提成方案

下面是某企业制定的工程项目经理提成方案。

工程项目经理提成方案

| 编　号： | 编制部门： | 审批人员： | 审批日期：＿＿年＿月＿日 |

一、目的

为了进一步完善企业内部激励机制,鼓励工程项目经理完成更多的利润大的工程项目,充分调动工程项目经理工作的积极性,结合公司实际情况,特制定本提成方案。

二、方案说明

1. 本方案适用于公司所有工程的项目经理的提成计提。
2. 项目经理采用"底薪＋提成＋奖金"的薪酬形式。

三、项目经理底薪设计

项目经理的底薪与其年度承接工程总造价挂钩,具体分配标准如下表所示。

项目经理底薪标准表

工程总造价(承接工程项目造价之和)	每月工资
＿＿＿＿万元以下	＿＿＿＿元
＿＿＿万～＿＿＿万元	＿＿＿＿元
＿＿＿＿万元以上	＿＿＿＿元

四、项目经理提成方法

1. 按上月到款单项工程利润为基础进行一定比例提成后发放。
2. 项目经理提成根据各地区、各工程类型及难易不同提成系数不同。具体如下表所示。

项目经理提成系数表

地区＼项目	管线工程	设备工程	其他类型工程
省内	6.6%	3.0%	4.2%
省外	9.2%	4.2%	6.3%

说明:1. 管线工程包括管道工程、线路工程和光缆工程
　　　2. 设备工程包括交换、传输、基站、微波和数据工程
　　　3. 其他类型工程指非开挖、桥梁、设计等工程项目

3. 项目经理提成计算公式为:工程利润提成＝∑(单项工程利润×提成系数)。

其中,单项工程利润＝单项工程结算金额－工程成本－管理费用;

工程成本＝定额费＋工程管理人员薪资＋主材费;

管理费用＝(工程结算金额－主材费)×45%。

4. 由于特殊原因,工程利润为负数时其提成按零计算。
5. 项目经理提成不预发,在本项目工程款财务到账后一次结清。

五、项目经理奖金设置

1. 项目经理奖金发放依据是当月完成的工程业务量,若完成当月计划的工程项目业务量,提取当月工程造价的＿＿＿％作为奖金;若未完成工程项目业务量,则无奖金。
2. 为鼓励项目经理超额完成工程业务量指标,对于超额部分业务量按照原奖金系数的2倍发放奖金。

六、其他

1. 本方案由＿＿年＿月＿日起执行,在此之前已竣工验收的工程项目不列入项目经理提成考核范围,在次日之后报竣的工程项目列入项目经理提成量化考核范围。
2. 本方案自公布之日起一年内为试运行期,在试运行期间公司有权根据实际情况随时作出调整。
3. 本方案由人力资源部负责制定,解释权归人力资源部所有。

| 实施对象： | | | 实施日期：＿＿＿＿年＿月＿日 |

12.4.4 房地产项目专员提成方案

下面是某企业制定的房地产项目专员提成方案。

房地产项目专员提成方案

编　号：	编制部门：	审批人员：	审批日期：＿＿＿年＿月＿日

一、目的

为了规范房地产销售管理，调动项目销售专员的工作积极性，提升项目销售业绩，结合公司实际情况，特制定本提成方案。

二、方案说明

1. 本方案适用于公司所有房地产项目的销售专员的提成计提。
2. 项目销售专员采用"底薪＋提成"的薪酬构成形式。
3. 项目销售专员的营销提成以月度作为一个考核和计提发放周期。

三、销售目标

1. 暂定项目销售专员的销售目标为每月＿＿套，至少＿＿万元。
2. 若连续＿＿个月项目销售专员无法完成其销售任务，则需按照公司绩效考核管理制度予以处理。

四、提成比例设置

项目销售专员的营销提成直接与其当月销售额挂钩，具体提成比例标准如下表所示。

房地产项目销售专员营销提成比例设置标准

当月项目销售总额	营销提成比例
＿＿＿＿万元以下	＿＿＿＿元
＿＿＿万～＿＿＿万元	＿＿＿＿元
＿＿＿＿万元以上	＿＿＿＿元

说明：项目销售专员营销提成以签订正式认购合同或销售合同，且收取定金或首付款为准，在认购期签订的合同，按照以上营销提成规定比例的50％提取，剩余50％在签订正式销售合同并办理相关手续后提取。

五、营销提成管理

1. 每月＿＿日至＿＿日，由项目经理对项目销售专员上月销售业绩进行考评，并按照上述提成办法进行提成，如发生客户投诉、销售回款逾期或退房毁约等情况，项目经理可根据实际情况扣减项目销售专员的营销提成，并上报项目总监审核批准。
2. 项目销售专员的营销提成为总房款的＿＿‰，其中＿＿‰按房款到账金额发放；剩余部分平均分两次发放：一是留在年终发放；二是待房屋实际交付之后发放。
3. 项目销售专员在房地产项目实际交付之前离开本公司（包括自动离职及公司辞退），其客户后续工作将由项目经理指定的其他专员负责，前任项目销售专员所余＿＿‰的提成将无权领取。

六、项目销售共用基金的提取

项目销售专员从每月的销售佣金中提取＿＿％作为项目销售团队的共用基金，由项目经理统一支配，用于销售人员的日常福利活动，以增进团队精神。

七、其他

1. 本方案由总经理审批签字后，于＿＿年＿＿月＿＿日起执行。
2. 本方案由人力资源部负责制定，解释权归人力资源部所有。

实施对象：	实施日期：＿＿＿年＿月＿日

Chapter 13

第13章

营销提成发放管理

13.1 提成发放关键问题

13.1.1 营销部门提成发放问题

营销部门提成发放涉及的问题主要是指企业薪酬发放制度不完善、部门提成体系不合理而产生的相应问题或纠纷。

设计和执行营销部门提成发放的关键问题如图13-1所示。

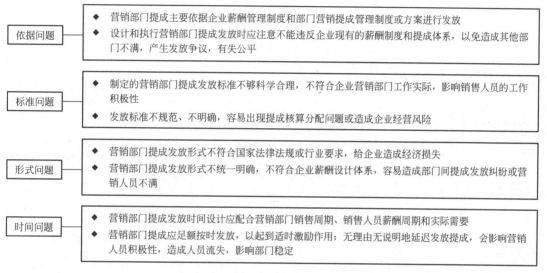

图13-1 营销部门提成发放的关键问题

13.1.2 营销团队提成发放问题

营销团队提成发放涉及的问题主要集中在由于团队营销目标考核、发放程序和分配方式不明确而产生的团队提成发放和分配纠纷。

营销团队提成发放的关键问题如图13-2所示。

13.1.3 营销业务提成发放问题

营销业务提成发放涉及的问题主要是不能根据不同的营销业务范围、业绩、难度、流程等规范营销业务提成发放的依据、标准、时间和实施管理,导致存在提成发放风险,从而难以提高营销业务人员对提成发放的满意度。

营销业务提成发放的关键问题如图13-3所示。

13.1.4 营销渠道提成发放问题

营销渠道提成发放涉及的问题主要是指由于营销渠道不同而产生的提成发放风险。企业

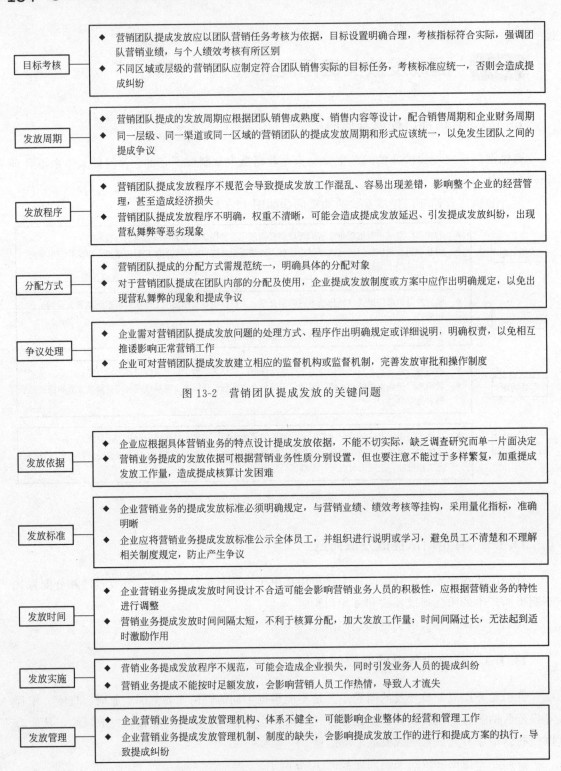

图 13-2 营销团队提成发放的关键问题

图 13-3 营销业务提成发放的关键问题

设计营销渠道提成方案，制定提成发放制度时必须进行周密考虑，规避这些风险。

营销渠道提成发放的关键问题如图 13-4 所示。

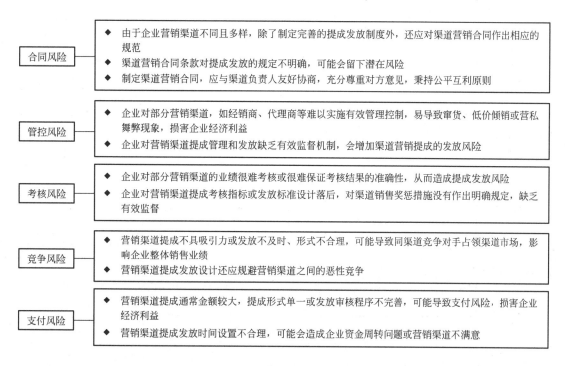

图 13-4 营销渠道提成发放风险

13.2 提成发放的关键点

13.2.1 营销部门提成发放关键点

企业在设计和实施营销部门提成发放时，应建立完善的提成发放制度体系，规范提成发放核算、操作、审批和问题处理的方法流程，保证营销部门提成足额按时发放，防止提成纠纷和发放风险。

营销部门提成发放的关键点如图 13-5 所示。

13.2.2 营销团队提成发放关键点

营销团队提成是以营销团队为单位核算计发的，在设计和实施提成发放时，要明确适合营销团队实际的发放依据、形式、程序和团队内部分配方法，并对可能出现的提成问题作出相应的处理规定，保证营销团队提成发放工作有序高效进行。

营销团队提成发放的关键点如图 13-6 所示。

13.2.3 营销业务提成发放关键点

营销业务提成应根据不同营销业务的特点制定提成发放依据，设计提成发放时间，并根

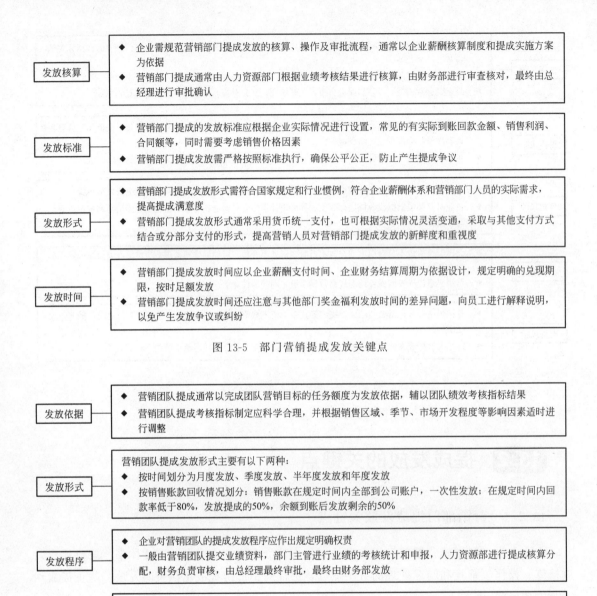

图 13-5　部门营销提成发放关键点

图 13-6　营销团队提成发放关键点

据企业营销业务和环境变化修改发放制度。企业还应注意防范营销业务提成发放过程中可能产生的风险。

营销业务提成发放的关键点如图 13-7 所示。

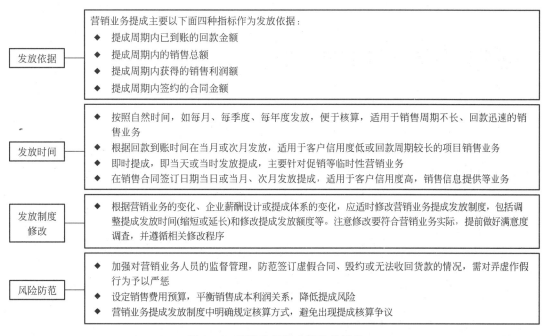

图 13-7 营销业务提成发放关键点

13.2.4 营销渠道提成方法关键点

营销渠道提成应根据不同渠道的营销特点，制定完善营销渠道提成发放制度，规范合同内容和管理，重点应对各种提成发放风险。

营销渠道提成发放的关键点如图 13-8 所示。

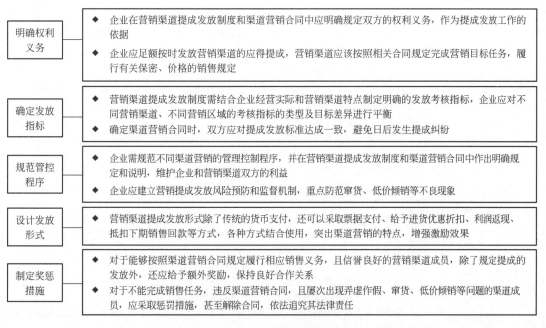

图 13-8 营销渠道提成发放关键点

13.3 提成发放主要方法

13.3.1 营销部门提成发放制度

下面是某企业制定的营销部门提成发放制度。

制度名称	营销部门提成发放制度				
制度版本		受控状态	□ 受控　□ 非受控	制度编号	
第1章 总则	第1条　目的 　　为了对营销部门的提成发放进行科学有效规范的管理，提高营销人员的工作积极性，提高公司整体的销售业绩，结合营销部门实际，特制定本制度。 第2条　适用范围 　　本制度适用于公司营销部全体营销人员的提成结算及发放管理工作。 第3条　职责分工 　　1.总经理负责审批营销提成的发放。 　　2.营销部经理负责统计营销人员的销售业绩和提供营销提成考核资料。 　　3.人力资源部负责营销提成的统计核算工作。 　　4.财务部负责审核营销提成核算，并按时发放提成。				
第2章 提成结算标准	第4条　付款后提成结算 　　1.一次性付款的，销售全款到账后，该商品的营销提成予以结算。 　　2.分期付款的，在签订销售合同并且支付的首付款额到账后，该商品的营销提成方予以结算。 第5条　退换货提成结算 　　1.当发生退货情况时，该笔交易做无效处理，营销提成不予计算；若营销提成已发放，则从提成人员下月营销提成中扣除。 　　2.发生换货情况时，根据前后销售商品总金额的价差实结算，多退少补；已发营销提成大于换货后的实际营销提成的，差额部分在下月营销提成中扣除；已发营销提成小于换货后的实际营销提成的，差额部分在下月营销提成中补足。				
第3章 提成发放操作程序	第6条　提交营销提成考核资料 　　营销部经理于每月__日前向人力资源部提交营销人员的营销提成考核资料，包括业绩统计表、考勤记录表、绩效考核表等。 第7条　编制营销提成发放表 　　人力资源部根据营销部提交的提成考核资料进行考核，根据营销部提成方法，确定营销部人员的提成分配，编制营销提成发放表，交至财务部审核。 第8条　审核营销提成发放 　　财务部根据销售款额到账情况，核对人力资源部提交的营销提成发放表，确认营销提成发放金额无误后，上报总经理审批。 第9条　审批营销提成发放 　　总经理对营销提成发放表进行审批，签字确认后，财务部据此发放营销提成。 第10条　发放营销提成并编制发放台账 　　1.财务部在总经理审批后通过银行按时足额向营销人员发放营销提成，打入个人银行卡中。 　　2.财务部根据银行付款凭证编制营销提成发放台账，并交至人力资源部进行管理。 　　3.人力资源部将营销提成发放台账交至营销部经理，由其组织营销人员确认。 　　4.营销提成发放如有错误的，人力资源部应协调相关部门与营销人员本人进行协商核实，在次月发放营销提成时予以扣除或补发。				

续表

第 4 章 提成发放时间及 注意事项	第 11 条 营销提成发放时间 营销提成发放时间为每月__日发放上月营销提成。 第 12 条 营销提成发放注意事项 1.营销人员如中途离职,须提前__天向公司递交辞职报告,经批准并在办理好业务交接手续且无欠账或违规处罚行为的,公司即按规定发放未结提成。 2.营销人员如中途不辞而别或未获批准和未办理好相关手续而离职,则未领取的营销提成不再发放。 3.营销人员由于严重违反公司规章制度,致使公司声誉或利益受到损害而被开除辞退的,不予发放未结的营销提成。
第 5 章 附则	第 13 条 其他 1.本制度由人力资源部制定,其解释权、修订权归人力资源部所有。 2.本制度自总经理批准后开始实施

编制部门		审批人员		审批日期	

13.3.2 营销团队提成发放制度

下面是某企业制定的营销团队提成发放制度。

制度名称	营销团队提成发放制度			
制度版本	受控状态	□ 受控 □ 非受控	制度编号	

第 1 条 目的
为了激发和保持营销团队工作的积极性和主动性,充分体现多劳多得、贡献与回报相一致的原则,最终达到提升营销业绩的目的,结合公司实际情况,特制定本提成发放制度。
第 2 条 适用范围
本制度适用于公司所有营销团队及个人的提成核算发放工作。
第 3 条 职责分工
1.总经理负责审批营销团队及个人提成发放。
2.营销经理负责分配营销团队销售任务,核算营销团队及营销人员的提成,并编制营销提成表。
3.营销团队主管负责统计本营销团队的销售业绩,分配团队提成。
4.人力资源部负责审核营销提成表,受理营销提成问题申诉。
5.财务部负责于规定时间内发放营销提成。
第 4 条 销售任务分配
营销经理根据实际情况于每月月末下达下一月份的销售任务至各营销团队,营销团队主管对销售任务在团队内进行第二次分配,经营销经理批准后执行。
第 5 条 团队提成发放标准
1.营销团队业绩每月达到公司下达的销售目标,业绩超过部分按销售额的____%提取营销团队提成;未达到团队销售目标,则不提取营销团队提成。
2.团队提成中的5%作为营销团队经费预留,用于团队建设和团队日常开销。
3.营销团队按规定提取团队提成后,由营销团队主管根据团队成员的工作表现和业绩完成情况公正、公平、公开地分配给每个营销团队成员,分配结果报营销经理备存。
4.若营销团队未完成销售目标而营销人员完成个人任务,则不发放团队提成,销售人员的个人提成照发。
第 6 条 团队个人提成发放标准
1.试用期营销人员均不提取营销提成,但业绩作为试用期考核依据。
2.正式营销人员每月未完成销售任务时,应按照该营销人员所完成营销团队任务目标的比例分配发放团队提成。
3.营销人员完成当月销售任务,超额完成部分以销售利润为基准提取个人提成且采用累进制计算,具体如下表所示。

续表

营销团队个人提成比例表	
超额完成销售任务量	提成比例
超出销售任务目标第一个10％以内	5％
超出销售任务目标第二个10％以内	10％＋第一个超出任务目标的提成
超出销售任务目标第三个10％以内	15％＋前两个超出任务目标的提成
超出销售任务目标第四个10％以内	20％＋前三个超出任务目标的提成
超出销售任务目标第五个10％以内	25％＋前四个超出任务目标的提成
超出销售任务目标第六个10％以内	30％＋前五个超出任务目标的提成
说明：上述超额提成比例以30％为上限，以其超额提成累计相加之和计提营销人员当月个人提成	

第7条 营销提成发放审批程序

1. 每月__日，各营销团队主管统计团队当月营销业绩，上报营销经理。
2. 营销经理根据营销团队当月销售任务目标考核各营销团队业绩，核算各营销团队提成及个人提成，编制营销提成表，交至人力资源部审核。
3. 人力资源部审核营销提成表后，上报总经理审批。
4. 财务部根据总经理审批，于下月__日，统一发放营销团队提成及个人提成；团队提成发放至营销团队主管处，由其在__个工作日内发放至团队成员手中；个人提成打入营销人员个人银行卡账户。

第8条 营销提成发放问题处理

1. 营销人员在发现提成发放有问题时应及时向营销团队主管确认，由营销主管统计团队内提成发放情况确认问题范围后上诉至营销经理处，上诉期间以提成发放日起__个工作日为限。
2. 营销提成发放问题包括但不限于提成金额发放错误、提成计算错误、提成延误发放这几项问题。
3. 人力资源部受理营销团队主管提成发放申诉后，应针对问题进行调查，确定责任人及责任部门。
4. 若因财务部疏忽等原因造成营销提成发放错误的，由财务部与营销团队主管商定提成补差的具体时间和方式；若因营销经理、人力资源部的提成核算错误导致提成发放问题的，营销经理及人力资源部应重新对该营销团队的提成进行核算并予以纠正，查找问题原因，避免再次出现类似错误。

第9条 其他

1. 本制度由人力资源部负责制定和修改，其解释权归人力资源部所有。
2. 本制度经总经理审批通过后开始执行。

编制部门		审批人员		审批日期	

13.3.3 营销业务提成发放方案

下面是某企业制定的营销业务提成发放方案。

营销业务提成发放方案

编　号：　　　　　　编制部门：　　　　　审批人员：　　　　　审批日期：____年__月__日

一、目的

为了明确营销业务提成的发放范围和依据，规范营销业务提成的发放标准和发放程序，保证营销业务提成按时足额发放，特制定本方案。

二、营销业务提成发放范围

1. 完成月度销售任务目标的营销人员。
2. 完成部门销售计划的营销管理人员。

三、营销业务提成发放依据

1. 以销售回款率、应收账款周转天数为营销业务提成的发放标准。
2. 营销业务提成的发放以实际到账的销售回款额为依据。

四、营销业务提成发放标准

营销业务提成的发放标准的具体规定如下表所示。

续表

营销业务提成发放标准表

销售回款情况		提成发放标准
回款率为100%且在应收账款平均周转天数警戒线以内		一次性全额兑现营销业务提成
回款率达80%以上且在应收账款平均周转天数警戒线以内		先发放规定提成的50%，待回款金额到位后再兑现剩余的50%
回款率在80%以下	实际应收账款周转天数超过平均周转天数警戒线20%（含）～30%（不含）	按照其提成比例的90%核算，先发放50%，剩余50%在回款金额到位后发放
	实际应收账款周转天数超过平均周转天数警戒线30%（含）～40%（不含）	按照其提成比例的80%核算，先发放50%，剩余50%在回款金额到位后发放
	实际应收账款周转天数超过平均周转天数警戒线40%（含）～50%（含）	按照其提成比例的70%核算，先发放50%，剩余50%在回款金额到位后发放
	实际应收账款周转天数超过平均周转天数警戒线50%以上	按照其提成比例的60%核算，先发放50%，剩余50%在回款金额到位后发放
说明	1. 应收账款回款警戒天数是指公司根据历史数据和财务状况制定的公司经营允许的、最长的应收账款周转天数 2. 应收账款平均周转天数警戒线是由公司根据财务状况和产品特点，确定一个应收账款平均周转天数，并以此作为标准。实际应收账款周转天数超过警戒线时，表明公司资金周转率低、回款速度慢，为防止坏账损失，应加大催款力度	

五、营销业务提成发放程序

1. 营销人员于每月__日前，填报上月营销业务提成申请表，经上级主管审核后，交公司人力资源部。营销业务提成申请表可参考下面模板设计。

营销业务提成申请表

申请项目	申请人		部门/职位	
	申请时间		提成业绩月份	
	销售金额		实际回款金额	
	回款率		提成比例	
	应计提成		发放比例	
审核项目	上级主管审核		人力资源部审核	
	财务部审核		总经理审批	
备注				

2. 人力资源部负责统计核算营销业务提成发放，编制营销业务提成发放表。
3. 财务部负责审核营销业务提成发放表，上报总经理审批确认后，方可发放提成。

六、营销业务提成发放时间

1. 财务部于每月__日发放上月营销业务提成，随工资一同发放。
2. 需等销售回款到账才能分配的营销业务提成，在销售回款到账当月核发。

七、其他

1. 本方案交由公司总经理审核签字后执行。
2. 公司对此提成发放方案，将根据营销业务实际，按工作季度予以调整并公示所有营销业务人员。

实施对象： 实施日期：____年__月__日

13.3.4 营销渠道提成发放方案

下面是某企业制定的营销渠道提成发放方案。

营销渠道提成发放方案

编　号：	编制部门：	审批人员：	审批日期：＿＿年＿月＿日

一、目的

为了适应企业快速发展的需要，规范企业营销渠道成员的提成发放工作，防范渠道营销提成风险，结合本公司渠道营销实际，特制定本方案。

二、适用范围

本方案适用于公司所有营销渠道成员的提成发放管理。

三、职责分工

1.总经理负责审批营销渠道成员提成的发放。

2.各营销区域主管负责所属区域营销渠道成员的业绩考核和提成核算，编制营销提成申请表。

3.财务部负责审核营销渠道成员提成申请表和提成发放。

四、营销渠道销售目标确定

1.各营销渠道成员的月度销售目标的确定遵循月度累计、季度分摊的原则。

2.季度内每月初各营销区域主管根据上月目标完成情况确定本月销售目标，若上月未完成规定销售目标，则未完成部分累计至下月；若超额完成当月销售目标，超额部分可抵下月销售业绩。

3.季度结束后，若未完成该季度销售目标，则未完成部分的销售目标额均摊增加至次月到年底(12月份)的各月销售目标中，此后每月累计，各营销渠道成员不得自行变更销售目标值。

4.每月＿日前，各营销区域主管将本月销售目标计划交至财务部备档，作为营销渠道成员提成的考核依据。

五、营销渠道提成核算

1.提成＝当月销售回款额×提成系数×调节系数。

2.营销渠道提成系数为公司根据渠道成员的经营规模、信誉程度等进行分类后设置，具体规定如下表所示。

营销渠道提成系数表

渠道成员类型	提成系数
A类营销渠道成员	0.25%
B类营销渠道成员	0.5%

备注：A类、B类营销渠道成员的确定按照公司营销渠道评估方案实施，由公司另行通知。

3.营销渠道提成的调节系数根据渠道成员所属营销区域的大小、消费水平、市场开发程度等因素由公司研究确定，具体标准如下表所示。

营销渠道提成调节系数表

营销渠道	A区	B区	C区	D区	E区
调节系数	1	1.5	1.2	1.2	1.5

六、营销渠道提成发放标准

1.各营销渠道成员当月销售目标完成率低于60%的，不计提成。

2.各营销渠道成员完成当月销售目标60%以上的，发放渠道成员规定营销提成的70%，剩余30%于次年＿＿月统一发放。

3.各营销渠道成员每月30%的营销提成纳入年度营销渠道销售目标达成率考核，即：

年底实发提成＝剩余提成×年度营销渠道销售目标达成率

4.公司每季度对各销渠道成员进行一次考核，季度完成渠道销售目标100%的可补发本季度内销售目标完成率低于60%的月份的提成。

续表

七、营销渠道提成发放程序
1. 每月___日,各营销区域主管统计渠道成员的销售业绩,核算营销提成,编制营销提成申请表,交公司财务部审核。
2. 财务部应于___个工作日内,根据月销售回款情况将各营销区域主管上报的营销提成申请表审核完毕,并编制营销渠道成员提成发放明细,报总经理审批签字。
3. 财务部应在营销渠道成员提成发放审批后的___个工作日内,将提成发放完毕,打至各营销渠道成员银行账户内,并将提成申请表及发放明细归档。
4. 发生调货、退货及其他情况使营销渠道成员的销售回款金额出现变动时,其营销提成核算发放应做相应调整。

八、有关说明
1. 对于保质保量完成营销渠道销售目标任务的渠道成员,公司将给予额外让利优惠,以示奖励;对于不能按时按量完成营销渠道销售目标的渠道成员,公司将视情况给予处罚,具体奖惩办法由公司另行规定和通知。
2. 公司严禁营销渠道间的窜货、营销渠道成员低价倾销等行为,如有发现一律按照公司"营销渠道管理控制制度"严肃处理,严重损害公司利益的,公司将依法追究渠道成员的法律责任。

九、附则
1. 本方案由人力资源部制定,并负责解释和修订。
2. 本方案自颁布之日起实施,各营销渠道及相关部门及人员必须严格执行。

实施对象:　　　　　　　　　　　　　　　　　　　　　　实施日期:＿＿＿年＿月＿日